高等教育土木类专业系列教材

杆系结构有限元

GANXI JIEGOU YOUXIANYUAN

陈名弟 主编 **李正良** 主审

重庆大学出版社

内容提要

本书将矩阵位移法与杆系有限元内容重新整合，以矩阵分析思维贯穿始终，从经典位移法的矩阵分析出发，构建了从单元分析到整体分析、从静力分析到动力分析的完整杆系分析系统。同时，结合有限单元法的基础理论，从完全截面分析和完全矩阵变换的角度，提供了单元分析方法的另一种选择，以便与结构分析后续理论（如弹塑性、实体单元等）相衔接。

全书共6章，内容包括矩阵与线性变换、矩阵位移法（传统位移法的矩阵表达）、有限单元法概述、杆系有限元单元分析（建立在截面刚度和变形插值基础上的单元分析）、杆系结构整体分析以及杆系结构动力分析。

本书可作为高等学校土建、水利、机械等专业的杆系结构有限元课程教材，也可作为相关专业工程技术人员的参考书。

图书在版编目（CIP）数据

杆系结构有限元/陈名弟主编. --重庆：重庆大学出版社，2021.8

高等教育土木类专业系列教材

ISBN 978-7-5689-2727-7

Ⅰ.①杆… Ⅱ.①陈… Ⅲ.①杆件—结构分析—有限元分析—高等学校—教材 Ⅳ.①U443.4

中国版本图书馆 CIP 数据核字(2021)第131765号

高等教育土木类专业系列教材

杆系结构有限元

陈名弟 主 编

李正良 主 审

责任编辑：王 婷 版式设计：王 婷

责任校对：陈 力 责任印制：赵 晟

*

重庆大学出版社出版发行

出版人：饶帮华

社址：重庆市沙坪坝区大学城西路21号

邮编：401331

电话：(023)88617190 88617185(中小学)

传真：(023)88617186 88617166

网址：http://www.cqup.com.cn

邮箱：fxk@cqup.com.cn(营销中心)

全国新华书店经销

重庆市正前方彩色印刷有限公司印刷

*

开本：787mm×1092mm 1/16 印张：10.25 字数：245千

2021年8月第1版 2021年8月第1次印刷

印数：1—3 000

ISBN 978-7-5689-2727-7 定价：39.00元

前　言

从力学理论学习和思维培养的角度上看，杆系结构在土木工程中的重要性显而易见。国内现行相关课程体系上，经典工程力学部分关于杆系结构的内容占比最大，也最为完整，确保了学生对基础力学概念的认识。但囿于经典力学一般基于解析计算，其在复杂工程结构体系中所展现出的计算能力却相对受限；而且其主要使用解析计算的代数思维，在大型工程结构中，同样限制着学生对结构中力学特征的直观想象。这使得基础力学学习完成时，学生对复杂工程力学性能的了解，仍很难与工程应用需求直接衔接。

目前国内相关教材一般将矩阵位移法作为“结构力学”课程的一部分，而杆系有限元部分则作为“弹性力学有限元”课程的一部分。由于矩阵位移法主要用于线弹性等截面直杆，单元分析方法在复杂单元、复杂结构和复杂工况中并不具备可推广性，同时它通常只涉及固定荷载作用下的静力分析部分，内容也不够全面；而“弹性力学有限元”课程又从固体力学一般性出发，分析对象面向实体有限单元，学习难度大，并不完全适宜于本科阶段的学习。

考虑杆单元作为一维线单元，材料本构模型简单，插值函数直观易懂，较之其他实体单元，杆单元无论是理论学习还是应用掌握，皆更为容易。从概念学习和工程实用的角度，将杆系有限元从实体有限元中独立出来，结合经典的矩阵位移法，可与当前课程体系以杆系对象为主的特点完全对应。

因此，将矩阵位移法与有限单元法中杆系分析内容进行整合，在土木工程专业的基础课程体系中建立“理论力学—材料力学—结构力学—杆系结构有限元”完整杆系分析的工程力学体系，无论是对于学习、掌握基础力学概念，还是应对大型复杂结构分析，都更为适宜。

本书在矩阵位移法和有限单元法理论基础上，针对杆系结构的具体特征，构建了从单元分析到整体分析、从静力分析到动力分析的完整杆系分析内容。讲解立足于杆系结构，目标针对性明确，在计算软件辅助下，可有效补充经典力学计算能力较弱的局限。对于经典力学解析计算中很难完整涉及的概念，如桁架和理想桁架的差异、实用近似法的误差分析、多自由度体系动力分析等具体问题，皆可以通过概念分析和程序计算得出明确结论，从而达成让学生顺利掌握复杂杆件结构体系力学特征的基本目标。

本书注意培养学生的矩阵分析思维，与教材配套的教学程序在编制时，除必须的赋值、输入输出语句，余皆以矩阵变换的形式表现，通过向量空间的线性变换实现结构分析目的，实现了“一个力学概念，一条计算公式，一句程序语句”。公式、程序同形，既令程序的阅读理解更容易，也有利于学生矩阵力学思维的训练和培育。

尽管体系内容涉及程序编制，但本书并非出于培养结构编程人员目的而编写，分析程序仅是作为计算工具使用，出发点仍为认识、理解和掌握工程结构所涉及的基础力学概念。在内容的设计、构建和编排上，以经典力学概念和基本工程假定为主线，尽量不过多引入更宽泛的数学力学理论，而主要从增强基本力学素养的角度，提升学生工程实用分析等方面的综合能力。

本书由陈名弟担任主编，各章节理论、算法由陈名弟负责编写，结合实际工程的概念及工程相关算例则由刘毅负责。本书编写过程得到重庆大学土木工程学院和结构力学课程组的大力支持，并承李正良教授对书稿进行审阅，提出了许多宝贵的意义和建议，在此特别致以最衷心的感谢。

本书将向读者提供配套数字资源，可前往重庆大学出版社官网搜索本书书名或书号进行下载。由于编者水平所限，书中可能存在着疏漏和错误，希望读者予以指正。

编　者

2021 年 2 月

目　录

1 矩阵与线性变换

1.1 结构分析中的矩阵变换

在进行力学分析时，研究对象的某些物理性质，可以使用特定线性空间内的向量来表达。

如图 1.1 所示，平面杆系结构所施加的外荷载，可以使用**结点力向量空间**内的一个向量表示：

$$\boldsymbol{F} = [F_{1x} \quad F_{1y} \quad M_1 \mid F_{2x} \quad F_{2y} \quad M_2 \mid \cdots \mid F_{nx} \quad F_{ny} \quad M_n]^{\mathrm{T}}$$

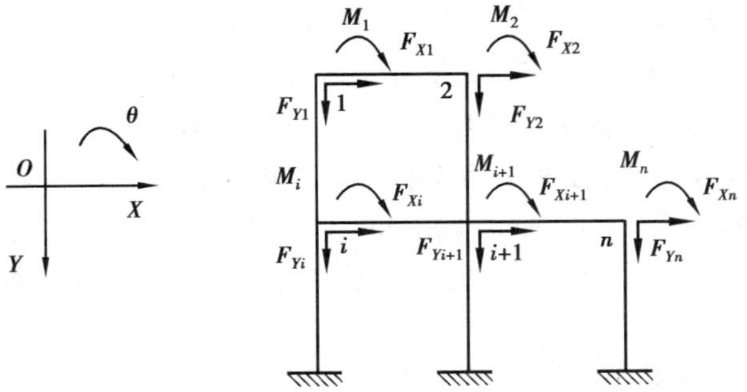

图 1.1　结点力向量

对向量最高效和便捷的运算方式，就是利用矩阵进行线性变换。

如经典结构力学使用位移法计算结构时，获取了结点不平衡力（$F_{1\mathrm{P}} \sim F_{n\mathrm{P}}$）和结构刚度系数 k_{ij}后，可建立位移法典型方程：

$$\begin{cases} k_{11}\delta_1 + k_{12}\delta_2 + \cdots + k_{1n}\delta_n + F_{1P} = 0 \\ k_{21}\delta_1 + k_{22}\delta_2 + \cdots + k_{2n}\delta_n + F_{2P} = 0 \\ \qquad \vdots \\ k_{n1}\delta_1 + k_{n2}\delta_2 + \cdots + k_{nn}\delta_n + F_{nP} = 0 \end{cases}$$

此线性方程可使用矩阵形式表达：

$$\begin{bmatrix} k_{11} & k_{12} & \cdots & k_{1n} \\ k_{21} & k_{22} & \cdots & k_{2n} \\ \vdots & \vdots & & \vdots \\ k_{n1} & k_{n2} & \cdots & k_{nn} \end{bmatrix} \begin{bmatrix} \delta_1 \\ \delta_2 \\ \vdots \\ \delta_n \end{bmatrix} + \begin{bmatrix} F_{1P} \\ F_{2P} \\ \vdots \\ F_{nP} \end{bmatrix} = \begin{bmatrix} 0 \\ 0 \\ \vdots \\ 0 \end{bmatrix}$$

或简写为

$$\boldsymbol{K\Delta} + \boldsymbol{F}_{\mathrm{P}} = 0 \Rightarrow \boldsymbol{K\Delta} = \boldsymbol{F}$$

式中 $\boldsymbol{K}$——结构刚度矩阵，为 $n \times n$ 阶方阵；

$\boldsymbol{\Delta}$——结点位移未知量向量，为 n 维向量；

$\boldsymbol{F}$——结点力向量，为 n 维向量，$F = -F_{\mathrm{P}}$。

根据经典位移法的概念，位移法方程反映了结构在结点位移发生处的平衡条件。而从方程表达出的矩阵形式上，也可理解为：对于发生的任意结点位移向量，使用结构刚度矩阵进行线性变换，即变换为对应的结点力向量。

用矩阵进行线性变换，除可表达线性方程组的求解过程外，在力学分析中还有着更为广泛的应用范围，几乎涵盖了力学分析的所有领域，如坐标变换、自由度变换、几何分析、内力分析、动力分析、稳定分析等。

从数学的角度，矩阵用于向量、矩阵间的线性变换，与代数解析计算中使用的函数映射完全等同；经典力学中的解析算法，也可表达为线性变换的方式。

采用矩阵力学进行结构分析，计算公式极为简洁，思维模式可脱离代数方程中未知量的限制，对初学者理解和把握高自由度复杂结构的力学特性尤为有利。

本书采用矩阵变换进行结构计算，注意着力培养读者在结构分析中应用矩阵变换的思维能力。教学程序选用 FORTRAN 95 程序语言进行编制，利用了 FORTRAN 程序语言中可方便对矩阵（程序中数组）进行操作的特点，优化程序编写过程，除赋值语句外，主要计算过程皆以矩阵和向量的线性变换表达。教学体系中保持力学思维、程序语句与计算公式完全对应，实现了**“一个概念，一条公式，一句程序”**；所附教学程序可读性强，容易调整和增减分析功能。

本书所附程序使用 IVF(Intel Visual Fortran)平台进行编译，考虑读者使用其他编译平台的可能性，程序编写中注意维持多平台兼容性，未再使用其他外部函数库，也可使用 CVF 等其他平台进行程序的修改和调试。

同时，也可使用其他高级程序语言实现全过程矩阵分析方式。对于 MATLAB 等内置有矩阵计算函数的语言更易于实现，若是使用如 C、BASIC 等语言时，可将矩阵的乘法、加减、转置、求逆等基本运算编写为用户自定义函数，可同样实现本书的基本设定。

1.2 矩阵的基本运算

► 1.2.1 矩阵的基本运算

矩阵的定义和其他基础知识在线性代数课程中已有完整讲解，本书只针对常规结构分析时可能使用到的矩阵计算内容进行简单介绍。

矩阵的基本运算规则包括加(减)、乘、求逆、转置等。

1)矩阵加(减)法

$$\boldsymbol{A}_{(m\times n)} \pm \boldsymbol{B}_{(m\times n)} = \boldsymbol{C}_{(m\times n)}$$

矩阵加减法是对每一对位元素进行直接加减。在程序编制中，维度同为 $m\times n$ 矩阵，直接使用程序语句：

```
C = A + B
```

注意：$\boldsymbol{A}$、$\boldsymbol{B}$、$\boldsymbol{C}$ 均为同维矩阵。

2)矩阵乘法

$$\boldsymbol{A}_{(m\times n)} \times \boldsymbol{B}_{(n\times k)} = \boldsymbol{C}_{(m\times k)}$$

矩阵乘法不满足交换律，$\boldsymbol{A}\times\boldsymbol{B}\neq\boldsymbol{B}\times\boldsymbol{A}$。计算程序中，使用内部函数 MATMUL( ) 执行矩阵乘法：

```
C = MATMUL(A,B)
```

3)矩阵求逆

$$\boldsymbol{A}\times\boldsymbol{A}^{-1} = \boldsymbol{I}$$

$\boldsymbol{A}^{-1}$ 为方阵 $\boldsymbol{A}$ 的**逆矩阵**。矩阵求逆的方法有初等变换法、伴随阵法等，计算程序中使用自定义函数 INV_MAT( ) 进行计算。$\boldsymbol{A}$ 为待求逆方阵，N 为方阵阶数。

```
C = INV_MAT(A,N)
```

4)矩阵转置

$$\boldsymbol{B} = \boldsymbol{A}^{\mathrm{T}}$$

$\boldsymbol{B}_{(n\times m)}$ 称为 $\boldsymbol{A}_{(m\times n)}$ 矩阵的**转置矩阵**，矩阵元素 $b_{ji}=a_{ij}$。计算程序中，使用内部函数 TRANSPOSE( ) 执行转置操作：

```
B = TRANSPOSE(A)
```

5)向量点积

向量点积又称为**数量积**或**内积**，向量积的计算结果为数，即：

$$\boldsymbol{X}_{n\times 1}\cdot\boldsymbol{Y}_{n\times 1} = \sum x_i y_i = a$$

也可利用行向量与列向量的矩阵乘法表达：

$$\boldsymbol{X}_{1\times n}\times\boldsymbol{Y}_{n\times 1} = a$$

若两个向量正交，则其点积为 0。据此性质可验算正交向量空间内，基的选择是否正确。

程序使用内部函数 DOT_PRODUCT( )执行向量的点积计算。

a = DOT_PRODUCT(X,Y)

6)向量叉积

向量叉积又称为**向量积**,表达为:

$$\boldsymbol{X}_{n\times1}\otimes\boldsymbol{Y}_{n\times1}=\boldsymbol{Z}_{n\times1}$$

为避免与矩阵乘法中所使用的符号"×"混淆,本书采用加圈的乘积符号"⊗"来表达。

向量积在三维正交空间计算时,向量 $\boldsymbol{X}$ 和 $\boldsymbol{Y}$ 叉乘结果为向量 $\boldsymbol{Z}$,而向量 $\boldsymbol{Z}$ 将垂直于向量 $\boldsymbol{X}$ 和 $\boldsymbol{Y}$ 构成的平面,故可利用向量积计算取得的正交向量构造三维正交空间。本书在构造空间杆元的坐标变换矩阵时,使用向量叉积运算。

► 1.2.2 矩阵的特别运算和变换

根据力学在矩阵分析中的一些特定要求,在基本运算基础上,还可以定义出一些矩阵特别运算与变换。

1)矩阵特征值、特征向量

特征问题是矩阵分析时一个重要的运算方法,如在动力计算和稳定分析时,就会直接使用到矩阵的特征分析。特征值和特征向量通过以下计算式反映:

$$\boldsymbol{AX}=\lambda\boldsymbol{X}$$

式中 $\boldsymbol{A}$——n 阶方阵;

$\boldsymbol{X}$——令方程成立的 n 维非零向量;

λ——令方程成立的数值。

因为某个特征值必有特征向量与之对应,故矩阵的特征值 λ_i 和对应的特征向量 $\boldsymbol{X}_i$ 合称为特征对。特征对有以下性质:若特征值各不相等,则特征向量彼此线性无关。

2)矩阵相似变换

使用可逆矩阵 $\boldsymbol{B}$ 对方阵 $\boldsymbol{A}$ 进行如下运算:

$$\boldsymbol{B}^{-1}\boldsymbol{AB}=\boldsymbol{C}$$

上式称为对矩阵进行**相似变换**,变换后得到的矩阵 $\boldsymbol{C}$ 称为原矩阵 $\boldsymbol{A}$ 的相似矩阵,或称矩阵 $\boldsymbol{C}$ 与矩阵 $\boldsymbol{A}$ 相似。

相似变换不会改变矩阵的特征值。

3)矩阵的相合变换

使用可逆矩阵 $\boldsymbol{B}$ 对方阵 $\boldsymbol{A}$ 进行如下运算:

$$\boldsymbol{B}^{\mathrm{T}}\boldsymbol{AB}=\boldsymbol{C}$$

上式称为对矩阵进行**相合变换**,变换后得到的矩阵 $\boldsymbol{C}$ 称为原矩阵 $\boldsymbol{A}$ 的相合矩阵。

任意对称矩阵必然与对角方阵相合。

4)广义特征值

结构分析时还会用到广义特征值问题,对应的特征方程为:

$$AX = \lambda BX$$

此时 $\boldsymbol{A}$ 为实对称矩阵，$\boldsymbol{B}$ 为正定矩阵，均为 n 阶方阵，$\boldsymbol{X}$ 和 λ 的定义同一般特征问题。

广义特征值问题可以通过矩阵变换转化为一般特征值问题。

▶ 1.2.3　矩阵的分类

根据结构矩阵的某些性质，结构分析时常用的矩阵分为以下几类：

1）方阵

矩阵行数与列数相等时为**方阵**，即 $\boldsymbol{A}_{(n\times n)}$。

2）对角方阵

除主对角元素外，所有副元元素皆为 0 时，即为**对角方阵**，以符号 $\boldsymbol{\Lambda}$ 表示。线性方程求解时，可对系数矩阵实行对角化，使各自由度对应的方程不再联立，便于求解。

如下式所示矩阵，若其为系数矩阵，则对应的线性方程 $\boldsymbol{AX}=\boldsymbol{Y}$ 求解较为容易。

$$\boldsymbol{A} = \begin{bmatrix} 2 & 0 & 0 \\ 0 & 8 & 0 \\ 0 & 0 & 3 \end{bmatrix}$$

3）对称矩阵

方阵元素之间关系满足：$a_{ij}=a_{ji}$，即为**对称矩阵**

结构分析时较常用到的对称矩阵为**实对称矩阵**，元素皆由实数构成，如下式中矩阵 $\boldsymbol{A}$ 即为实对称矩阵。

$$\boldsymbol{A} = \begin{bmatrix} 2 & -1 & 0 \\ -1 & 6 & -3 \\ 0 & -3 & 12 \end{bmatrix}$$

实对称矩阵可以通过相似变换转换为对角方阵 $\boldsymbol{\Lambda}$，即

$$\boldsymbol{P}^{-1}\boldsymbol{AP} = \boldsymbol{\Lambda}$$

在实对称矩阵中，若其中任两特征值不相等时，对应的特征向量必然正交。

4）正交矩阵

若 $\boldsymbol{A}^{-1}=\boldsymbol{A}^{\mathrm{T}}$，则 $\boldsymbol{A}$ 矩阵为**正交矩阵**。正交矩阵中，各列向量线性无关、彼此正交，且各列向量内积 =1。正交矩阵常用于描述一个正交的向量空间。

下述矩阵皆为正交矩阵：

$$\boldsymbol{A} = \begin{bmatrix} 1 & 0 & 0 \\ 0 & 1 & 0 \\ 0 & 0 & 1 \end{bmatrix},\ \boldsymbol{B} = \begin{bmatrix} \cos\theta & \sin\theta \\ -\sin\theta & \cos\theta \end{bmatrix}$$

5）正定矩阵

实对称矩阵进行任意非零的相似变换，若所得相似矩阵的主元元素恒大于零，即为**正定矩阵**。

正定矩阵特征值恒大于 0；正定矩阵可逆。

若 $\boldsymbol{A}$ 矩阵为实对称正定矩阵,可对其执行 Cholesky 分解(平方根法),即存在唯一的下三角矩阵 $\boldsymbol{L}$,则有式(1.1)成立。

$$\boldsymbol{A} = \boldsymbol{L}\boldsymbol{L}^{\mathrm{T}},\boldsymbol{L} = \begin{bmatrix} l_{11} & 0 & \cdots & 0 \\ l_{21} & l_{22} & \ddots & \vdots \\ \vdots & \vdots & & 0 \\ l_{n1} & l_{n2} & \cdots & l_{nn} \end{bmatrix} \tag{1.1}$$

▶ 1.2.4 实对称矩阵的特征值计算

特征值问题常用的矩阵算法较多,如雅可比法、幂法、子空间迭代法等。其中,雅可比法算法简单,收敛迅速,适用于小规模矩阵分析时全部特征值的求解。

对标准特征值问题 $\boldsymbol{AX} = \lambda \boldsymbol{X}$,若矩阵 $\boldsymbol{A}$ 为实对称,则根据矩阵的性质有:

①实对称矩阵一定可以通过相似变换转换为对角方阵。

②相似变换不会改变矩阵的特征值。

③若其中任两特征值不相等,对应的特征向量必然正交。

故必然存在着一变换矩阵 $\boldsymbol{T}$,使以下变换成立:

$$\boldsymbol{T}^{-1}\boldsymbol{A}\boldsymbol{T} = \boldsymbol{\Lambda}$$

变换获得的对角方阵 $\boldsymbol{\Lambda}$ 中,对角线上的元素即各阶特征值:

$$\boldsymbol{\Lambda} = \begin{bmatrix} \lambda_1 & 0 & \cdots & 0 \\ 0 & \lambda_2 & \cdots & 0 \\ \vdots & \vdots & & \vdots \\ 0 & 0 & \cdots & \lambda_n \end{bmatrix}$$

而变换矩阵 $\boldsymbol{T}$ 中的各列向量($\boldsymbol{X}_1 \sim \boldsymbol{X}_n$),也即各阶特征向量:

$$\boldsymbol{T} = [\boldsymbol{X}_1 \quad \boldsymbol{X}_2 \quad \cdots \quad \boldsymbol{X}_n]$$

直接寻找变换矩阵 $\boldsymbol{T}$ 比较困难,可使用雅可比法进行迭代求解计算。教学程序中使用子程序 JCB_MAT()进行特征值计算。

1.3 结构分析中常用的线性变换

用矩阵乘法可以对向量执行基本的线性变换。在本书中,为了便于力学概念的直观理解,一般的计算皆以线性变换的方式进行。

▶ 1.3.1 数据传送矩阵

结构分析时,常需在不同维度的向量空间之间进行数据传送,或实现维度扩张、收缩、矩阵初等变换等基本操作。为使用矩阵变换实现以上操作,本书特别定义了一类矩阵,称为**数据传送矩阵**(也简称为**传送矩阵**)。

如需要将一个 n 维向量 $\boldsymbol{X}$ 中第 i 个元素,送至 m 维向量 $\boldsymbol{Y}$ 中的第 j 个元素位置(仅空间维度扩充或缩减，物理量大小、性质均不变)，可以使用矩阵变换的方式表达为：

$$\boldsymbol{S}_{(m\times n)}\boldsymbol{X}_{(n\times 1)} = \begin{bmatrix} 0 & 0 & 0 \\ 0 & 0 & 0 \\ 0 & 0 & s_{ij}=1 \\ 0 & 0 & 0 \\ 0 & 0 & 0 \end{bmatrix}\boldsymbol{X} \Rightarrow \boldsymbol{Y}_{(m\times 1)} \tag{1.2}$$

此时的变换矩阵 $\boldsymbol{S}_{(m\times n)}$，即为需构造的**数据传送矩阵**。构造传送矩阵时，除指定传送位置所对应于 i 行 j 列处 $s_{ij}=1$ 外，其余元素皆为 0。

式(1.2)的逆向空间变换，即将 m 维向量 $\boldsymbol{Y}$ 中第 j 个元素，变换传送至 n 维向量 $\boldsymbol{X}$ 中的第 i 个元素位置时，可利用前述传送矩阵 $\boldsymbol{S}$ 的转置运算来实现，即

$$\boldsymbol{S}^{\mathrm{T}}\boldsymbol{Y} \Rightarrow \boldsymbol{X} \tag{1.3}$$

在进行结构分析时，通过构造不同的传送矩阵，可容易地实现单元分析和整体分析间的数据传送、子块划分等基本操作。

1)单元和整体的数据传送

若 n 维子空间(如对应于单元，若设为 3 维)与 m 维空间(如对应于整体，若设为 5 维)，在自由度之间的对应关系如下式：

$$\begin{bmatrix} 1 \\ \\ 2 \\ \\ 3 \end{bmatrix}^{\text{单元自由度}} \Leftrightarrow \begin{bmatrix} 1 \\ 2 \\ 3 \\ 4 \\ 5 \end{bmatrix}^{\text{整体自由度}}$$

子空间内单元向量 $\overline{\boldsymbol{Y}}$ 对整体向量空间内向量 $\boldsymbol{Y}$ 的贡献可以用下式表达：

$$\boldsymbol{S}\overline{\boldsymbol{Y}} \Rightarrow \boldsymbol{Y} \tag{1.4}$$

构造传送矩阵 $\boldsymbol{S}$ 时，可利用整体空间维度下单位阵，划除缺失自由度对应的列来得到。考虑 FORTRAN 中多维数组为按列存储，从程序编制调试的便利性出发，本书使用的传送矩阵为划列取得，读者若习惯使用其他程序语言，也可选用划行模式)。

$$\boldsymbol{S} = \begin{bmatrix} 1 & \cancel{0} & 0 & \cancel{0} & 0 \\ 0 & \cancel{1} & 0 & \cancel{0} & 0 \\ 0 & \cancel{0} & 1 & \cancel{0} & 0 \\ 0 & \cancel{0} & 0 & \cancel{1} & 0 \\ 0 & \cancel{0} & 0 & \cancel{0} & 1 \end{bmatrix} = \begin{bmatrix} 1 & 0 & 0 \\ 0 & 0 & 0 \\ 0 & 1 & 0 \\ 0 & 0 & 0 \\ 0 & 0 & 1 \end{bmatrix} \tag{1.5}$$

而在单元空间内各向量间的变换矩阵，也可根据传送矩阵转换至整体空间内。若在单元空间两向量 $\overline{\boldsymbol{X}}$、$\overline{\boldsymbol{Y}}$ 间存在变换关系：

$$\overline{\boldsymbol{X}} = \overline{\boldsymbol{A}}\,\overline{\boldsymbol{Y}} \tag{1.6}$$

则变换矩阵 $\overline{\boldsymbol{A}}$ 对整体空间内变换矩阵 $\boldsymbol{A}$ 的贡献，可表达为：

$$\boldsymbol{A} \Leftarrow \boldsymbol{S}\,\overline{\boldsymbol{A}}\boldsymbol{S}^{\mathrm{T}} \tag{1.7}$$

2)**矩阵的子块划分**

若因算法需要,某矩阵 $\boldsymbol{A}$ 需拆分为 4 个子块,如下所示:

$$\boldsymbol{A}=\left[\begin{array}{c:cc:cc} a_{11} & a_{12} & a_{13} & a_{14} & a_{15} \\ \hdashline a_{21} & a_{22} & a_{23} & a_{24} & a_{25} \\ a_{31} & a_{32} & a_{33} & a_{34} & a_{35} \\ \hdashline a_{41} & a_{42} & a_{43} & a_{44} & a_{45} \\ a_{51} & a_{52} & a_{53} & a_{54} & a_{55} \end{array}\right]=\begin{matrix}\begin{bmatrix} a_{11} & a_{14} & a_{15} \\ a_{41} & a_{44} & a_{45} \\ a_{51} & a_{54} & a_{55} \end{bmatrix} & \begin{bmatrix} a_{12} & a_{13} \\ a_{42} & a_{43} \\ a_{52} & a_{53} \end{bmatrix} \\ \begin{bmatrix} a_{21} & a_{24} & a_{25} \\ a_{31} & a_{34} & a_{35} \end{bmatrix} & \begin{bmatrix} a_{22} & a_{23} \\ a_{32} & a_{33} \end{bmatrix}\end{matrix}=\begin{array}{c:c} \boldsymbol{A}_{00} & \boldsymbol{A}_{01} \\ \hdashline \boldsymbol{A}_{10} & \boldsymbol{A}_{11} \end{array}$$

根据传送矩阵的性质,可构造

$$\boldsymbol{S}_0=\begin{bmatrix} 1 & \cancel{0} & \cancel{0} & 0 & 0 \\ 0 & \cancel{1} & \cancel{0} & 0 & 0 \\ 0 & \cancel{0} & \cancel{1} & 0 & 0 \\ 0 & \cancel{0} & \cancel{0} & 1 & 0 \\ 0 & \cancel{0} & \cancel{0} & 0 & 1 \end{bmatrix}=\begin{bmatrix} 1 & 0 & 0 \\ 0 & 0 & 0 \\ 0 & 0 & 0 \\ 0 & 1 & 0 \\ 0 & 0 & 1 \end{bmatrix},\boldsymbol{S}_1=\begin{bmatrix} \cancel{1} & 0 & 0 & \cancel{0} & \cancel{0} \\ \cancel{0} & 1 & 0 & \cancel{0} & \cancel{0} \\ \cancel{0} & 0 & 1 & \cancel{0} & \cancel{0} \\ \cancel{0} & 0 & 0 & \cancel{1} & \cancel{0} \\ \cancel{0} & 0 & 0 & \cancel{0} & \cancel{1} \end{bmatrix}=\begin{bmatrix} 0 & 0 \\ 1 & 0 \\ 0 & 1 \\ 0 & 0 \\ 0 & 0 \end{bmatrix}$$

则有:

$$\boldsymbol{A}_{00}=\boldsymbol{S}_0^{\mathrm{T}}\boldsymbol{A}\boldsymbol{S}_0,\boldsymbol{A}_{01}=\boldsymbol{S}_0^{\mathrm{T}}\boldsymbol{A}\boldsymbol{S}_1,\boldsymbol{A}_{10}=\boldsymbol{S}_1^{\mathrm{T}}\boldsymbol{A}\boldsymbol{S}_0,\boldsymbol{A}_{11}=\boldsymbol{S}_1^{\mathrm{T}}\boldsymbol{A}\boldsymbol{S}_1 \tag{1.8}$$

【说明】

结构分析时,在单元分析和整体分析之间需要传送大量数据;或因算法的需要,按一定规则进行矩阵的重排、切割,分析程序通常在此有大量语句,很难直接与力学概念对应,阅读难度大。

使用传送矩阵,利用矩阵线性变换进行数据传送,需要进行大量 0 元素的空操作,从算法的角度来看或许并非最优。但本书秉承结构分析中全过程线性变换的原则,在此处牺牲程序的计算效率,却可令程序编制过程简洁、易读、易理解、易修改,矩阵变换方式与结构化分析模块可直接全过程对应。

下面两段程序分别是:(1)利用定位向量集成总刚;(2)利用传送矩阵集成总刚的方式进行。显然,传送矩阵方式更能表达结构分析中的**矩阵变换思维**。

(1)利用定位向量集成总刚	(2)利用传送矩阵集成总刚 $\boldsymbol{SK}^{e}\boldsymbol{S}^{\mathrm{T}}\Rightarrow\boldsymbol{K}$

DO L=1,6 ! 按单元定位向量集成总刚
I=LV(L) ! LV:单元定位向量
IF(I.NE.0) THEN
DO K=1,6
J=LV(K)
IF(J.NE.0) TK(I,J)=TK(I,J)+EK(L,K)
ENDDO
END IF
ENDDO
	TK = TK + MATMUL(MATMUL(S, EK),TRANSPOSE(S))

▶ 1.3.2　向量在正交坐标系下的旋转变换

进行坐标变换不会改变物理量的基本性质，只是描述物理量向量空间“基”的选择发生了改变。

1）平面直角坐标系统

向量在平面直角坐标系统下以两个分量进行表达，以力 $\boldsymbol{F}$ 为例，有：

$$\boldsymbol{F} = \begin{bmatrix} F_X \\ F_Y \end{bmatrix} \tag{a}$$

此时若存在两个坐标系统（图 1.2）：坐标系一（$X-Y$）和坐标系二（$x'-y'$），不同的坐标空间，向量表达式不同。在坐标系一（$X-Y$）下，向量表达同上式（a）；坐标系二（$x'-y'$）中，向量则应表达为式（b）：

$$\boldsymbol{F}' = \begin{bmatrix} F'_x \\ F'_y \end{bmatrix} \tag{b}$$

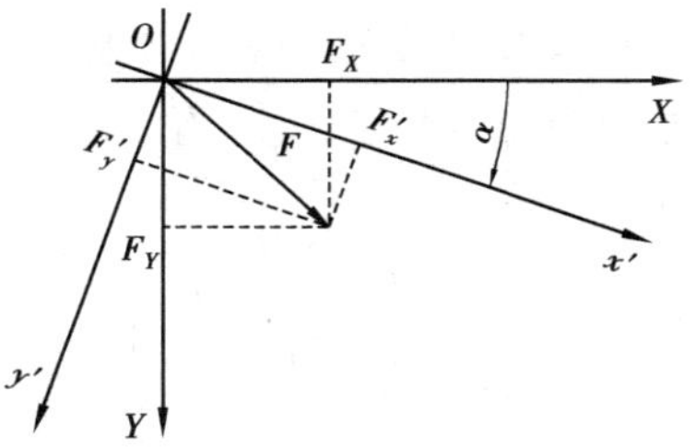

图 1.2　不同平面直角坐标系下的向量表达

规定两坐标系统之间的关系为：X 轴到 x'轴的夹角为 α，以顺时针旋转为正，可得

$$\left.\begin{aligned} F'_x &= F_X \cos\alpha + F_Y \sin\alpha \\ F'_y &= -F_X \sin\alpha + F_Y \cos\alpha \end{aligned}\right\} \tag{c}$$

将式（c）写为矩阵形式，有

$$\begin{bmatrix} F'_x \\ F'_y \end{bmatrix} = \begin{bmatrix} \cos\alpha & \sin\alpha \\ -\sin\alpha & \cos\alpha \end{bmatrix} \begin{bmatrix} F_X \\ F_Y \end{bmatrix} \tag{1.9a}$$

即在不同平面直角坐标系之间，向量可使用坐标变换矩阵 $\boldsymbol{T}_0$ 进行坐标变换：

$$\boldsymbol{T}_0 = \begin{bmatrix} \cos\alpha & \sin\alpha \\ -\sin\alpha & \cos\alpha \end{bmatrix}$$

很显然，$\boldsymbol{T}_0$ 是一个**正交矩阵**，此时存在的线性变换按矩阵形式表达为：

$$\boldsymbol{F}' = \boldsymbol{T}_0 \boldsymbol{F} \tag{1.9b}$$

或

$$\boldsymbol{F} = \boldsymbol{T}_0^{\mathrm{T}} \boldsymbol{F}' \tag{1.9c}$$

2）空间直角坐标系统

式（1.9）对向量的坐标变换，可以扩展到三维空间坐标系统下。此时坐标的旋转变换独立发生在 3 个轴上，而非平面体系中仅对一个轴上发生。如图 1.3 所示，若三维空间下存在两个独立的直角坐标系统：$X-Y-Z$ 和 $x-y-z$。x 轴对应于杆始末结点 $i-j$ 方向，y、z 轴为杆截面上指定工程轴方向，阴影面为 xy 轴所在平面。

本书所使用的直角坐标系统均约定为右手坐标系统，在一些文献中也可能使用左手坐标系统，应注意二者在空间构造时存在的区别。

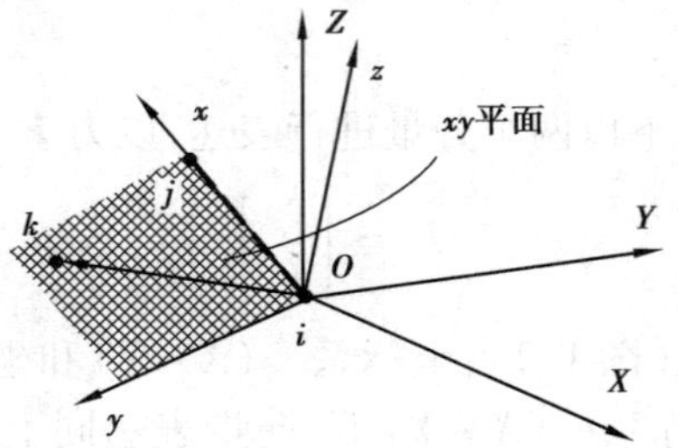

图 1.3　空间直角坐标系统的旋转变换

空间直角坐标系统下，对应于坐标系 $X-Y-Z$ 和 $x-y-z$，向量的变换关系仍可写为：

$$\boldsymbol{F}' = \boldsymbol{T}_0\boldsymbol{F}$$

正交变换矩阵 $\boldsymbol{T}_0$ 可根据 $x-y-z$ 中 3 个轴分别在坐标系 $X-Y-Z$ 的方向余弦确定。若 x 轴对应于坐标系 $X-Y-Z$ 的方向余弦为 $[l_{11}\quad l_{12}\quad l_{13}]$，$y$ 轴的方向余弦为 $[l_{21}\quad l_{22}\quad l_{23}]$，$z$ 轴的方向余弦为 $[l_{31}\quad l_{32}\quad l_{33}]$，则

$$\boldsymbol{T}_0 = \begin{bmatrix} l_{11} & l_{12} & l_{13} \\ l_{21} & l_{22} & l_{23} \\ l_{31} & l_{32} & l_{33} \end{bmatrix} \tag{1.10}$$

各轴方向余弦计算模式如下：

①点 i 点 j 为杆件的两端结点，x 轴的方向余弦为 $[l_{11}\quad l_{12}\quad l_{13}]$，其值根据方向 $\overrightarrow{ij}$ 容易确定。若点 i 坐标为 (X_i, Y_i, Z_i)，点 j 坐标为 (X_j, Y_j, Z_j)，可直接计算 $\overrightarrow{ij}$ 方向并单位化（L 为 $\overrightarrow{ij}$ 长度），有：

$$\boldsymbol{x} = [l_{11}\quad l_{12}\quad l_{13}] = \left[\frac{X_j - X_i}{L}\quad \frac{Y_j - Y_i}{L}\quad \frac{Z_j - Z_i}{L}\right] \tag{1.11}$$

②在 xy 平面（图 1.3 中阴影区域示意）上构造任意一个**不重合**于 x 轴的向量 $\boldsymbol{y}_k$，由不在 x 轴上的辅助点 (X_k, Y_k, Z_k) 和点 i 坐标 (X_i, Y_i, Z_i) 确定：

$$\boldsymbol{y}_k = [X_k - X_i \,\vdots\, Y_k - Y_i \,\vdots\, Z_k - Z_i]$$

根据向量积的定义，可知 $[l_{11}\quad l_{12}\quad l_{13}] \otimes \boldsymbol{y}_k$ 对应于 z 轴的方向。向量积写为：

$$\begin{aligned} \boldsymbol{z} &= \begin{vmatrix} \boldsymbol{i} & \boldsymbol{j} & \boldsymbol{k} \\ l_{11} & l_{12} & l_{13} \\ x_k - x_i & y_k - y_i & z_k - z_i \end{vmatrix} = [z_1 \,\vdots\, z_2 \,\vdots\, z_3] \\ &= [l_{12}(z_k - z_i) - l_{13}(y_k - y_i) \,\vdots\, l_{13}(x_k - x_i) - l_{11}(z_k - z_i) \,\vdots\, l_{11}(y_k - y_i) - l_{12}(x_k - x_i)] \end{aligned} \tag{1.12}$$

对 $\boldsymbol{z}$ 向量单位化，则 z 轴相对于 XYZ 轴的方向余弦为：

$$[l_{31} \quad l_{32} \quad l_{33}] = \left[\frac{z_1}{\sqrt{z_1^2+z_2^2+z_3^2}} \quad \frac{z_2}{\sqrt{z_1^2+z_2^2+z_3^2}} \quad \frac{z_3}{\sqrt{z_1^2+z_2^2+z_3^2}}\right] \tag{1.13}$$

③显然，根据右手坐标系统的原则，z 轴上向量叉乘 x 轴上向量，结果应为 y 轴方向上向量，故有：

$$\boldsymbol{y} = \begin{vmatrix} \boldsymbol{i} & \boldsymbol{j} & \boldsymbol{k} \\ l_{31} & l_{32} & l_{33} \\ l_{11} & l_{12} & l_{13} \end{vmatrix} = [y_1 \vdots y_2 \vdots y_3] \tag{1.14}$$
$$= [l_{32}l_{13} - l_{33}l_{12} \vdots l_{33}l_{11} - l_{31}l_{13} \vdots l_{31}l_{12} - l_{32}l_{11}]$$

对向量单位化，则 y 轴相对于 XYZ 轴的方向余弦为：

$$[l_{21} \quad l_{22} \quad l_{23}] = \left[\frac{y_1}{\sqrt{y_1^2+y_2^2+y_3^2}} \quad \frac{y_2}{\sqrt{y_1^2+y_2^2+y_3^2}} \quad \frac{y_3}{\sqrt{y_1^2+y_2^2+y_3^2}}\right] \tag{1.15}$$

▶ 1.3.3　逆步变换

结构分析时使用的力向量 $\boldsymbol{F}$ 与位移向量 $\boldsymbol{\Delta}$，通常皆是在相同的向量空间内表达，使用的向量空间也为按正交规范基构造。

若某位移向量需要同时在两个不同的广义坐标系统内描述，因坐标基的不同，位移向量在两个广义坐标系统下分别表达为：$\boldsymbol{\Delta}$、$\overline{\boldsymbol{\Delta}}$，二者存在如式(1.16)所设定坐标变换关系($\boldsymbol{T}_{(m\times n)}$ 为坐标变换矩阵)：

$$\boldsymbol{\Delta}_{(m\times1)} = \boldsymbol{T}_{(m\times n)}\overline{\boldsymbol{\Delta}}_{(n\times1)} \tag{1.16}$$

对应于两个空间下的力向量，则应有以下**逆步变换**成立

$$\overline{\boldsymbol{F}} = \boldsymbol{T}^{\mathrm{T}}\boldsymbol{F} \tag{1.17}$$

反之，若定义了力向量在两个广义坐标系统之间的变换关系 $\hat{\boldsymbol{T}}_{(m\times n)}$，关于位移向量的逆步变换同样成立，即：

$$\boldsymbol{F}_{(m\times1)} = \hat{\boldsymbol{T}}_{(m\times n)}\overline{\boldsymbol{F}}_{(n\times1)} \Rightarrow \overline{\boldsymbol{\Delta}} = \hat{\boldsymbol{T}}^{\mathrm{T}}\boldsymbol{\Delta} \tag{1.18}$$

【逆步变换证明】

坐标空间一，让力向量 $\boldsymbol{F}$ 在对应的任意位移向量 $\boldsymbol{\Delta}$ 上做功，即 $\boldsymbol{\Delta}^{\mathrm{T}}\boldsymbol{F}$；执行坐标变换后，在坐标空间二内，让此力向量 $\overline{\boldsymbol{F}}$ 仍与原对应的位移向量 $\overline{\boldsymbol{\Delta}}$ 上做功，即 $\overline{\boldsymbol{\Delta}}^{\mathrm{T}}\overline{\boldsymbol{F}}$。因功为标量，其值与坐标系统选择无关，故必然有：

$$\boldsymbol{\Delta}^{\mathrm{T}}\boldsymbol{F} = \overline{\boldsymbol{\Delta}}^{\mathrm{T}}\overline{\boldsymbol{F}}$$

将式(1.16)代入，有：

$$(\boldsymbol{T}\overline{\boldsymbol{\Delta}})^{\mathrm{T}}\boldsymbol{F} = \overline{\boldsymbol{\Delta}}^{\mathrm{T}}\overline{\boldsymbol{F}}$$

即

$$\overline{\boldsymbol{\Delta}}^{\mathrm{T}}\boldsymbol{T}^{\mathrm{T}}\boldsymbol{F} = \overline{\boldsymbol{\Delta}}^{\mathrm{T}}\overline{\boldsymbol{F}}$$

考虑位移向量的任意性，左右同时消去 $\overline{\boldsymbol{\Delta}}^{\mathrm{T}}$，故

$$\boldsymbol{T}^{\mathrm{T}}\boldsymbol{F} = \overline{\boldsymbol{F}}$$

式(1.17)得证，式(1.18)也可按相同方式进行证明。

逆步变换原理，实质与虚功原理等效，本知识点可只关注变换形式，而其适用范围、力学

概念以及与虚功原理的关系,可见本书第 3 章的相应内容。

► 1.3.4 矩阵凝聚

矩阵变换时,使用矩阵凝聚缩减分析时体系自由度,可令计算分析的工作量减小,同时便于实现一些力学设定,可对工程问题中力学概念表达得更为清晰和准确。

如下式所示矩阵变换:

$$\begin{bmatrix} a_{11} & a_{12} & a_{13} & a_{14} \\ a_{21} & a_{22} & a_{23} & a_{24} \\ a_{31} & a_{32} & a_{33} & a_{34} \\ a_{41} & a_{42} & a_{43} & a_{44} \end{bmatrix} \begin{bmatrix} x_1 \\ x_2 \\ x_3 \\ x_4 \end{bmatrix} = \begin{bmatrix} y_1 \\ y_2 \\ y_3 \\ y_4 \end{bmatrix}$$

若分析时恒有 y_3、y_4 数值为定值,则可缩减为两自由度体系。

$$\left[\begin{array}{cc:cc} a_{11} & a_{12} & a_{13} & a_{14} \\ a_{21} & a_{22} & a_{23} & a_{24} \\ \hdashline a_{31} & a_{32} & a_{33} & a_{34} \\ a_{41} & a_{42} & a_{43} & a_{44} \end{array}\right] \left[\begin{array}{c} x_1 \\ x_2 \\ \hdashline x_3 \\ x_4 \end{array}\right] = \left[\begin{array}{c} y_1 \\ y_2 \\ \hdashline y_3 = C_1 \\ y_4 = C_2 \end{array}\right]$$

矩阵按上式进行子块划分,有:

$$\left[\begin{array}{c:c} \boldsymbol{A}_{11} & \boldsymbol{A}_{12} \\ \hdashline \boldsymbol{A}_{21} & \boldsymbol{A}_{22} \end{array}\right] \left[\begin{array}{c} \boldsymbol{X}_1 \\ \hdashline \boldsymbol{X}_2 \end{array}\right] = \left[\begin{array}{c} \boldsymbol{Y}_1 \\ \hdashline \boldsymbol{Y}_2 \end{array}\right]$$

各子块的表达式分别为:

$$\boldsymbol{A}_{11} = \begin{bmatrix} a_{11} & a_{12} \\ a_{21} & a_{22} \end{bmatrix}, \boldsymbol{A}_{12} = \begin{bmatrix} a_{13} & a_{14} \\ a_{23} & a_{24} \end{bmatrix}, \boldsymbol{A}_{21} = \begin{bmatrix} a_{31} & a_{32} \\ a_{41} & a_{42} \end{bmatrix}, \boldsymbol{A}_{22} = \begin{bmatrix} a_{33} & a_{34} \\ a_{43} & a_{44} \end{bmatrix}$$

$$\boldsymbol{X}_1 = \begin{bmatrix} x_1 \\ x_2 \end{bmatrix}, \boldsymbol{X}_2 = \begin{bmatrix} x_3 \\ x_4 \end{bmatrix}, \boldsymbol{Y}_1 = \begin{bmatrix} y_1 \\ y_2 \end{bmatrix}, \boldsymbol{Y}_2 = \begin{bmatrix} C_1 \\ C_2 \end{bmatrix}$$

矩阵按子块展开,有

$$\left.\begin{array}{l} \boldsymbol{A}_{11}\boldsymbol{X}_1 + \boldsymbol{A}_{12}\boldsymbol{X}_2 = \boldsymbol{Y}_1 \\ \boldsymbol{A}_{21}\boldsymbol{X}_1 + \boldsymbol{A}_{22}\boldsymbol{X}_2 = \boldsymbol{Y}_2 \end{array}\right\} \tag{a}$$

子向量 $\boldsymbol{Y}_2$ 为定值时,则子向量 $\boldsymbol{X}_2$ 不再作为独立变量,根据式(a)中第二式,可将子向量 $\boldsymbol{X}_2$ 使用子向量 $\boldsymbol{X}_1$ 表达:

$$\boldsymbol{X}_2 = \boldsymbol{A}_{22}^{-1}(\boldsymbol{Y}_2 - \boldsymbol{A}_{21}\boldsymbol{X}_1) \tag{1.19}$$

代回上式(a)中第一式,即可得

$$\boldsymbol{A}_{11}\boldsymbol{X}_1 + \boldsymbol{A}_{12}\boldsymbol{A}_{22}^{-1}(\boldsymbol{Y}_2 - \boldsymbol{A}_{21}\boldsymbol{X}_1) = \boldsymbol{Y}_1$$

整理为

$$(\boldsymbol{A}_{11} - \boldsymbol{A}_{12}\boldsymbol{A}_{22}^{-1}\boldsymbol{A}_{21})\boldsymbol{X}_1 = \boldsymbol{Y}_1 - \boldsymbol{A}_{12}\boldsymbol{A}_{22}^{-1}\boldsymbol{Y}_2 \tag{1.20a}$$

也可简写为

$$\boldsymbol{A}^{\bullet}\boldsymbol{X}_1 = \boldsymbol{Y}^{\bullet} \tag{1.20b}$$

以上矩阵变换式(1.20)表明,执行自由度缩减后,可仅关注子向量 $\boldsymbol{X}_1$ 的变换关系,因变换矩阵阶数减小,所以称为**矩阵凝聚**或**矩阵缩聚**。

▶ 1.3.5 结构分析中常用的矩阵

(1)结构刚度矩阵

结构刚度矩阵可将结点位移向量变换为结点力向量,即

$$\boldsymbol{K\Delta} \Rightarrow \boldsymbol{F}$$

式中 $\boldsymbol{K}$——结构刚度矩阵;

$\boldsymbol{\Delta}$——结点位移向量;

$\boldsymbol{F}$——结点力向量。

线弹性结构的结构刚度矩阵为实对称正定矩阵。

(2)弹性矩阵

弹性矩阵可将应变分布变换为应力分布,即

$$\boldsymbol{D\varepsilon} \Rightarrow \boldsymbol{\sigma}$$

式中 $\boldsymbol{D}$——弹性矩阵;

$\boldsymbol{\varepsilon}$——应变分布;

$\boldsymbol{\sigma}$——应力分布。

弹性矩阵反映了材料的根本力学特征。

【说明】

弹性矩阵和刚度矩阵的实质是结构在不同分析层面上,其刚度特征的具体表现。杆系结构分析时,若以截面替代材料点进行分析,转换关系发生在截面变形向量和截面力向量之间,此时的变换矩阵即为**截面刚度矩阵**。而在单元层面上,转换单元结点位移与单元结点力之间的变换矩阵,则又可称为**单元刚度矩阵**。因此,根据分析对象所处层面,按材料点、截面、单元或结构进行分析时,对应的刚度关系即分别为(材料)弹性矩阵、截面刚度矩阵、单元刚度矩阵或结构刚度矩阵。

(3)位移矩阵

位移矩阵可将离散的结点位移变换为连续位移分布,即

$$\boldsymbol{N\delta} \Rightarrow \boldsymbol{u}(x)$$

式 $\boldsymbol{N}$——位移矩阵;

$\boldsymbol{\delta}$——结点位移向量;

$\boldsymbol{u}$——位移分布函数。

(4)应变矩阵

应变矩阵可将位移分布函数转换为应变分布函数。从位移分布函数到应变分布函数,反映了位移与变形之间的连续性和需要满足的协调方程。

$$\boldsymbol{Lu}(x) \Rightarrow \boldsymbol{\varepsilon}(x)$$

式中 $\boldsymbol{L}$——应变矩阵;

$\boldsymbol{u}$——位移分布函数;

$\boldsymbol{\varepsilon}$——结点位移向量。

2

矩阵位移法

2.1 矩阵位移法概述

结构矩阵分析是20世纪60年代迅速发展起来的一种将经典力学理论（力法和位移法）、传统数学工具（矩阵代数）与现代计算手段（电子计算机）三者有机结合、高效实用的结构分析方法。

▶ 2.1.1 矩阵位移法

结构矩阵分析以结构力学原理为基础，采用矩阵运算，其公式紧凑、形式统一，便于计算过程的程序化，正适用于使用计算机进行自动化计算的要求。结构矩阵分析已普遍应用于结构内力分析、变形计算和截面设计中，是工程结构计算机辅助设计的基础。

与传统的力法和位移法相对应，根据所选基本未知量的不同，结构矩阵分析也有矩阵力法（柔度法）和矩阵位移法（刚度法）两类解法。其中，建立在位移法基础上的矩阵位移法计算过程更为规则，且程序简单、通用性强，故应用最广。

矩阵位移法，有以下两层含义：

一为经典位移法的矩阵化。将位移法计算过程使用矩阵方式表示，利用程序进行计算。较之位移法，矩阵位移法的计算能力和实用性更强，可以处理轴向变形、剪切变形的影响，也可用于空间复杂杆系结构的计算。其单元分析建立在位移法转角位移方程的基础上，单元适应性差，一般主要用于线弹性等截面直杆单元。

二可从相对广义的概念上去认识矩阵位移法，视其为建立在虚位移原理上的矩阵分析方

法。在此层面上，矩阵位移法的概念不仅包含了矩阵化的经典位移法，还包括了对单元、整体分析时，以位移场为基本参数的有限单元法，可以认为是广义性质的矩阵位移法。

本章主要建立经典位移法的矩阵表达、矩阵分析和程序设计内容，对于基于位移场的有限单元法分析，则在后续章节中进行介绍。

▶ 2.1.2 矩阵位移法的基本内容

将矩阵位移法视为以矩阵形式表达的位移法时，其分析原理与位移法完全相同。即是以结点位移为基本未知量，利用结点位移表达杆端位移，先“拆散”、后“组装”，通过平衡方程求解未知位移，然后再计算结构内力的方法。

矩阵位移法包括以下 3 个基本内容：

1）结构离散化

结构的**离散化**，是将结构划分为有限个较小的单元，各单元只在结点相连。在杆系结构中，一般以等截面直杆为单元。

2）单元分析

单元分析的任务是建立杆单元杆端内力与杆端位移之间的变换关系，即单元刚度方程，并以矩阵形式进行表示。此环节与位移法中转角位移方程的概念相对应。

3）整体分析

整体分析把各杆单元集合成原来的结构，在单元分析的基础上，进一步研究整体结构各结点荷载与结点位移之间的关系，通过结点的变形协调条件和平衡条件，建立整体结构的刚度方程，以求解原结构的结点位移。此环节与位移法中方程的建立和求解位移法基本方程相对应。

2.2 杆系结构离散化

矩阵位移法分析时，首先需要将结构离散化，包括划分单元和结点并进行编号，以便于数据前处理。

▶ 2.2.1 单元与结点划分

在矩阵位移法中，单元和结点划分原则可不受任何限制，任何形状、任意特征的单元都可以进行单元分析。但为了单元分析的便利性和计算程序的统一性，通用性较差的异型单元很少使用，一般都选用等截面直杆。对于一些特殊的杆件，则需要进行处理。例如，对于渐变截面杆，可将单元中点截面作为该单元的截面几何参数；而对于曲杆，则把它划分成若干个单元，用多段直线组成的折线近似地代替原曲杆。

考虑单元的选取原则，结构中的某些点必须作为结点，如杆件的转折点、汇交点、支承点、截面突变点、自由端等。当然，杆件中任何位置都可设置结点，如需提高计算精度（渐变截面、曲杆）和重点关注某些特定截面时，增加结点数和单元数也是有必要的。

在单元与结点的数据化上，为有所区别，本书中单元编号用"①、②、③……"表示；结点编号用"1、2、3……"表示，如图 2.1 所示。单元号和结点号，编号时从 1 起编，要求必须连续。

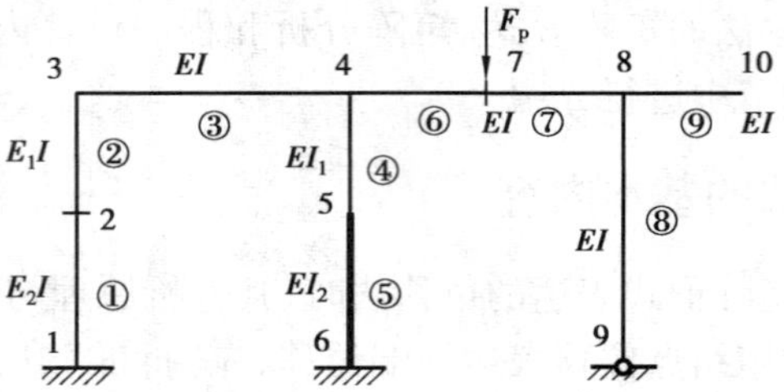

图 2.1　单元与结点的划分和编号

在如图 2.1 所示模型中，单元⑥、⑦可以合并为一个单元，对计算不会产生影响。但单元①和②，或④和⑤，则不宜合并，否则会产生一类新的变截面单元；当然，也可在合并后取截面近似平均刚度来反映此突变截面杆单元的刚度特征，但会因此产生误差。

▶ 2.2.2　单元分析的基本向量表达

1）两类坐标体系

矩阵分析时，需要将结点力、结点位移等物理量表达为向量，而向量空间的建立需要借助坐标系统。由于组成结构的各杆方向不尽相同，为了单元分析的方便，并进而与工程应用相适应，通常采用两类直角坐标系，在不同分析阶段对物理量分别进行描述。这两类坐标即为结构整体分析时的结构坐标系和单元分析时的单元坐标系，如图 2.2 所示。

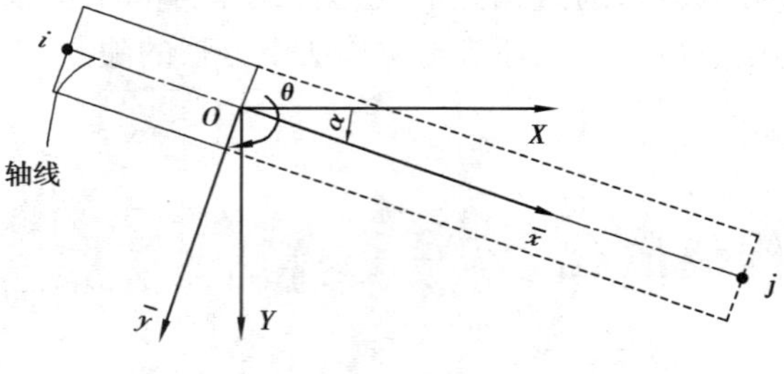

图 2.2　结构坐标系和单元坐标系

结构坐标系又称**整体坐标系**，用于参与结构整体分析的向量表达。平面体系分析时，结构坐标系常用用 $X-Y-\theta$ 表示，以 X 轴正向至 Y 轴正向的旋转方向为 θ 正向（对应于空间右手直角坐标系统）。由于工程结构中最常见的荷载为重力荷载，故惯常以竖直向下作为 Y 轴正向。

单元坐标系又称**局部坐标系**，用于参与单元分析的向量表达。平面体系分析时，单元坐标系用 $\bar{x}-\bar{y}-\theta$（或 $x-y-\theta$）表示，杆轴始端结点（i）指向末端结点（j）的方向（即轴向），约定为 $\bar{x}$ 正方向；以 $\bar{x}$ 轴的正方向顺时针旋转 90°为 $\bar{y}$ 轴的正方向。

2）单元坐标系中杆端力向量和杆端位移向量

单元杆端位置处的截面内力和截面位移，分别称为单元**杆端力**和**杆端位移**。如图 2.3 所示为平面刚架中的第ⓔ单元，其始端和末端的结点号分别为 i 和 j。

单元坐标系 $\bar{x}$ 轴沿杆单元轴向建立,单元坐标系统的 3 个坐标方向($\bar{x}$、$\bar{y}$、θ)对应于杆件截面的轴向、切向和转动方向。平面杆单元的每个杆端截面有 3 个杆端力分量:轴力 $\bar{F}_N$、剪力 $\bar{F}_Q$ 和弯矩 M。与此相对应,单元的每个杆端截面也有 3 个杆端位移分量:轴向位移 $\bar{u}$、切向位移 $\bar{v}$ 和角位移 θ,如图 2.3(a)所示。

单元分析时,杆端力和杆端位移分量均应按照约定的次序排列:先“始端”后“末端”,每端内力(位移)分量的排列次序是:$\bar{F}_N(\bar{u})$、$\bar{F}_Q(\bar{v})$、$M(\theta)$。在单元坐标系中,单元的 6 个杆端力(位移)分量的排列序号如图 2.3(b)所示。

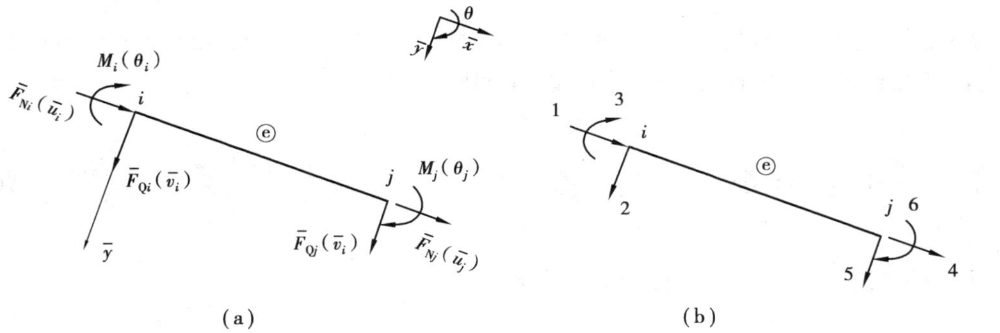

图 2.3　单元坐标系中单元的杆端力和杆端位移向量

单元坐标系中的单元杆端力向量和杆端位移向量可分别用 $\bar{\boldsymbol{F}}^e$ 和 $\bar{\boldsymbol{\delta}}^e$ 表示:

$$\bar{\boldsymbol{F}}^e = \begin{bmatrix} \bar{F}_{Ni} \\ \bar{F}_{Qi} \\ M_i \\ \hdashline \bar{F}_{Nj} \\ \bar{F}_{Qj} \\ M_j \end{bmatrix}, \qquad \bar{\boldsymbol{\delta}}^e = \begin{bmatrix} u_i \\ v_i \\ \theta_i \\ \hdashline u_j \\ v_j \\ \theta_j \end{bmatrix}$$

3)结构坐标系中的单元杆端力和杆端位移

在结构坐标系中,单元杆端力向量和杆端位移向量均应以结构坐标系统($X-Y-\theta$)进行分量表达,每个杆端截面仍有 3 个杆端力分量及相应的 3 个杆端位移分量,如图 2.4(a)所示。单元两杆端共有 6 个分量序号的排列约定,如图 2.4(b)所示。

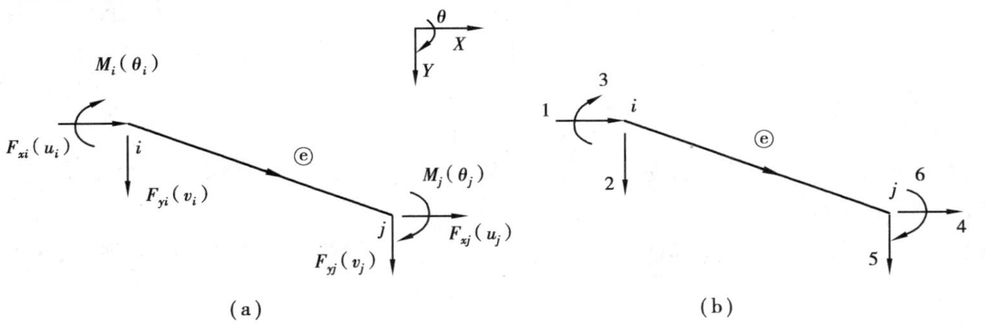

图 2.4　结构坐标系中的单元杆端力和杆端位移

结构坐标系中的单元杆端力向量和杆端位移向量可分别用 $\boldsymbol{F}^e$ 和 $\boldsymbol{\delta}^e$ 表示：

$$\boldsymbol{F}^e = \begin{bmatrix} F_{xi} \\ F_{yi} \\ M_i \\ \hdashline F_{xj} \\ F_{yj} \\ M_j \end{bmatrix}, \boldsymbol{\delta}^e = \begin{bmatrix} u_i \\ v_i \\ \theta_i \\ \hdashline u_j \\ v_j \\ \theta_j \end{bmatrix}$$

需注意，上述杆端力和杆端位移的正负号规定，均应按预设坐标系统下各分量的约定进行，与经典结构力学中位移法中规定并不完全相同。

2.3 单元分析

单元分析的目的在于建立单元刚度方程。

▶ 2.3.1 单元刚度方程

单元刚度方程表达了单元杆端力和杆端位移之间的转换关系。在单元坐标系中，单元刚度方程可表示为：

$$\overline{\boldsymbol{F}}^e = \overline{\boldsymbol{K}}^e \overline{\boldsymbol{\delta}}^e \tag{2.1}$$

式中 $\overline{\boldsymbol{K}}^e$——单元坐标系中的单元刚度矩阵。

如图 2.5 所示为平面杆系中的某一等截面直杆单元，两端共有 6 个杆端位移分量，这样的杆单元称为**一般杆单元**（与位移法的不同之处是增加考虑单元的轴向变形）。其单元的基本特征可用 E（材料性质）、I（截面惯性矩）、A（截面面积）、l（杆长）4 个参数来定义。

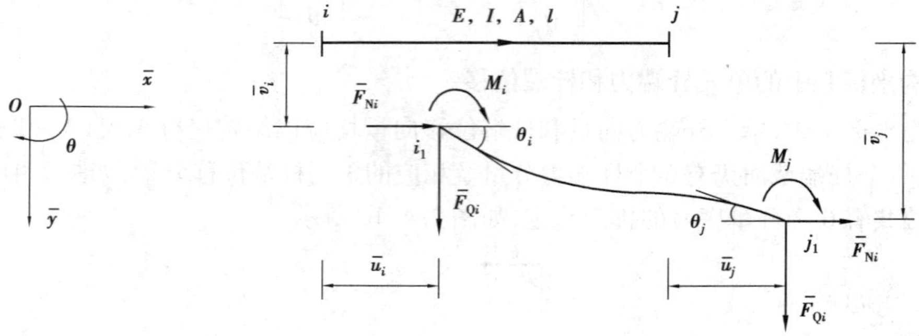

图 2.5 一般杆单元

对于上述单元，忽略因弯曲变形带来杆件轴向长度的改变，仍在线弹性小变形范围内进行分析，并暂不计剪切变形。

根据杆件的轴向刚度和转角位移方程，按照单元坐标系中约定的正负号规则，可写出下列关系式：

$$
\left.\begin{aligned}
\overline{F}_{Ni} &= \frac{EA}{l}(\overline{u}_i - \overline{u}_j)\\
\overline{F}_{Qi} &= \frac{6EI}{l^2}(\theta_i + \theta_j) + \frac{12EI}{l^3}(\overline{v}_i - \overline{v}_j)\\
M_i &= \frac{4EI}{l}\theta_i + \frac{2EI}{l}\theta_j + \frac{6EI}{l^2}(\overline{v}_i - \overline{v}_j)\\
\overline{F}_{Nj} &= -\frac{EA}{l}(\overline{u}_i - \overline{u}_j)\\
\overline{F}_{Qj} &= -\frac{6EI}{l^2}(\theta_i + \theta_j) - \frac{12EI}{l^3}(\overline{v}_i - \overline{v}_j)\\
M_j &= \frac{2EI}{l}\theta_i + \frac{4EI}{l}\theta_j + \frac{6EI}{l^2}(\overline{v}_i - \overline{v}_j)
\end{aligned}\right\} \tag{2.2}
$$

整理并写为矩阵形式：

$$
\begin{bmatrix} \overline{F}_{Ni} \\ \overline{F}_{Qi} \\ M_i \\ \overline{F}_{Nj} \\ \overline{F}_{Qj} \\ M_j \end{bmatrix}^e =
\begin{bmatrix}
\frac{EA}{l} & 0 & 0 & -\frac{EA}{l} & 0 & 0 \\
0 & \frac{12EI}{l^3} & \frac{6EI}{l^2} & 0 & \frac{-12EI}{l^3} & \frac{6EI}{l^2} \\
0 & \frac{6EI}{l^2} & \frac{4EI}{l} & 0 & \frac{-6EI}{l^2} & \frac{2EI}{l} \\
-\frac{EA}{l} & 0 & 0 & \frac{EA}{l} & 0 & 0 \\
0 & \frac{-12EI}{l^3} & \frac{-6EI}{l^2} & 0 & \frac{12EI}{l^3} & \frac{-6EI}{l^2} \\
0 & \frac{6EI}{l^2} & \frac{2EI}{l} & 0 & \frac{-6EI}{l^2} & \frac{4EI}{l}
\end{bmatrix}^e
\begin{bmatrix} \overline{u}_i \\ \overline{v}_i \\ \theta_i \\ \overline{u}_j \\ \overline{v}_j \\ \theta_j \end{bmatrix}^e \tag{2.3}
$$

或简写为式(2.1)的形式。

▶ 2.3.2 单元坐标系中的单元刚度矩阵

平面杆系一般单元的单元刚度方程中，单元坐标系下杆端位移向量与杆端力向量之间的转换矩阵为：

$$
\overline{\boldsymbol{K}}^e =
\begin{bmatrix}
\frac{EA}{l} & 0 & 0 & \frac{-EA}{l} & 0 & 0 \\
0 & \frac{12EI}{l^3} & \frac{6EI}{l^2} & 0 & \frac{-12EI}{l^3} & \frac{6EI}{l^2} \\
0 & \frac{6EI}{l^2} & \frac{4EI}{l} & 0 & \frac{-6EI}{l^2} & \frac{2EI}{l} \\
\frac{-EA}{l} & 0 & 0 & \frac{EA}{l} & 0 & 0 \\
0 & \frac{-12EI}{l^3} & \frac{-6EI}{l^2} & 0 & \frac{12EI}{l^3} & \frac{-6EI}{l^2} \\
0 & \frac{6EI}{l^2} & \frac{2EI}{l} & 0 & \frac{-6EI}{l^2} & \frac{4EI}{l}
\end{bmatrix} \tag{2.4}
$$

式中,$\overline{\boldsymbol{K}}^{\mathrm{e}}$ 称为单元坐标系中平面杆系结构中**一般杆单元的单元刚度矩阵**,是 6×6 阶的方阵。

1)单元刚度矩阵元素的物理意义

单元刚度矩阵中元素称为**单元刚度系数**,代表由于单位杆端位移引起的杆端力。任一个元素 $\bar{k}_{ml}$,表示第 l 个杆端位移分量等于单位位移(其余位移分量等于零),所引起的第 m 个杆端力分量的值。例如,$\bar{k}_{33}=4EI/l$,表示第 3 个位移分量 $\theta_i=1$ 时,所引起的第 3 个杆端力分量 M_i 的值。

2)单元刚度矩阵是对称矩阵

单元刚度矩阵中位于主对角线两边处于对称位置上的两个元素相等,即

$$\bar{k}_{ml}^{\mathrm{e}}=\bar{k}_{lm}^{\mathrm{e}} \qquad (l\neq m,\quad l,m=1,2,\cdots,6)$$

这一性质可由线弹性体系虚功互等定理得出。

3)一般单元的单元刚度矩阵是奇异矩阵

式(2.4)中 $\overline{\boldsymbol{K}}^{\mathrm{e}}$ 的行列式 $|\overline{\boldsymbol{K}}^{\mathrm{e}}|$ 之值等于零,不存在逆矩阵。

这表明,已知单元杆端位移 $\bar{\boldsymbol{\delta}}^{\mathrm{e}}$,可唯一求出单元杆端力 $\overline{\boldsymbol{F}}^{\mathrm{e}}$,即

$$\overline{\boldsymbol{K}}^{\mathrm{e}}\bar{\boldsymbol{\delta}}^{\mathrm{e}}\Rightarrow\overline{\boldsymbol{F}}^{\mathrm{e}}$$

但若是已知单元杆端力,由于$(\overline{\boldsymbol{K}}^{\mathrm{e}})^{-1}$不存在,故不能变换获取单元杆端位移。

从力学概念来看,这是由于形成单元刚度方程时,并没有考虑其他单元及结构支承对该单元的约束效应。无外界约束的一般单元,称为**自由单元**。自由单元在杆端力 $\overline{\boldsymbol{F}}^{\mathrm{e}}$ 作用下,除单元自身产生弹性变形外,还可以产生任意的刚体位移,故某一组满足平衡条件的杆端力可以与弹性位移和任意刚体位移组成的无穷多组杆端位移相对应。因此,已知杆端力并不可能取得唯一的杆端位移解。

4)单元刚度矩阵 $\overline{\boldsymbol{K}}^{\mathrm{e}}$ 是单元固有的性质

从单元刚度元素的构成看,其只与单元参数(E,I,A,l)有关,与外荷载和结构的其余部分皆无关。

▶ 2.3.3 结构坐标系中的单元刚度矩阵

1)截面力向量的坐标变换

平面杆系结构任一截面力向量,需要以 3 个分量描述其构成元素。此时存在两个坐标系统:单元坐标系统$(\bar{x}-\bar{y}-\theta)$和结构坐标系统$(X-Y-\theta)$。规定由 X 轴到 $\bar{x}$ 轴的夹角 α 以顺时针旋转为正,如图 2.6 所示。

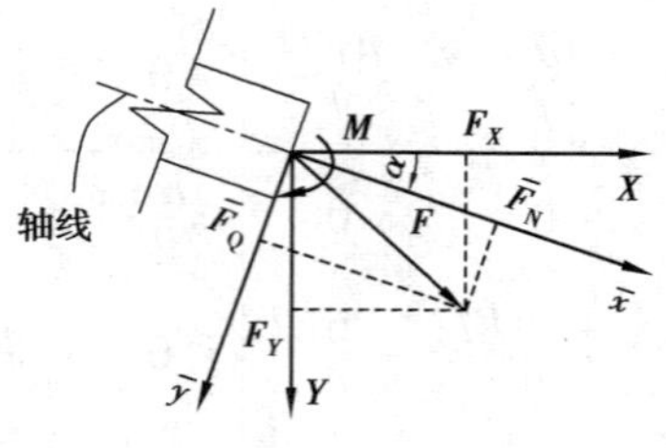

图 2.6 截面力在不同坐标系统下的分量表示

由式(1.9),并结合考虑平面体系中坐标系旋转变换与转动自由度无关,故有

$$\begin{cases}\overline{F}_{\mathrm{N}} = F_X \cos\alpha + F_Y \sin\alpha \\ \overline{F}_{\mathrm{Q}} = -F_X \sin\alpha + F_Y \cos\alpha \\ M = M\end{cases} \tag{2.5a}$$

写成矩阵形式,为

$$\begin{bmatrix}\overline{F}_{\mathrm{N}} \\ \overline{F}_{\mathrm{Q}} \\ M\end{bmatrix} = \begin{bmatrix}\cos\alpha & \sin\alpha & 0 \\ -\sin\alpha & \cos\alpha & 0 \\ 0 & 0 & 1\end{bmatrix}\begin{bmatrix}F_X \\ F_Y \\ M\end{bmatrix} \tag{2.5b}$$

即在不同直角坐标系之间,截面力向量使用坐标变换矩阵 $\boldsymbol{T}_0$ 进行坐标变换。

$$\boldsymbol{T}_0 = \begin{bmatrix}\cos\alpha & \sin\alpha & 0 \\ -\sin\alpha & \cos\alpha & 0 \\ 0 & 0 & 1\end{bmatrix}$$

显然,$\boldsymbol{T}_0$ 仍为一个正交矩阵,此时存在的线性变换为:

$$\overline{\boldsymbol{F}} = \boldsymbol{T}_0\boldsymbol{F}$$

或

$$\boldsymbol{F} = \boldsymbol{T}_0^{\mathrm{T}}\overline{\boldsymbol{F}}$$

2)杆端力向量的坐标变换

杆单元杆端力向量由杆件的始端杆端力和末端杆端力构成,共包含 6 个分量,如图 2.7 所示。

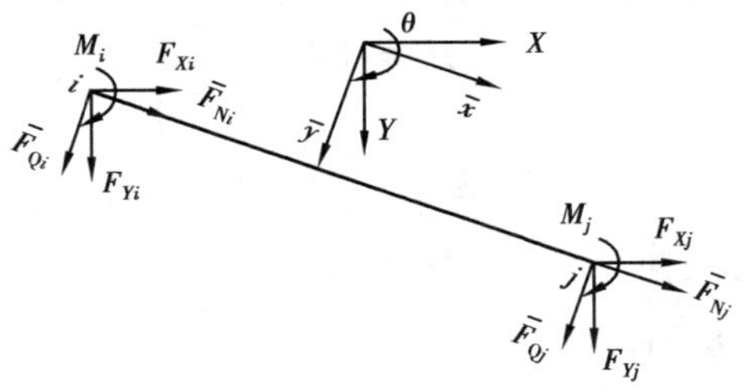

图 2.7 单元坐标变换

始端杆端力和末端杆端力在坐标系之间,分别满足以上变换式(2.5)。因此,单元坐标系下的杆端力 $\overline{\boldsymbol{F}}^{\mathrm{e}}$,结构坐标系下的杆端力 $\boldsymbol{F}^{\mathrm{e}}$ 若分别表示为:

$$\overline{\boldsymbol{F}}^{\mathrm{e}} = [\overline{F}_{\mathrm{N}i} \quad \overline{F}_{\mathrm{Q}i} \quad M_i \ \vdots\ \overline{F}_{\mathrm{N}j} \quad \overline{F}_{\mathrm{Q}j} \quad M_j]^{\mathrm{T}}$$

$$\boldsymbol{F}^{\mathrm{e}} = [F_{Xi} \quad F_{Yi} \quad M_i \ \vdots\ F_{Xj} \quad F_{Yi} \quad M_j]^{\mathrm{T}}$$

则根据式(2.5),应有以下坐标变换成立:

$$\begin{bmatrix}\overline{F}_i^{\mathrm{e}} \\ \overline{F}_j^{\mathrm{e}}\end{bmatrix} = \begin{bmatrix}T_0 & 0 \\ 0 & T_0\end{bmatrix}\begin{bmatrix}F_i^{\mathrm{e}} \\ F_j^{\mathrm{e}}\end{bmatrix} \tag{2.6a}$$

或展开写为

$$\begin{bmatrix} \overline{F}_{Ni} \\ \overline{F}_{Qi} \\ M_i \\ \hdashline \overline{F}_{Nj} \\ \overline{F}_{Qj} \\ M_j \end{bmatrix}^e = \left[\begin{array}{ccc:ccc} \cos\alpha & \sin\alpha & 0 & 0 & 0 & 0 \\ -\sin\alpha & \cos\alpha & 0 & 0 & 0 & 0 \\ 0 & 0 & 1 & 0 & 0 & 0 \\ \hdashline 0 & 0 & 0 & \cos\alpha & \sin\alpha & 0 \\ 0 & 0 & 0 & -\sin\alpha & \cos\alpha & 0 \\ 0 & 0 & 0 & 0 & 0 & 1 \end{array}\right]^e \begin{bmatrix} F_{Xi} \\ F_{Yi} \\ M_i \\ \hdashline F_{Xj} \\ F_{Yj} \\ M_j \end{bmatrix}^e \tag{2.6b}$$

或简写成

$$\overline{\boldsymbol{F}}^e = \boldsymbol{T}\boldsymbol{F}^e \tag{2.6c}$$

式(2.6)中

$$\boldsymbol{T} = \left[\begin{array}{ccc:ccc} \cos\alpha & \sin\alpha & 0 & 0 & 0 & 0 \\ -\sin\alpha & \cos\alpha & 0 & 0 & 0 & 0 \\ 0 & 0 & 1 & 0 & 0 & 0 \\ \hdashline 0 & 0 & 0 & \cos\alpha & \sin\alpha & 0 \\ 0 & 0 & 0 & -\sin\alpha & \cos\alpha & 0 \\ 0 & 0 & 0 & 0 & 0 & 1 \end{array}\right] \tag{2.7}$$

称为**一般平面杆单元的坐标转换矩阵**。$\boldsymbol{T}$ 仍为正交矩阵,因而有

$$\boldsymbol{F}^e = \boldsymbol{T}^T\overline{\boldsymbol{F}}^e \tag{2.8}$$

3)杆端位移向量的坐标变换

杆端力向量的坐标变换方式,也同样适用于杆端位移向量 $\overline{\boldsymbol{\delta}}^e$ 与 $\boldsymbol{\delta}^e$ 之间的坐标变换,即

$$\overline{\boldsymbol{\delta}}^e = \boldsymbol{T}\boldsymbol{\delta}^e \tag{2.9}$$

或

$$\boldsymbol{\delta}^e = \boldsymbol{T}^T\overline{\boldsymbol{\delta}}^e \tag{2.10}$$

4)单元刚度矩阵的坐标变换

将式(2.9)代入 $\overline{\boldsymbol{F}}^e = \overline{\boldsymbol{K}}^e\overline{\boldsymbol{\delta}}^e$,有:

$$\overline{\boldsymbol{F}}^e = \overline{\boldsymbol{K}}^e\overline{\boldsymbol{\delta}}^e = \overline{\boldsymbol{K}}^e\boldsymbol{T}\boldsymbol{\delta}^e \tag{a}$$

式(a)左右同时左乘 $\boldsymbol{T}^T$,可得:

$$\boldsymbol{T}^T\overline{\boldsymbol{F}}^e = \boldsymbol{T}^T\overline{\boldsymbol{K}}^e\boldsymbol{T}\boldsymbol{\delta}^e \Rightarrow \boldsymbol{F}^e = \boldsymbol{T}^T\overline{\boldsymbol{K}}^e\boldsymbol{T}\boldsymbol{\delta}^e \tag{b}$$

即结构坐标系下的杆端位移向量与杆端力向量之间的变换关系,由 3 个矩阵的乘积($\boldsymbol{T}^T\overline{\boldsymbol{K}}^e\boldsymbol{T}$)决定,式(b)可写为:

$$\boldsymbol{F}^e = \boldsymbol{K}^e\boldsymbol{\delta}^e \tag{2.11}$$

此即为**结构坐标系中的单元刚度方程**。其中

$$\boldsymbol{K}^e = \boldsymbol{T}^T\overline{\boldsymbol{K}}^e\boldsymbol{T} \tag{2.12}$$

式中,$\boldsymbol{K}^e$ 为结构坐标系中的单元刚度矩阵。

根据矩阵知识可知,$\boldsymbol{T}^T\overline{\boldsymbol{K}}^e\boldsymbol{T}$ 为相似变换,实对称矩阵经此变换后仍应为对称性不变,矩阵特征值也不会改变。因此,结构坐标系统下的单元刚度矩阵 $\boldsymbol{K}^e$ 仍然是对称矩阵;$\boldsymbol{K}^e$ 仍然是奇异矩阵。由于执行了坐标变换,$\boldsymbol{K}^e$ 除与单元本身的属性有关外,还与结构坐标系与单元坐

标系之间的夹角 α 有关。

$\boldsymbol{K}^e$ 中任一元素 k_{lm}^e 表示结构坐标系下杆端位移 $\boldsymbol{\delta}^e$ 中第 m 个分量等于1(其余位移分量均等于零)时,所引起的杆端力 $\boldsymbol{F}^e$ 的第 l 个分量的值。单元坐标系与结构坐标系间的关系较规整时(如 $\alpha=0°$或 $90°$),也可按概念直接推导结构坐标系统下的单元刚度矩阵元素。

【例 2.1】试以单元刚度系数的概念,直接写出如图 2.8 所示结构各单元在结构坐标系统下的单元刚度矩阵。各杆 EI、EA 为常数,结构坐标系和单元坐标系如图 2.8 所示。

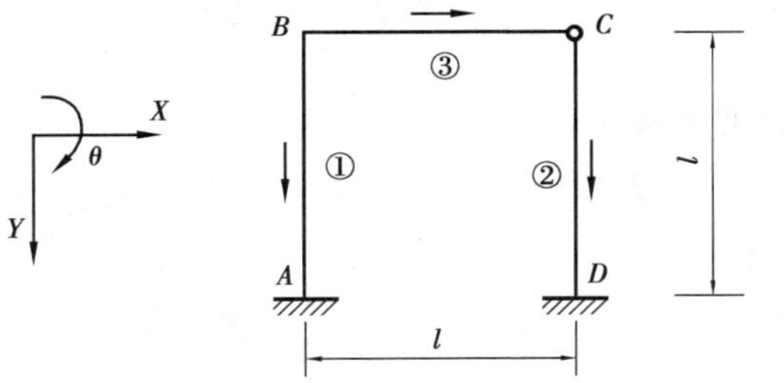

图 2.8 单元刚度矩阵元素

【解】(1)对于单元①:

$\alpha=90°$,若按式(2.12)计算,执行矩阵乘法计算量较大,故根据单元刚度元素 k_{ij} 的性质进行元素推导,如图 2.9 所示。

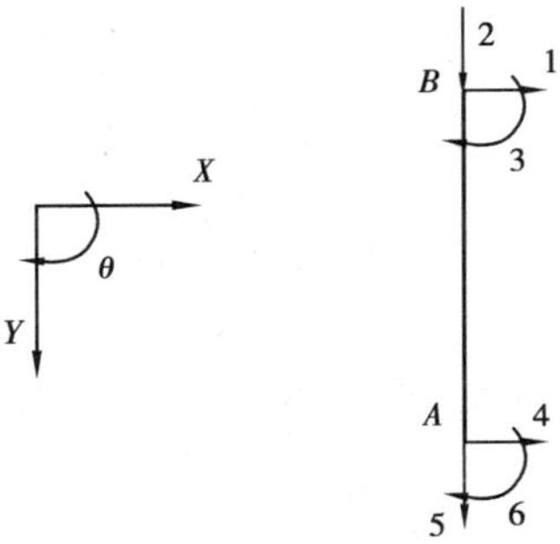

图 2.9 结构整体坐标系下的杆端自由度

k_{ij} 的意义为:在结构坐标系下,杆端自由度 j 发生单位位移,在 i 自由度方向上需作用力的大小。

令杆 AB 在沿 1 方向发生水平单位位移,确定对应杆端力,由形常数即有:

$$k_{11}=\frac{12EI}{l^3},k_{21}=0,k_{31}=-\frac{6EI}{l^2},k_{41}=-\frac{12EI}{l^3},k_{51}=0,k_{61}=-\frac{6EI}{l^2}$$

令杆 AB 在沿 2 方向发生竖向单位位移:

$$k_{12}=0,k_{22}=\frac{EA}{l},k_{32}=0,k_{42}=0,k_{52}=-\frac{EA}{l},k_{62}=0$$

令杆 AB 在沿 3 方向发生单位转角:

$$k_{13}=-\frac{6EI}{l^2},k_{23}=0,k_{33}=\frac{4EI}{l},k_{43}=\frac{6EI}{l^2},k_{53}=0,k_{63}=\frac{2EI}{l}$$

令杆 AB 在沿 4 方向发生水平单位位移:

$$k_{14}=-\frac{12EI}{l^3},k_{24}=0,k_{34}=\frac{6EI}{l^2},k_{44}=\frac{12EI}{l^3},k_{54}=0,k_{64}=\frac{6EI}{l^2}$$

令杆 AB 在沿 5 方向发生竖向单位位移：

$$k_{15}=0,k_{25}=-\frac{EA}{l},k_{35}=0,k_{45}=0,k_{55}=\frac{EA}{l},k_{65}=0$$

令杆 AB 在沿 6 方向发生单位转角：

$$k_{16}=-\frac{6EI}{l^2},k_{26}=0,k_{36}=\frac{2EI}{l},k_{46}=\frac{6EI}{l^2},k_{56}=0,k_{66}=\frac{4EI}{l}$$

可得单元①的单元刚度矩阵为：

$$\boldsymbol{K}^{(1)}=\left[\begin{array}{ccc:ccc}\frac{12EI}{l^3} & 0 & \frac{-6EI}{l^2} & \frac{-12EI}{l^3} & 0 & \frac{-6EI}{l^2}\\ 0 & \frac{EA}{l} & 0 & 0 & \frac{-EA}{l} & 0\\ \frac{-6EI}{l^2} & 0 & \frac{4EI}{l} & \frac{6EI}{l^2} & 0 & \frac{2EI}{l}\\ \hdashline \frac{-12EI}{l^3} & 0 & \frac{6EI}{l^2} & \frac{12EI}{l^3} & 0 & \frac{6EI}{l^2}\\ 0 & \frac{-EA}{l} & 0 & 0 & \frac{EA}{l} & 0\\ \frac{-6EI}{l^2} & 0 & \frac{2EI}{l} & \frac{6EI}{l^2} & 0 & \frac{4EI}{l}\end{array}\right]$$

(2)对于单元②：显然，单元②的单元刚度矩阵与单元①的单元刚度矩阵相同，有：

$$\boldsymbol{K}^{(2)}=\boldsymbol{K}^{(1)}$$

(3)对于单元③：$\alpha=0°$，单元刚度矩阵在两个坐标系统中是相同的，即式(2.4)的形式，此处不再列写。

2.4 结点位移编码

在整体分析时，需要引入约束条件，约束条件包括支座约束(外约束)和结点约束(内约束)，可以在形成整体刚度方程之前或之后处理，分为先处理法和后处理法两种做法。

所谓**先处理法**，是在形成总体刚度矩阵之前考虑结构的内外约束条件，并把已知的支座位移排除在基本未知量之外的处理方式。

所谓**后处理法**，是先不考虑外约束条件，把已知的支座结点位移一并列入结构的结点位移列阵中，形成不受外部约束的原始刚度方程；再根据结点的实际支承条件修正原始刚度方程，形成结构刚度方程，以求解结点位移的处理方式。

本章主要介绍先处理法的基本方式，而对于后处理法，以及对先处理法的进一步优化，则在第 5 章中再行介绍。

▶ 2.4.1 使用先处理法形成结点位移编码

杆端位移影响单元变形和内力。由于结点的约束效应，一般情况下，杆端位移可根据结点位移进行表达，故结点位移成为体系计算的基本未知量。而**结点位移编码**，就是对体系所有可能产生的结点位移，按结构整体坐标系中的分量约定，连续编码，以确定结点位移向量的基本构成。

平面杆系结构的每个结点(此处所指为刚结点、无外约束)在整体坐标系下有3个位移分量(u,v,θ)。采用先处理法计算时，应按照结构的结点顺序，依次对每个结点的未知位移分量u,v,θ统一编码(即**结点位移编码**，也称为结点未知量编码)。

为便于程序编制，有几个约定，说明如下：

①对于取作基本未知量的结点未知量，连续编码，即$1,2,\cdots,n$。

例如，图2.10中的刚结点1、2、3，各有3个结点未知量，故它们的结点位移编码分别为(列写于结点编号后括号内)：

结点1(1,2,3)，结点2(4,5,6)，结点3(7,8,9)。

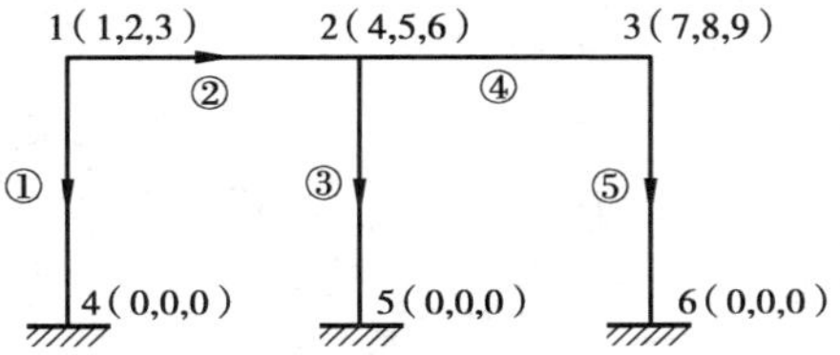

图2.10　结构位移分量编码

②对于已知的支座结点位移分量(包括为零和非零)，编“0”号。

由于外约束对应的结点位移分量为已知值，不属基本未知量，应加以排除。例如，图2.10中的固端支座处结点4、结点5、结点6，在X、Y、θ 3个方向都不可能产生未知位移，故它们的结点位移编码均为(0,0,0)。

先处理法中，对于支座处存在非零位移值者，对应位移分量仍应编“0”号，而将支座位移以单元广义荷载的形式引入。

③当平面刚架内部有铰结点(全铰或半铰结点)时，由于铰结点无法协调连接各杆端的转角位移，结点转角将无法表达所有的杆端转角分量，为继续遵从“以结点位移表达杆端位移”这一约定，需要使用“**重结点**”编号模式。即对无法用单结点位移表达所有杆端位移处，增设一个(或多个)单独的结点号。

如图2.11(a)中，结点A连接的单元①、单元②的两个杆端，杆端位移分量中线位移相同，而转角不同，故结点对应的杆端位移不完全相同；它们的线位移分量采用相同编码，而转角采用不同编码，此时结点未知量编码分别为：结点2(1,2,3)、结点3(1,2,4)。图2.11(a)中结点B的情况也是如此。

上述方式也可用于处理定向结点，如图2.11(b)所示的结点C。由于结点C无法协调其左、右两侧竖向位移，所以引入重结点编号，保证两重结点间竖向位移相互独立。

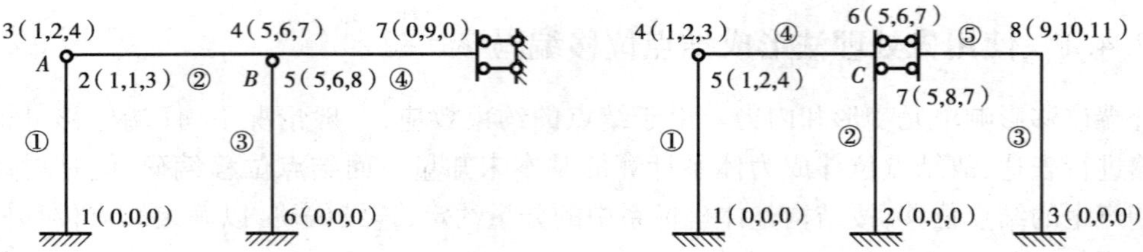

(a) (b)

图 2.11　内部有特殊结点时的结点位移分量编码

④对于无效结点未知量(即计算中不需考虑的结点未知量),编“0”号。例如,平面桁架中的结点[如图 2.12(a)中结点 1、2、3、4]或平面组合结构中桁杆之间的铰结点[如图 2.12(b)中结点 7、8],由于桁杆转角与弹性变形(即内力)无关,杆端转角位移分量不需要考虑,故编“0”号。至于连接一般单元与桁架单元之间的铰结点[如图 2.12(b)中的结点 1、2、5、6],因其杆端转角位移分量仅仅影响与其连接的一般单元,而不影响与其连接的桁架单元(后者 $EI=0$),故这些结点仍具有 3 个独立的位移未知量(分别为 0,0,1;2,3,4;9,10,11 和 12,0,13),不需进行处理。

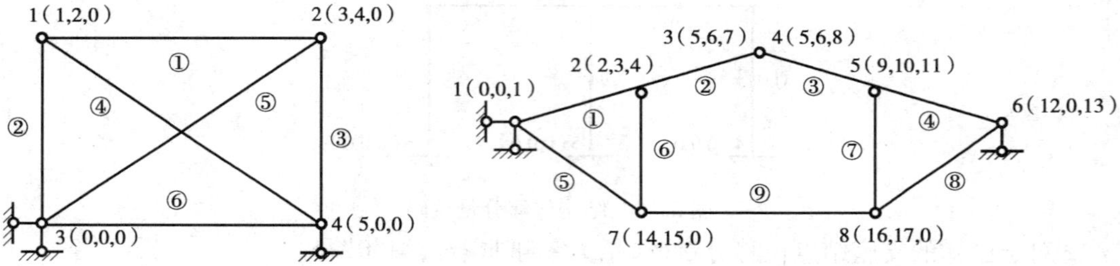

(a)桁架　　(b)组合结构

图 2.12　有无效未知量的结点位移分量编码

对于忽略轴向变形的刚架,刚结点在某些方向上的位移分量不一定独立。如图 2.13 所示刚架,当忽略各杆的轴向变形时,横梁上结点 2、3、4 的水平位移 $X_2=X_3=X_4$,它们是同一个未知量,因此采用相同的结点未知量编码“2”。同理,柱(单元①)两端结点 1、2 的竖向位移 $Y_1=Y_2=0$,因此采用相同编码“0”;柱(单元③)两端结点 5、3 的竖向位移 $Y_5=Y_3=0$,因此也采用相同编码“0”。

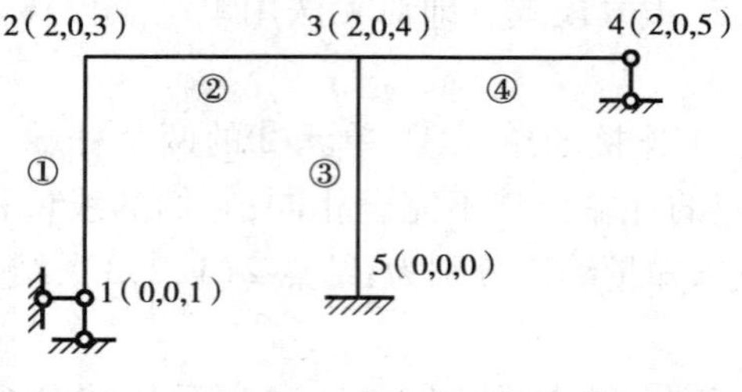

图 2.13　忽略轴向变形时结点位移分量编码

▶ 2.4.2 单元定位向量

单元始末两端结点位移分量编码按单元自由度顺序排列所组成的向量，称为**单元定位向量**。单元ⓔ的单元定位向量用 $\boldsymbol{\lambda}^e$ 表示。

如图 2.14 所示，各单元的单元定位向量分别为：

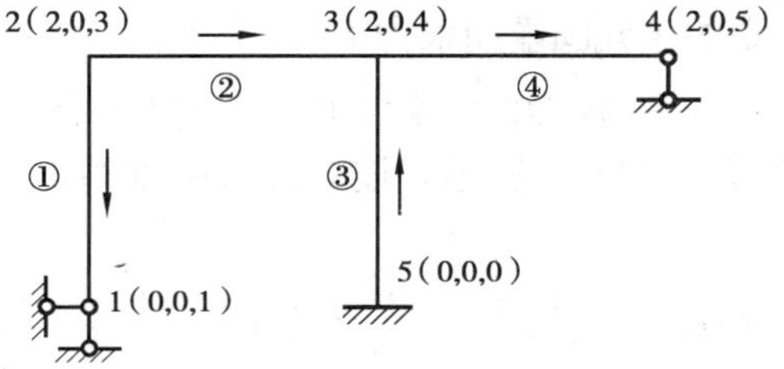

图 2.14 单元定位向量

$$\boldsymbol{\lambda}^{(1)} = [2 \quad 0 \quad 3 \;\vdots\; 0 \quad 0 \quad 1]^T$$
$$\boldsymbol{\lambda}^{(2)} = [2 \quad 0 \quad 3 \;\vdots\; 2 \quad 0 \quad 4]^T$$
$$\boldsymbol{\lambda}^{(3)} = [0 \quad 0 \quad 0 \;\vdots\; 2 \quad 0 \quad 4]^T$$
$$\boldsymbol{\lambda}^{(4)} = [2 \quad 0 \quad 4 \;\vdots\; 2 \quad 0 \quad 5]^T$$

单元定位向量反映单元分析时，单元局部自由度与结构分析时整体自由度之间的对应关系，表明了单元杆端位移向量 $\boldsymbol{\delta}^e$ 各元素在整个结构的结点位移向量 $\boldsymbol{\Delta}$ 中的位置，可以用于确定单元刚度矩阵 $\boldsymbol{K}^e$ 各元素在结构刚度矩阵 $\boldsymbol{K}$ 中的位置，也可用以确定单元等效结点荷载（由单元上非结点荷载等效变换而得到的结点荷载）$\boldsymbol{F}_{PE}^e$ 各元素在结构综合结点荷载列阵 $\boldsymbol{F}$ 中的位置。

2.5 结构整体分析

结构的整体分析是在结构坐标系中，把各单元组装回结构。更具体地说，就是将所有结构坐标系中的单元刚度方程，通过直接刚度法，集成表示结点力向量与结点位移向量之间变换关系的结构刚度方程，以求解结点位移。

▶ 2.5.1 结构刚度方程

结构刚度方程可写作

$$\boldsymbol{K\Delta} = \boldsymbol{F} \tag{2.13}$$

式中 $\boldsymbol{\Delta}$——待求的基本未知量（**结点位移向量**）；

$\boldsymbol{F}$——结构的**综合结点荷载向量**；

$\boldsymbol{K}$——**结构刚度矩阵**，是结点位移向量与结点力向量的变换矩阵。

下面分别对综合结点荷载向量和结构刚度矩阵的集成方式进行讨论。

▶ 2.5.2 综合结点荷载向量

当结构上的某些荷载作用在杆件单元上，而非直接作用于结点时，称为单元（或非结点）荷载。必须先将单元荷载转换成等效结点荷载（等效原则是要求两类荷载作用下，结构的结点位移应相等），然后才能用矩阵位移法进行结构分析。

1）计算在单元坐标系中的单元固端约束力 $\overline{\boldsymbol{F}}_{\mathrm{P}}^{e}$

如图 2.15（a）所示的刚架，在单元②两端各加上 3 个附加约束，使其两端杆端位移为 0，可求出 6 个固端约束力，如图 2.15（b）所示。按单元自由度约定方式排列，即组成单元②的固端约束力向量 $\overline{\boldsymbol{F}}_{\mathrm{P}}^{(2)}$。

$$\overline{\boldsymbol{F}}_{\mathrm{P}}^{(2)} = \left[0 \quad -\frac{1}{2}ql \quad -\frac{1}{12}ql^2 \;\vdots\; 0 \quad -\frac{1}{2}ql \quad \frac{1}{12}ql^2\right]^{\mathrm{T}}$$

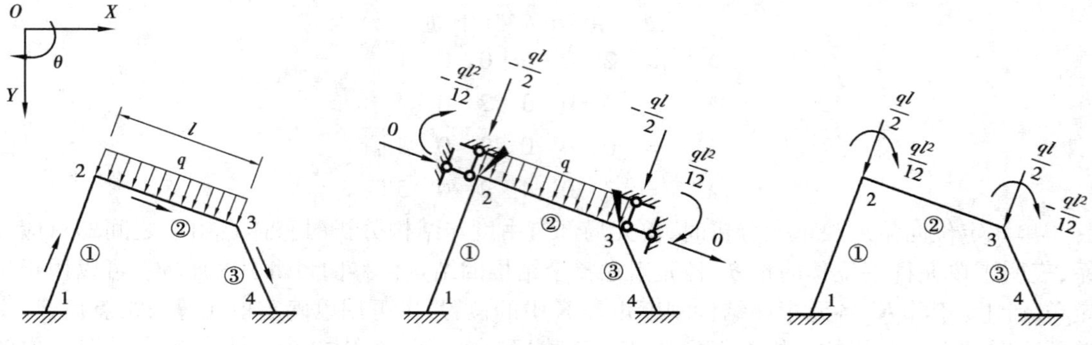

(a)　　　　　　　　(b)　　　　　　　　(c)

图 2.15　单元等效结点荷载

表 2.1 中给出了一些典型荷载作用作用下单元的固端约束力。固端约束力分量的正负号规定，仍遵从单元坐标系统约定。

表 2.1　单元坐标系下固端约束力

类型	荷载简图	$\overline{\boldsymbol{F}}_{\mathrm{P}}^{e}$	始端(i)	末端(j)
1	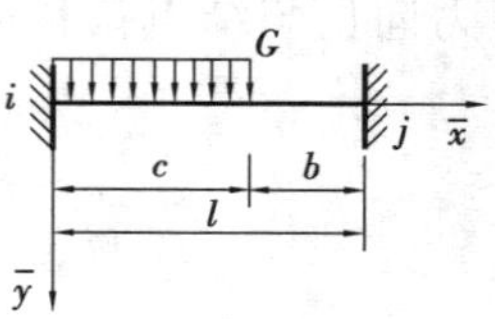	$\overline{F}_{\mathrm{N}}$	0	0
		$\overline{F}_{\mathrm{Q}}$	$-Gc\left(1-\frac{c^2}{l^2}+\frac{c^3}{2l^3}\right)$	$-G\frac{c^3}{l^2}\left(1-\frac{c}{2l}\right)$
		M	$-G\frac{c^2}{12}\left(6-8\frac{c}{l}+3\frac{c^2}{l^2}\right)$	$G\frac{c^3}{12l}\left(4-3\frac{c}{l}\right)$
2	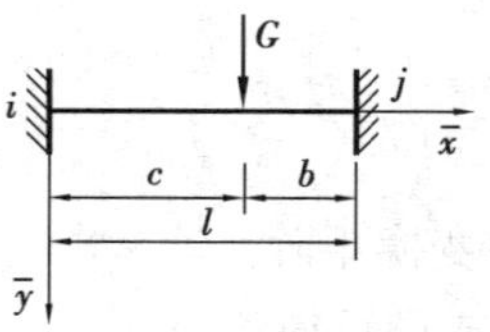	$\overline{F}_{\mathrm{N}}$	0	0
		$\overline{F}_{\mathrm{Q}}$	$-G\frac{b^2}{l^2}\left(1+2\frac{c}{l}\right)$	$-G\frac{c^2}{l^2}\left(1+2\frac{b}{l}\right)$
		M	$-G\frac{cb^2}{l^2}$	$G\frac{c^2b}{l^2}$

续表

类型	荷载简图	$\overline{\boldsymbol{F}}_{\mathrm{P}}^{\mathrm{e}}$	始端(i)	末端(j)
3	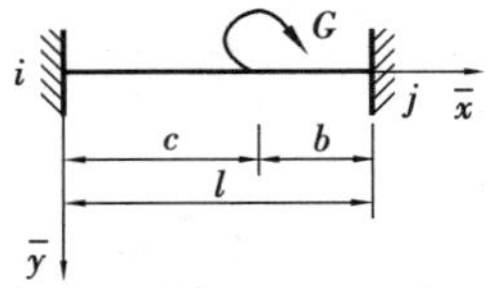	$\overline{F}_{\mathrm{N}}$	0	0
		$\overline{F}_{\mathrm{Q}}$	$G\dfrac{6cb}{l^3}$	$-G\dfrac{6cb}{l^3}$
		M	$G\dfrac{b}{l}(2-3\dfrac{b}{l})$	$G\dfrac{c}{l}(2-3\dfrac{c}{l})$
4	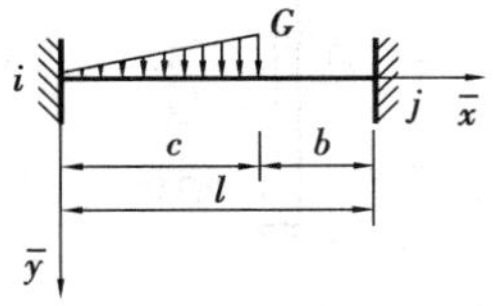	$\overline{F}_{\mathrm{N}}$	0	0
		$\overline{F}_{\mathrm{Q}}$	$-G\dfrac{c}{4}\left(2-3\dfrac{c^2}{l^2}+1.6\dfrac{c^3}{l^3}\right)$	$-G\dfrac{c^3}{4l^2}\left(3-1.6\dfrac{c}{l}\right)$
		M	$-G\dfrac{c^2}{6}\left(2-3\dfrac{c}{l}+1.2\dfrac{c^2}{l^2}\right)$	$G\dfrac{c^3}{4l^2}\left(1-0.8\dfrac{c}{l}\right)$
5	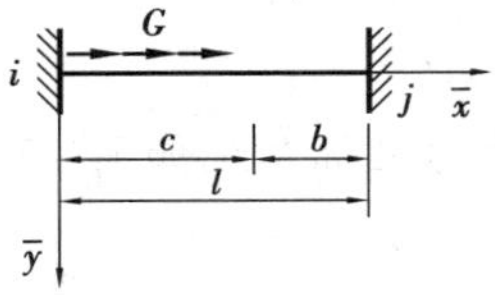	$\overline{F}_{\mathrm{N}}$	$-Gc\left(1-\dfrac{c}{2l}\right)$	$-G\dfrac{c^2}{2l}$
		$\overline{F}_{\mathrm{Q}}$	0	0
		M	0	0
6	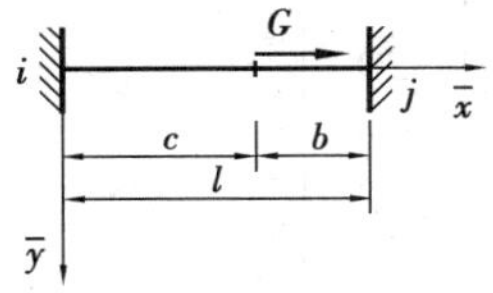	$\overline{F}_{\mathrm{N}}$	$-G\dfrac{b}{l}$	$-G\dfrac{c}{l}$
		$\overline{F}_{\mathrm{Q}}$	0	0
		M	0	0

2)单元坐标系中的单元等效结点荷载 $\overline{\boldsymbol{F}}_{\mathrm{PE}}^{\mathrm{e}}$

由于杆端力与结点力为相反力,将固端约束力 $\overline{\boldsymbol{F}}_{\mathrm{P}}^{\mathrm{e}}$ 反号,可得到单元坐标系中的单元等效结点荷载 $\overline{\boldsymbol{F}}_{\mathrm{PE}}^{\mathrm{e}}$,即

$$\overline{\boldsymbol{F}}_{\mathrm{PE}}^{\mathrm{e}}=-\overline{\boldsymbol{F}}_{\mathrm{P}}^{\mathrm{e}}$$

对于图 2.15 所示单元②,有

$$\overline{\boldsymbol{F}}_{\mathrm{PE}}^{(2)}=\left[0\quad \frac{1}{2}ql\quad \frac{1}{12}ql^2\ \vdots\ 0\quad \frac{1}{2}ql\quad -\frac{1}{12}ql^2\right]^{\mathrm{T}}$$

3)结构坐标系中的单元等效结点荷载 $\boldsymbol{F}_{\mathrm{PE}}^{\mathrm{e}}$

将 $\overline{\boldsymbol{F}}_{\mathrm{PE}}^{\mathrm{e}}$进行坐标变换,得到结构坐标系中的单元等效结点荷载 $\boldsymbol{F}_{\mathrm{PE}}^{\mathrm{e}}$,即

$$\boldsymbol{F}_{\mathrm{PE}}^{\mathrm{e}}=\boldsymbol{T}^{\mathrm{T}}\overline{\boldsymbol{F}}_{\mathrm{PE}}^{\mathrm{e}}=-\boldsymbol{T}^{\mathrm{T}}\overline{\boldsymbol{F}}_{\mathrm{P}}^{\mathrm{e}} \tag{2.14}$$

根据单元自由度与结构自由度的对应关系(即利用单元定位向量),可将每个 $\boldsymbol{F}_{\mathrm{PE}}^{\mathrm{e}}$ 中的元素,传送到结构的等效结点荷载列阵 $\boldsymbol{F}_{\mathrm{PE}}$的相应位置。所有单元的等效结点荷载列阵在对应自由度位置进行叠加,便可得到结构等效结点荷载向量。

4)综合结点荷载向量

将直接结点荷载向量 $\boldsymbol{F}_J$ 与等效结点荷载向量 $\boldsymbol{F}_{PE}$ 进行叠加,即得到综合结点荷载向量。

$$\boldsymbol{F} = \boldsymbol{F}_J + \boldsymbol{F}_{PE} \tag{2.15}$$

【例 2.2】试求图 2.16(a)所示结构的综合结点荷载向量 $\boldsymbol{F}$。

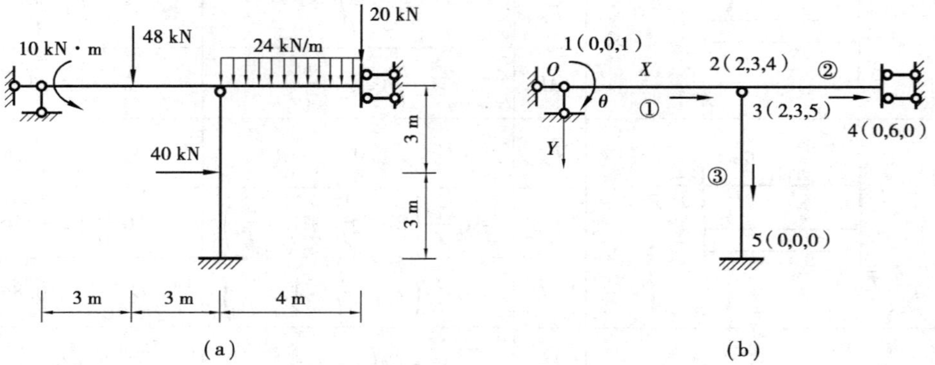

图 2.16 计算综合结点荷载向量

【解】(1) 结点编号、单元编号、结点未知量编码及单元、结构坐标系统如图 2.16(b)所示。

(2)计算单元固端约束力 $\overline{\boldsymbol{F}}_P^e$。

按表 2.1 所列计算式,可求得:

$$\overline{\boldsymbol{F}}_P^{(1)} = \begin{bmatrix} 0 \\ -24 \\ -36 \\ \hdashline 0 \\ -24 \\ 36 \end{bmatrix}, \overline{\boldsymbol{F}}_P^{(2)} = \begin{bmatrix} 0 \\ -48 \\ -32 \\ \hdashline 0 \\ -48 \\ 32 \end{bmatrix}, \overline{\boldsymbol{F}}_P^{(3)} = \begin{bmatrix} 0 \\ 20 \\ 30 \\ \hdashline 0 \\ 20 \\ -30 \end{bmatrix}$$

(3)计算单元等效结点荷载 $\boldsymbol{F}_{PE}^e$,并将单元定位向量写在 $\boldsymbol{F}_{PE}^e$ 的右侧,以便于定位传送,即有

单元①:

$$\alpha = 0°$$
$$\boldsymbol{T}^{(1)} = \boldsymbol{I}$$
$$\boldsymbol{\lambda}^{(1)} = [0 \quad 0 \quad 1 \ \vdots \ 2 \quad 3 \quad 4]^T$$

$$\boldsymbol{F}_{PE}^{(1)} = -\boldsymbol{T}^{(1)}\overline{\boldsymbol{F}}_P^{(1)} = -\overline{\boldsymbol{F}}_P^{(1)} = \begin{bmatrix} 0 \\ 24 \\ 36 \\ \hdashline 0 \\ 24 \\ -36 \end{bmatrix} \begin{matrix} 0 \\ 0 \\ 1 \\ 2 \\ 3 \\ 4 \end{matrix}$$

单元②:

$$\alpha = 0°$$

$$T^{(2)} = I$$

$$\lambda^{(2)} = [2 \quad 3 \quad 4 \,\vdots\, 0 \quad 6 \quad 0]^{T}$$

$$F_{PE}^{(2)} = -T^{(2)}\overline{F}_{P}^{(2)} = -\overline{F}_{P}^{(2)} = \begin{bmatrix} 0 \\ 48 \\ 32 \\ \hdashline 0 \\ 48 \\ -32 \end{bmatrix} \begin{matrix} 2 \\ 3 \\ 4 \\ 0 \\ 6 \\ 0 \end{matrix}$$

单元③:

$$\alpha = 90°$$

$$\lambda^{(3)} = [2 \quad 3 \quad 5 \,\vdots\, 0 \quad 6 \quad 0]^{T}$$

$$F_{PE}^{(3)} = -T^{(3)T}\overline{F}_{P}^{(3)} = -\left[\begin{array}{ccc:ccc} 0 & -1 & 0 & 0 & 0 & 0 \\ 1 & 0 & 0 & 0 & 0 & 0 \\ 0 & 0 & 1 & 0 & 0 & 0 \\ \hdashline 0 & 0 & 0 & 0 & -1 & 0 \\ 0 & 0 & 0 & 1 & 0 & 0 \\ 0 & 0 & 0 & 0 & 0 & 1 \end{array}\right] \begin{bmatrix} 0 \\ 20 \\ 30 \\ \hdashline 0 \\ 20 \\ -30 \end{bmatrix} = \begin{bmatrix} 20 \\ 0 \\ -30 \\ \hdashline 20 \\ 0 \\ 30 \end{bmatrix} \begin{matrix} 2 \\ 3 \\ 5 \\ 0 \\ 0 \\ 0 \end{matrix}$$

(4)利用单元定位向量形成等效结点荷载列阵 F_{PE}。

按单元定位向量,根据自由度对应关系"对号入座",可得等效结点荷载列阵为:

$$F_{PE} = \begin{bmatrix} 36 \\ 0+0+20 \\ 24+48+0 \\ -36+32 \\ -30 \\ 48 \end{bmatrix} \begin{matrix} 1 \\ 2 \\ 3 \\ 4 \\ 5 \\ 6 \end{matrix} = \begin{bmatrix} 36 \\ 20 \\ 72 \\ -4 \\ -30 \\ 48 \end{bmatrix}$$

(5)形成综合结点荷载列阵 F。

通过以上计算,将非结点荷载转化为结构的等效结点荷载 F_{PE},再与直接结点荷载 F_J 叠加,即得:

$$F = F_J + F_{PE} = \begin{bmatrix} -10 \\ 0 \\ 0 \\ 0 \\ 0 \\ 20 \end{bmatrix} + \begin{bmatrix} 36 \\ 20 \\ 72 \\ -4 \\ -30 \\ 48 \end{bmatrix} = \begin{bmatrix} 26 \\ 20 \\ 72 \\ -4 \\ -30 \\ 68 \end{bmatrix} \begin{matrix} 1 \\ 2 \\ 3 \\ 4 \\ 5 \\ 6 \end{matrix}$$

【程序实现】

(1)按表 2.1,形成各类单元荷载对应的单元坐标系下单元等效结点荷载向量。

MDA 程序中通过子程序 EFF( )实现。

(2)变换至结构整体坐标系,即式(2.14)。

```
FO = -MATMUL(TRANSPOSE(T),FO) ! FO 单元等效结点荷载向量
```

(3)利用自由度对应传送的原理,通过矩阵变换的方式传送入综合结点荷载向量。

构造传送矩阵 $\boldsymbol{S}_{(N\times m)}$,行数 N 为结构总自由度数目,列数 m 为单元自由度数目(对平面一般杆元,$m=6$)。由于单元定位向量反映了单元自由度与结构总自由度的对应关系,可根据元素在向量空间定位传送关系[式(1.2)],故有:

$$\boldsymbol{S}^{e}_{(N\times m)} = \begin{matrix} 1 & & i & & m & \\ \begin{bmatrix} 0 & \cdots & 0 & \cdots & 0 \\ 0 & & 0 & & 0 \\ \vdots & & \vdots & & \vdots \\ 0 & & 1(0) & & 0 \\ 0 & & 0 & & 0 \\ \vdots & & \vdots & & \vdots \\ 0 & \cdots & 0 & \cdots & 0 \end{bmatrix} & \begin{matrix} 1 \\ 2 \\ \vdots \\ j = \lambda^{e}_{i} \\ \vdots \\ \vdots \\ N \end{matrix} \end{matrix} \tag{2.16}$$

$\boldsymbol{S}$ 矩阵中共有 $m=6$ 个列向量 $\boldsymbol{S}_1 \sim \boldsymbol{S}_m$,每一列向量 S_i 中最多只有一个非零元素,即

$$s_{ji} = 1(j = \lambda^{e}_{i},且\ \lambda^{e}_{i} \neq 0\ 时) \tag{2.17}$$

以下为构造平面杆元数据传送矩阵对应程序语句:

```
S = 0            ! 单元和整体的数据传送矩阵,I、J 为始末结点号
DO K = 1,3       ! CODE_D_NOD 为结点位移编码数组
    if(CODE_D_NOD(I,K) > 0) S(CODE_D_NOD(I,K),K) = 1
    if(CODE_D_NOD(J,K) > 0) S(CODE_D_NOD(J,K),K + 3) = 1
ENDDO
```

可利用变换式(2.16),将单元等效荷载向量中的数据,按自由度对应的关系,从单元分析自由度传送至整体分析自由度下。

$$\boldsymbol{S}\boldsymbol{F}^{e}_{\mathrm{PE}} \rightarrow \boldsymbol{F} \tag{2.18}$$

式(2.18)也只需要一句程序语句即可实现:

```
F = F + MATMUL(S,FO) ! F 综合结构荷载向量,FO 单元等效结点荷载向量
```

▶ 2.5.3 结构刚度矩阵

1)结构刚度矩阵的集成

对结构坐标系下的单元刚度矩阵,利用单元自由度与结构自由度之间的对应关系(即单

元定位向量)，也可取得结构刚度矩阵。手算时的具体做法为：

①计算单元ⓔ在结构坐标系中的刚度矩阵 $\boldsymbol{K}^e$，分别注明其定位向量中各分量(始末两端结点未知量编码)及单元自身的结点位移分量编码(数字上加画一短横线表示为单元局部码)。

②按照单元定位向量中的非零分量所指定的行码和列码，将各单元刚度矩阵 $\boldsymbol{K}^e$ 中的元素“对号入座”地叠加到结构刚度矩阵 $\boldsymbol{K}$ 中去，行、列码相同的元素则相加。

【例 2.3】试按单元定位向量装配如图 2.17 所示连续梁的结构刚度矩阵。

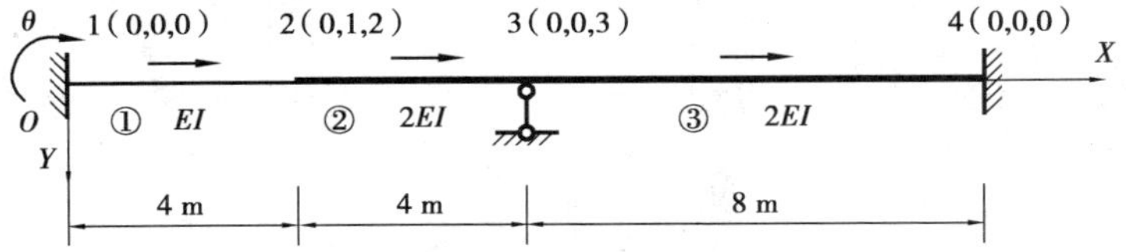

图 2.17 按单元定位向量集成结构刚度矩阵

【解】(1)对连续梁进行结点编号、单元编号和结点未知量编码，如图 2.17 所示。

根据各单元始末两端的结点未知量编码，形成各单元的定位向量，即

$$\boldsymbol{\lambda}^{(1)} = [0 \quad 0 \quad 0 \mid 0 \quad 1 \quad 2]^{\mathrm{T}}$$
$$\boldsymbol{\lambda}^{(2)} = [0 \quad 1 \quad 2 \mid 0 \quad 0 \quad 3]^{\mathrm{T}}$$
$$\boldsymbol{\lambda}^{(3)} = [0 \quad 0 \quad 3 \mid 0 \quad 0 \quad 0]^{\mathrm{T}}$$

(2)列出 3 个单元的结构坐标系中的刚度矩阵。

由于连续梁的单元坐标系与结构坐标系是一致的，故无须坐标变换。所列出的 $\boldsymbol{K}^{(1)}$、$\boldsymbol{K}^{(2)}$、$\boldsymbol{K}^{(3)}$ 如下式(a)、(b)、(c)所示。将总码和局部码分别写在各单元刚度矩阵的上方和右侧，便于对位相加。

按照单元定位向量中的非零分量(即总码中的非零编码)所指定的行码和列码，将各单元刚度矩阵 $\boldsymbol{K}^e$ 中的元素定位叠加到结构刚度矩阵 $\boldsymbol{K}$ 中去。

以单元①为例：

$$\begin{array}{cccccc} 0 & 0 & 0 & 0 & 1 & 2 \\ \bar{1} & \bar{2} & \bar{3} & \bar{4} & \bar{5} & \bar{6} \end{array}$$

$$\boldsymbol{K}^{(1)} = \left[\begin{array}{ccc|ccc} & & & & & \\ & & & & & \\ & & & & & \\ \hline & & & & & \\ & & & & k_{55}^{(1)} & k_{56}^{(1)} \\ & & & & k_{65}^{(1)} & k_{66}^{(1)} \end{array}\right] \begin{array}{cc} \bar{1} & 0 \\ \bar{2} & 0 \\ \bar{3} & 0 \\ \bar{4} & 0 \\ \bar{5} & 1 \\ \bar{6} & 2 \end{array} \qquad \text{(a)}$$

由式(a)可知，总码中的非零编码仅为 1 和 2，对应着局部码 $\bar{5}$ 和 $\bar{6}$。因此，按它们指定的行号和列号取出的单元刚度系数只有 4 个(元素的上标为单元号，下标为单元码中的行、列号)，如式(a)所示。

同样，也可将单元②和单元③中非零编码所对应行、列中的相关单元刚度系数逐一取出，

按照“对号入座,同号相加”原则,送入并叠加到结构刚度矩阵 $\boldsymbol{K}$ 中去。

$$
\begin{array}{c}
\begin{array}{cccccc} \frac{0}{1} & \frac{1}{2} & \frac{2}{3} & \frac{0}{4} & \frac{0}{5} & \frac{3}{6} \end{array} \\
\boldsymbol{K}^{(2)} = \left[\begin{array}{ccc:ccc}
 & & & & & \\
 & k_{22}^{(2)} & k_{23}^{(2)} & & & k_{26}^{(2)} \\
 & k_{32}^{(2)} & k_{33}^{(2)} & & & k_{36}^{(2)} \\ \hdashline
 & & & & & \\
 & & & & & \\
 & k_{62}^{(2)} & k_{63}^{(2)} & & & k_{66}^{(2)}
\end{array}\right]
\begin{array}{cc} \overline{1} & 0 \\ \overline{2} & 1 \\ \overline{3} & 2 \\ \overline{4} & 0 \\ \overline{5} & 0 \\ \overline{6} & 3 \end{array}
\end{array}
\tag{b}
$$

$$
\begin{array}{c}
\begin{array}{cccccc} \frac{0}{1} & \frac{0}{2} & \frac{3}{3} & \frac{0}{4} & \frac{0}{5} & \frac{0}{6} \end{array} \\
\boldsymbol{K}^{(3)} = \left[\begin{array}{ccc:ccc}
 & & & & & \\
 & & & & & \\
 & & k_{33}^{(3)} & & & \\ \hdashline
 & & & & & \\
 & & & & & \\
 & & & & &
\end{array}\right]
\begin{array}{cc} \overline{1} & 0 \\ \overline{2} & 0 \\ \overline{3} & 3 \\ \overline{4} & 0 \\ \overline{5} & 0 \\ \overline{6} & 0 \end{array}
\end{array}
\tag{c}
$$

最后形成的结构刚度矩阵如下：

$$
\begin{array}{c}
\begin{array}{ccc} \quad 1 \quad & \quad 2 \quad & \quad 3 \quad \end{array} \\
\boldsymbol{K} = \left[\begin{array}{c:c:c}
k_{55}^{(1)} + k_{22}^{(2)} & k_{56}^{(1)} + k_{23}^{(2)} & k_{26}^{(2)} \\ \hdashline
k_{65}^{(1)} + k_{32}^{(2)} & k_{66}^{(1)} + k_{33}^{(2)} & k_{36}^{(2)} \\ \hdashline
k_{62}^{(2)} & k_{63}^{(2)} & k_{66}^{(2)} + k_{33}^{(3)}
\end{array}\right]
\begin{array}{c} 1 \\ 2 \\ 3 \end{array}
\end{array}
\tag{d}
$$

2)结构刚度矩阵的特性

根据结构刚度矩阵集成过程,可将单元定位向量中拥有结点位移编码 i 的所有单元,都称为对应于未知量 δ_i 的**相关单元**;将与未知量 δ_i 属于同一个单元的其他未知量,称为 δ_i 的**相关未知量**。

结构刚度矩阵有如下一些特性和组成规律：

①结构刚度矩阵 $\boldsymbol{K}$ 是 $(N \times N)$ 阶方阵,N 为结点位移未知量数。

②结构刚度矩阵 $\boldsymbol{K}$ 为对称矩阵。

$$\boldsymbol{K} = \boldsymbol{K}^{\mathrm{T}}$$

其对称性可由线弹性结构的反力互等定理证明。$\boldsymbol{K}$ 中对称于主对角线的元素两两相等,即 $k_{ij} = k_{ji}$。

③结构刚度矩阵 $\boldsymbol{K}$ 为正定矩阵。

在结构受力过程中,根据能量守恒,外力做功 W 应转化为变形体内的应变能 U。而结构发生任意结点位移 $\boldsymbol{\Delta}$ 时,静力荷载做功可表达为:

$$W = \frac{1}{2}\boldsymbol{\Delta}^{\mathrm{T}}\boldsymbol{F} = \frac{1}{2}\boldsymbol{\Delta}^{\mathrm{T}}\boldsymbol{K}\boldsymbol{\Delta} = U$$

在稳定结构中,对应于任意结点位移发生时的变形状态,结构存贮的应变能 U 恒正。因此,以下变换恒成立:

$$\boldsymbol{\Delta}^{\mathrm{T}}\boldsymbol{K}\boldsymbol{\Delta} > 0$$

故结构刚度矩阵 $\boldsymbol{K}$ 为正定矩阵,可逆。

④结构刚度矩阵元素与单元刚度元素有关系。

a. 主对角元素 k_{ii} 由未知量 δ_i 的相关单元刚度矩阵的相应主对角元素叠加而成。

如【例 2.3】中,由式(d)有:

$$k_{11} = k_{55}^{(1)} + k_{22}^{(2)}$$
$$k_{22} = k_{66}^{(1)} + k_{33}^{(2)}$$

b. 非对角元素 k_{ij} 有两种情况:

若未知量 δ_i 与 δ_j 是相关未知量,则 $k_{ij} = k_{ji} \neq 0$。

若未知量 δ_i 与 δ_j 不是相关未知量,则 $k_{ij} = k_{ji} = 0$。

⑤大型结构刚度矩阵一般是稀疏矩阵。

结构规模越大,总未知量中可通过单元联系的相关未知量所占比例就越小,有意义的非零元素数目就越少,故大型结构刚度矩阵一般是稀疏矩阵。

⑥大型结构刚度矩阵 $\boldsymbol{K}$ 为带状矩阵。

非零元素一般分布在主对角线的附近,矩阵元素分布将表现出明显的带状特点。

注意:矩阵正定、稀疏、带状分布的特性,对矩阵数据存储和计算方法中的优化意义重大。本书主要立足于基础力学概念认识,分析时仍使用满阵存储和直接求解,对存储及计算的优化未作涉及,有兴趣的读者可参阅其他相关资料。

【程序实现】

(1)单元刚度矩阵通过坐标变换至结构整体坐标系统下。

(2)按自由度对应关系传送进入结构刚度矩阵。

【例 2.3】中采用的人工定位进行传送,操作复杂。程序实现时可利用传送矩阵,处理则可非常简洁。

利用单元定位向量构造的传送矩阵 $\boldsymbol{S}^{\mathrm{e}}$,将单元刚度矩阵元素传送至结构刚度矩阵内。

$$\boldsymbol{S}^{\mathrm{e}}\boldsymbol{K}^{\mathrm{e}}\boldsymbol{S}^{\mathrm{eT}} = \boldsymbol{S}_{N\times 6}^{\mathrm{e}}\boldsymbol{K}_{6\times 6}^{\mathrm{e}}(\boldsymbol{S}^{\mathrm{eT}})_{6\times N} \tag{2.19}$$

坐标变换和式(2.19)的变换,通过以下程序语句实现:

```
EK = MATMUL(TRANSPOSE(T),MATMUL(EK,T))      ! 形成结构坐标系下单元刚度:TᵀKT
TK = TK + MATMUL(MATMUL(S,EK),TRANSPOSE(S))  ! 集成总刚:SKSᵀ
```

2.6 结构刚度方程求解

利用单元定位向量所集成的结构刚度矩阵 $\boldsymbol{K}$ 和综合结点荷载向量 $\boldsymbol{F}$，建立结构刚度方程如下：

$$\boldsymbol{K\Delta} = \boldsymbol{F}$$

用先处理法形成的结构刚度方程是线性代数方程组，其系数矩阵对称正定，可用线性方程高斯消去法求解，也可使用逆矩阵进行求解。

求解此方程组，即可得到未知结点位移 $\boldsymbol{\Delta}$ 的唯一确定解。

后续计算步骤包括：

①求解结构刚度方程，计算出结点位移向量 $\boldsymbol{\Delta}$；

②根据各单元定位向量，获取各单元的杆端位移向量 $\boldsymbol{\delta}^e$；

③根据杆端位移向量 $\boldsymbol{\delta}^e$，计算出单元坐标系下对应此位移向量的单元杆端力向量

$$\overline{\boldsymbol{F}}_\delta^e = \boldsymbol{T}^e(\boldsymbol{K}^e\boldsymbol{\delta}^e) \qquad 或 \qquad \overline{\boldsymbol{F}}_\delta^e = \overline{\boldsymbol{K}}^e\boldsymbol{T}^e\boldsymbol{\delta}^e \tag{2.20}$$

④与单元荷载作用下的单元固端力向量 $\overline{\boldsymbol{F}}_P^e$ 叠加。

$$\overline{\boldsymbol{F}}^e = \overline{\boldsymbol{F}}_\delta^e + \overline{\boldsymbol{F}}_P^e \tag{2.21}$$

【例2.4】试用先处理法计算例【2.2】中刚架[重绘于图2.18(a)]的内力。已知各杆 $EA = 4.8\times10^6$ kN，$EI = 0.9\times10^5$ kN·m²。

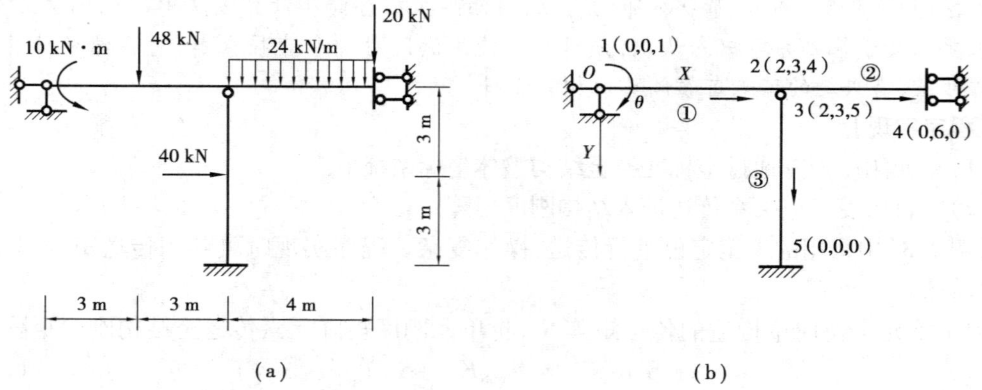

图2.18 例2.2图

【解】(1)结点编号、单元编号、结构位移分量编码及结构坐标系、各单元坐标系如图2.18(b)所示。

(2)各单元定位向量为：

$$\boldsymbol{\lambda}^{(1)} = [0 \quad 0 \quad 1 \mid 2 \quad 3 \quad 4]^T$$
$$\boldsymbol{\lambda}^{(2)} = [2 \quad 3 \quad 4 \mid 0 \quad 6 \quad 0]^T$$
$$\boldsymbol{\lambda}^{(3)} = [2 \quad 3 \quad 5 \mid 0 \quad 0 \quad 0]^T$$

(3)根据结构坐标系中的刚度矩阵 $\boldsymbol{K}^e$ 元素定义，计算出各单元刚度元素，并将单元定位向量写在单元刚度矩阵的上方和右侧。

单元①：

$$\boldsymbol{K}^{(1)}=10^4\times\begin{array}{c} \begin{matrix}0 & 0 & 1 & 2 & 3 & 4\end{matrix} \\ \left[\begin{array}{ccc|ccc} 80 & 0 & 0 & -80 & 0 & 0 \\ 0 & 0.5 & 1.5 & 0 & -0.5 & 1.5 \\ 0 & 1.5 & 6.0 & 0 & -1.5 & 3.0 \\ \hline -80 & 0 & 0 & 80 & 0 & 0 \\ 0 & -0.5 & -1.5 & 0 & 0.5 & -1.5 \\ 0 & 1.5 & 3.0 & 0 & -1.5 & 6.0 \end{array}\right]\end{array}\begin{matrix}0\\0\\1\\2\\3\\4\end{matrix}$$

单元②：

$$\boldsymbol{K}^{(2)}=10^4\times\begin{array}{c} \begin{matrix}2 & 3 & 4 & 0 & 6 & 0\end{matrix} \\ \left[\begin{array}{ccc|ccc} 120 & 0 & 0 & -120 & 0 & 0 \\ 0 & 1.688 & 3.375 & 0 & -1.688 & 3.375 \\ 0 & 3.375 & 9.0 & 0 & -3.375 & 4.5 \\ \hline -120 & 0 & 0 & 120 & 0 & 0 \\ 0 & -1.688 & -3.375 & 0 & 1.688 & -3.375 \\ 0 & 3.375 & 4.5 & 0 & -3.375 & 9.0 \end{array}\right]\end{array}\begin{matrix}2\\3\\4\\0\\6\\0\end{matrix}$$

单元③：

$$\boldsymbol{K}^{(3)}=10^4\times\begin{array}{c} \begin{matrix}2 & 3 & 5 & 0 & 0 & 0\end{matrix} \\ \left[\begin{array}{ccc|ccc} 0.5 & 0 & -1.5 & -0.5 & 0 & -1.5 \\ 0 & 80 & 0 & 0 & -80 & 0 \\ -1.5 & 0 & 6.0 & 1.5 & 0 & 3.0 \\ \hline -0.5 & 0 & 1.5 & 0.5 & 0 & 1.5 \\ 0 & -80 & 0 & 0 & 80 & 0 \\ -1.5 & 0 & 3.0 & 1.5 & 0 & 6.0 \end{array}\right]\end{array}\begin{matrix}2\\3\\5\\0\\0\\0\end{matrix}$$

利用单元定位向量，“对号入座、同号相加”，形成结构刚度矩阵 $\boldsymbol{K}$：

$$\boldsymbol{K}=10^4\times\begin{array}{c} \begin{matrix}1 & 2 & 3 & 4 & 5 & 6\end{matrix} \\ \left[\begin{array}{cccccc} 6.0 & 0 & -1.5 & 3.0 & 0 & 0 \\ 0 & 200.5 & 0 & 0 & -1.5 & 0 \\ -1.5 & 0 & 82.188 & 1.875 & 0 & -1.688 \\ 3.0 & 0 & 1.875 & 15.0 & 0 & -3.375 \\ 0 & -1.5 & 0 & 0 & 6.0 & 0 \\ 0 & 0 & -1.688 & -3.375 & 0 & 1.688 \end{array}\right]\end{array}\begin{matrix}1\\2\\3\\4\\5\\6\end{matrix}$$

结构的综合结点荷载列阵 $\boldsymbol{F}$ 已在【例 2.2】中求得，为：

$$\boldsymbol{F}=[26\quad 20\quad 72\quad -4\quad -30\quad 68]^{\mathrm{T}}$$

形成结构刚度方程 $\boldsymbol{K\Delta}=\boldsymbol{F}$，即：

$$
10^4 \times \begin{bmatrix} 6.0 & 0 & -1.5 & 3.0 & 0 & 0 \\ 0 & 200.5 & 0 & 0 & -1.5 & 0 \\ -1.5 & 0 & 82.188 & 1.875 & 0 & -1.688 \\ 3.0 & 0 & 1.875 & 15.0 & 0 & -3.375 \\ 0 & -1.5 & 0 & 0 & 6.0 & 0 \\ 0 & 0 & -1.688 & -3.375 & 0 & 1.688 \end{bmatrix} \begin{bmatrix} \theta_1 \\ u_2 \\ v_2 \\ \theta_2 \\ \theta_3 \\ v_4 \end{bmatrix} = \begin{bmatrix} 26 \\ 20 \\ 72 \\ -4 \\ -30 \\ 68 \end{bmatrix}
$$

解方程，得结点位移 $\boldsymbol{\Delta}$ 为：

$$
\boldsymbol{\Delta} = \begin{bmatrix} \theta_1 \\ u_2 \\ v_2 \\ \theta_2 \\ \theta_3 \\ v_4 \end{bmatrix} = 10^{-4} \times \begin{bmatrix} -4.09347 & \text{rad} \\ 0.06246 & \text{m} \\ 1.99549 & \text{m} \\ 17.85130 & \text{rad} \\ -4.98438 & \text{rad} \\ 77.99450 & \text{m} \end{bmatrix} \begin{matrix} 1 \\ 2 \\ 3 \\ 4 \\ 5 \\ 6 \end{matrix}
$$

计算各单元杆端力 $\overline{\boldsymbol{F}}^{e}$，即：

$$
\overline{\boldsymbol{F}}^{e} = \boldsymbol{T}^{e}(\boldsymbol{K}^{e}\boldsymbol{\delta}^{e}) + \overline{\boldsymbol{F}}_{P}^{e}
$$

单元①：$\alpha = 0°$，

$$
\overline{\boldsymbol{F}}^{(1)} = \boldsymbol{K}^{(1)}\boldsymbol{\delta}^{(1)} + \overline{\boldsymbol{F}}_{P}^{(1)}
$$

$$
= \begin{bmatrix} 80 & 0 & 0 & -80 & 0 & 0 \\ 0 & 0.5 & 1.5 & 0 & -0.5 & 1.5 \\ 0 & 1.5 & 6.0 & 0 & -1.5 & 3.0 \\ -80 & 0 & 0 & 80 & 0 & 0 \\ 0 & -0.5 & -1.5 & 0 & 0.5 & -1.5 \\ 0 & 1.5 & 3.0 & 0 & -1.5 & 6.0 \end{bmatrix} \begin{bmatrix} 0 \\ 0 \\ -4.09343 \\ 0.06246 \\ 1.99549 \\ 17.85130 \end{bmatrix} \begin{matrix} 0 \\ 0 \\ 1 \\ 2 \\ 3 \\ 4 \end{matrix} + \begin{bmatrix} 0 \\ -24 \\ -36 \\ 0 \\ -24 \\ 36 \end{bmatrix} = \begin{bmatrix} -4.9969 \\ -4.3609 \\ -10.0000 \\ 4.9969 \\ -43.6391 \\ 127.8345 \end{bmatrix}
$$

单元②：$\alpha = 0°$，

$$
\overline{\boldsymbol{F}}^{(2)} = \boldsymbol{K}^{(2)}\boldsymbol{\delta}^{(2)} + \overline{\boldsymbol{F}}_{P}^{(2)}
$$

$$
= \begin{bmatrix} 120 & 0 & 0 & -120 & 0 & 0 \\ 0 & 1.688 & 3.375 & 0 & -1.688 & 3.375 \\ 0 & 3.375 & 9.0 & 0 & -3.375 & 4.5 \\ -120 & 0 & 0 & 120 & 0 & 0 \\ 0 & -1.688 & -3.375 & 0 & 1.688 & -3.375 \\ 0 & 3.375 & 4.5 & 0 & -3.375 & 9.0 \end{bmatrix} \begin{bmatrix} 0.06246 \\ 1.99549 \\ 17.85130 \\ 0 \\ 77.99450 \\ 0 \end{bmatrix} \begin{matrix} 2 \\ 3 \\ 4 \\ 0 \\ 6 \\ 0 \end{matrix} + \begin{bmatrix} 0 \\ -48 \\ -32 \\ 0 \\ -48 \\ 32 \end{bmatrix} = \begin{bmatrix} 7.4953 \\ -116.0000 \\ -127.8345 \\ -7.4953 \\ 20.0000 \\ -144.1655 \end{bmatrix}
$$

单元③：$\alpha = \pi/2$，

$$
\overline{\boldsymbol{F}}^{(3)} = \boldsymbol{T}^{(3)}\boldsymbol{F}^{(3)} + \overline{\boldsymbol{F}}_{P}^{(3)} = \boldsymbol{T}^{(3)}(\boldsymbol{K}^{(3)}\boldsymbol{\delta}^{(3)}) + \overline{\boldsymbol{F}}_{P}^{(3)}
$$

$$
=\begin{bmatrix} 0 & 1 & 0 & 0 & 0 & 0 \\ -1 & 0 & 0 & 0 & 0 & 0 \\ 0 & 0 & 1 & 0 & 0 & 0 \\ 0 & 0 & 0 & 0 & 1 & 0 \\ 0 & 0 & 0 & -1 & 0 & 0 \\ 0 & 0 & 0 & 0 & 0 & 1 \end{bmatrix}
\begin{bmatrix} 0.5 & 0 & -1.5 & -0.5 & 0 & -1.5 \\ 0 & 80 & 0 & 0 & -80 & 0 \\ -1.5 & 0 & 6.0 & 1.5 & 0 & 3.0 \\ -0.5 & 0 & 1.5 & 0.5 & 0 & 1.5 \\ 0 & -80 & 0 & 0 & 80 & 0 \\ -1.5 & 0 & 3.0 & 1.5 & 0 & 6.0 \end{bmatrix}
\begin{bmatrix} 0.06246 \\ 1.99549 \\ -4.98438 \\ 0 \\ 0 \\ 0 \end{bmatrix}\begin{matrix} 2 \\ 3 \\ 5 \\ 0 \\ 0 \\ 0 \end{matrix}
+\begin{bmatrix} 0 \\ 20 \\ 30 \\ 0 \\ 20 \\ -30 \end{bmatrix}
$$

$$
=\begin{bmatrix} 159.6391 \\ 12.4922 \\ 0.0000 \\ -159.6391 \\ 27.5078 \\ -45.0468 \end{bmatrix}
$$

根据上述计算结果作内力图，如图 2.19 所示。

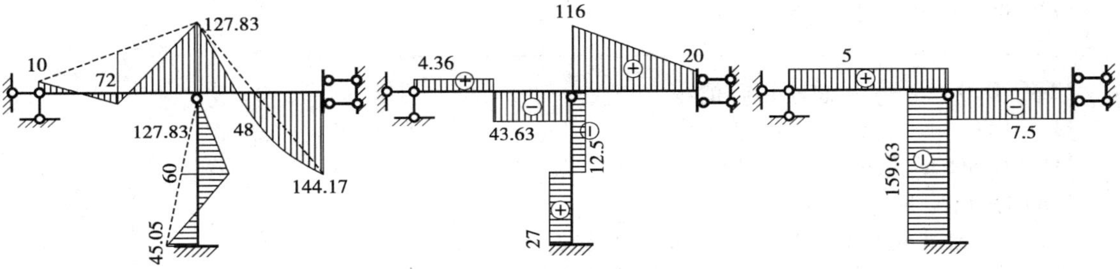

(a)弯矩图（单位：kN·m）　(b)剪力图（单位：kN）　(c)轴力图（单位：kN）

图 2.19　内力图

【说明】

矩阵分析所得杆端力的正负，是根据单元坐标系中对应分量的约定方向所定；而绘内力图时仍应按结构力学中截面力正负约定进行表达。图 2.20 中表明了杆端力方向（矩阵分析）与截面力方向（结构力学）之间的关系。

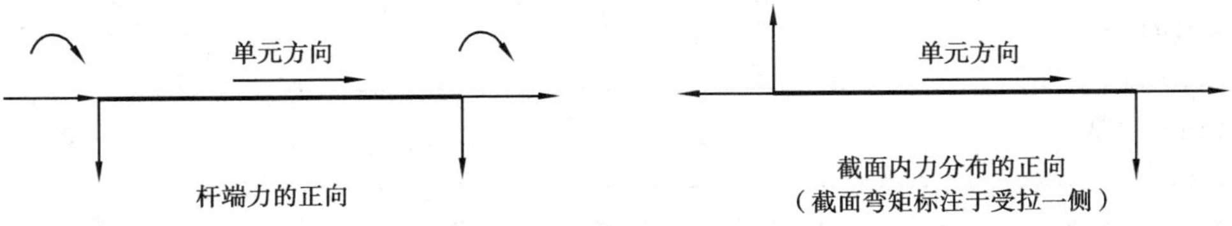

(a)　(b)

图 2.20　杆端力与截面力正负关系

【程序实现】

杆端力计算根据式 $\overline{\boldsymbol{F}}^e=\overline{\boldsymbol{K}}^e\boldsymbol{T}^e\boldsymbol{\delta}^e+\overline{\boldsymbol{F}}_P^e=\overline{\boldsymbol{K}}^e\boldsymbol{T}^e(\boldsymbol{S}^{eT}\boldsymbol{\Delta})+\overline{\boldsymbol{F}}_P^e$，仍以一句程序语句实现，其中数组 D_NOD 是以结构刚度方程解出的结点位移向量 $\boldsymbol{\Delta}$。

```
FO = FO + MATMUL(EK,MATMUL(T,MATMUL(TRANSPOSE(S),D_NOD)))
```

2.7 矩阵位移法程序实现

现结合例题和程序,对 MDA 教学程序(Matrix Displacement Method Analysis)的基本模块作相应的说明。

MDA 可执行文件与数据文件需要放置于同一文件夹中,运行程序后使用命令行模式输入数据文件名和输出文件名。

2.7.1 主程序模块

计算主程序模块分为 4 个部分。

(1)前处理数据整理

通过数据文件读入结构参数。

(2)形成结构刚度方程

```
-------------------------------------------------------------------------
TK=0.0          ! 总刚矩阵清零
F =0.0          ! 荷载向量清零
CALL NODE_Load( )       ! 形成直接结点力向量
DO I=1,N_Ele
     CALL LSC( ) ! 形成单元常数:L、sin、cos、S、T
     CALL ESM( )! 形成单元坐标系下单元刚度
     EK=MATMUL(TRANSPOSE(T),MATMUL(EK,T)) ! 形成结构坐标系下单元刚度:T^T KT
     TK=TK+MATMUL(MATMUL(S,EK),TRANSPOSE(S))! 集成总刚:SKS^T
     CALL EFF( )    ! 形成单元固端力
     FO=-MATMUL(TRANSPOSE(T),FO)! 形成单元等效力:-T^T F
     F=F+MATMUL(S,FO)! 集成综合荷载向量:SF
ENDDO
-------------------------------------------------------------------------
```

(3)解方程

```
-------------------------------------------------------------------------
CALL GAUSS(   )      ! GAUSS 消元法计算结点位移
-------------------------------------------------------------------------
```

(4)输出计算结果

```
-------------------------------------------------------------------------
CALL DISPLACEMENT_OUTPUT(   )  ! 输出结点位移
DO I=1,N_Ele
     CALL LSC(   )! 对各单元形成单元常数
     CALL ESM(   )! 形成单元坐标系下单元刚度
     CALL EFF(   )! 形成单元固端力
```

```
    FO = MATMUL(EK, MATMUL(T, MATMUL(TRANSPOSE(S), P))) + FO ! 计算杆端力
    CALL MVN( ) ! 输出单元杆端力
ENDDO
-----------------------------------------------------------------------
```

▶ 2.7.2　数据前处理格式

【例 2.5】利用 MDA 程序计算如图 2.21 所示平面框架结构(即前【例 2.4】,读者可与手算过程比对学习)。$E=3.0\times10^8\ \mathrm{kN/m^2}$,$A=0.016\ \mathrm{m^2}$,$I=0.0003\ \mathrm{m^4}$。

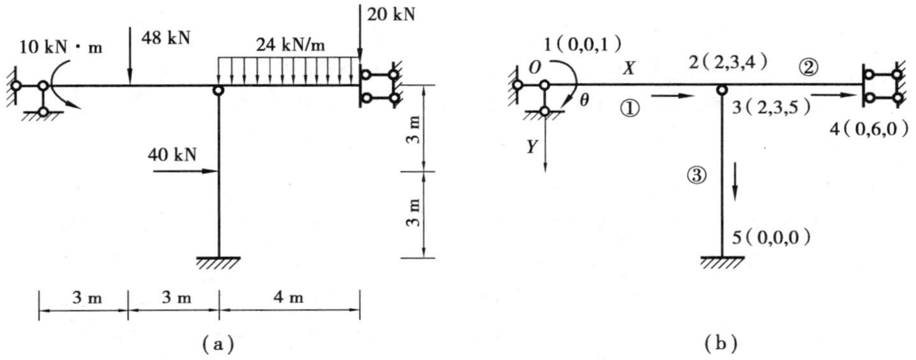

图 2.21　平面框架结构示例

计算程序需要从一个纯文本文件中读取所有的结构参数。输入数据文件的基本格式见表 2.2(其中粗体对应数据,要求输入为整数)。

表 2.2　输入数据文件的基本格式

总信息:单元数,结点数,未知量数,结点荷载数,单元荷载数	3,5,6,2,3
结点信息:结点 X 坐标,结点 Y 坐标	0,0
(每一结点按顺序逐行输入)	6,0
	6,0
	10,0
	6,6
单元信息:单元始端结点号,末端结点号,弹模,截面积,惯性矩	1,2,3E8,0.016,0.0003
(每一单元按顺序逐行输入)	2,4,3E8,0.016,0.0003
	3,5,3E8,0.016,0.0003
结点位移编码:X 向位移码,Y 向位移码,θ 向位移码	0,0,1
(每一结点按顺序逐行输入)	2,3,4
	2,3,5
	0,6,0
	0,0,0
结点荷载信息:结点号,荷载方向码,荷载值	1,3,−10
(方位码:1-X 向;2-Y 向;3-θ 向;每一结点荷载逐行输入)	4,2,20
单元荷载信息:单元号,单元类型码,荷载值,位置参数	1,2,48,3
(类型码、位置参数见表 2.1;每一单元荷载逐行输入)	2,1,24,4
	3,2,−40,3

注:数据文件中,数值和逗号皆为 ASCII 字符,并存为纯文本文件。

▶ 2.7.3 结果整理

将【例2.5】形成的数据文件，利用 MDA 程序计算，得到计算结果（略去结果文件中其他部分，只附位移和杆端力计算结果）如下：

结点位移

结点号	u	v	ceta
1	0.000000E+00	0.000000E+00	-0.409347E-03
2	0.624610E-05	0.199549E-03	0.178514E-02
3	0.624610E-05	0.199549E-03	-0.498438E-03
4	0.000000E+00	0.779945E-02	0.000000E+00
5	0.000000E+00	0.000000E+00	0.000000E+00

单元杆端内力

ELEMENT		N		V		M
1	N1 =	-4.996 9	V1 =	-4.360 9	M1 =	-10.000 0
	N2 =	4.996 9	V2 =	-43.639 1	M2 =	127.834 5
2	N1 =	7.495 3	V1 =	-116.000 0	M1 =	-127.834 5
	N2 =	-7.495 3	V2 =	20.000 0	M2 =	-144.165 5
3	N1 =	159.639 1	V1 =	12.492 2	M1 =	0.000 0
	N2 =	-159.639 1	V2 =	27.507 8	M2 =	-45.046 8

结果与【例2.4】手算结果一致。

▶ 2.7.4 程序分析示例

【例2.6】利用 MDA 程序计算图2.22(a)所示的平面组合结构。$E=3.0\times10^8\ \text{kN/m}^2$，$A=0.01\ \text{m}^2$，$I=0.008\ \text{m}^4$。

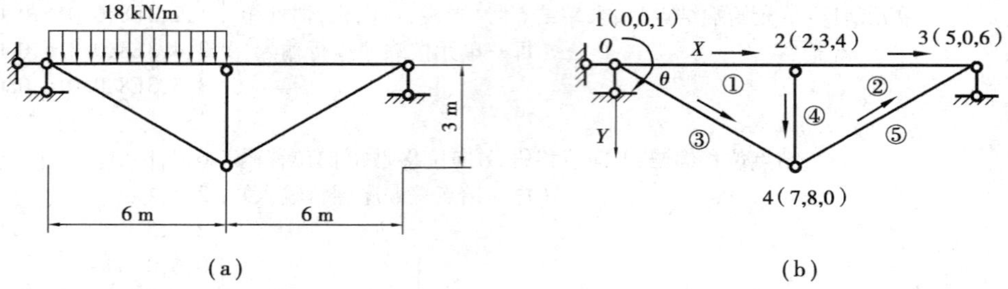

图2.22 平面组合结构示例

(1)结点、单元、坐标等信息由图2.22(b)所示，输入文本文件内容。

5,4,8,0,1	说明：
0,0	
6,0	
12,0	
6,3	
1,2,3E8,0.01,0.008	
2,3,3E8,0.01,0.008	
1,4,3E8,0.01,0	单元3　此三单元均为桁杆，其杆端转角为无效未知量，故对应转角编码均编
2,4,3E8,0.01,0	单元4　为0(若对应结点与梁杆相连，则其转角取与梁端转角同)；同时，此
4,3,3E8,0.01,0	单元5　三单元 I 均应取0
0,0,1	
2,3,4	
5,0,6	
7,8,0	
1,1,18,6	

(2)MDA 输出结果文件。

结点位移

结点号	u	v	ceta
1	0.000000E+00	0.000000E+00	0.155378E-03
2	-0.791319E-04	0.419010E-03	-0.337500E-04
3	-0.158264E-03	0.000000E+00	-0.878776E-04
4	-0.791319E-04	0.379444E-03	0.000000E+00

单元杆端内力

ELEMENT		N		V		M
1	N1 =	39.566 0	V1 =	-61.217 0	M1 =	0.000 0
	N2 =	-39.566 0	V2 =	-46.783 0	M2 =	-43.302 1
2	N1 =	39.566 0	V1 =	7.217 0	M1 =	43.302 1
	N2 =	-39.566 0	V2 =	-7.217 0	M2 =	0.000 0
3	N1 =	-44.236 1	V1 =	0.000 0	M1 =	0.000 0
	N2 =	44.236 1	V2 =	0.000 0	M2 =	0.000 0
4	N1 =	39.566 0	V1 =	0.000 0	M1 =	0.000 0
	N2 =	-39.566 0	V2 =	0.000 0	M2 =	0.000 0
5	N1 =	-44.236 1	V1 =	0.000 0	M1 =	0.0000
	N2 =	44.236 1	V2 =	0.000 0	M2 =	0.000 0

(3)整理计算结果，绘制内力图如图 2.23 所示。

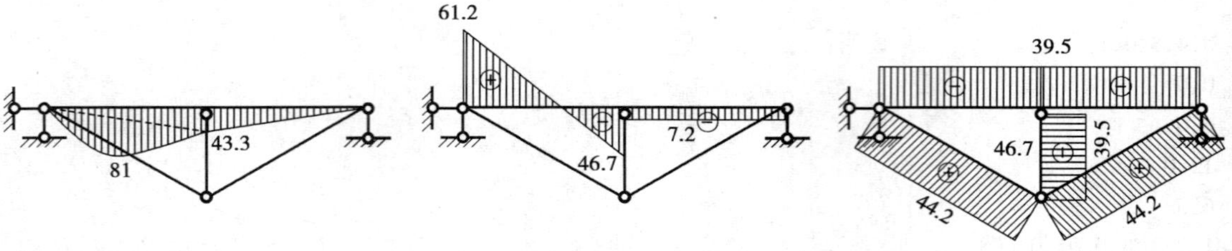

(a)弯矩图（单位：kN·m）　(b)剪力图（单位：kN）　(c)轴力图（单位：kN）

图 2.23　例 2.6 组合结构内力图

【例 2.7】利用 MDA 程序计算图 2.24(a)所示的平面桁架，并绘轴力图。$E=3.0\times10^8$ kN/m^2，$A=0.01$ m^2。

(1)结点、单元、坐标等信息如图 2.24(b)所示，输入文本文件内容。

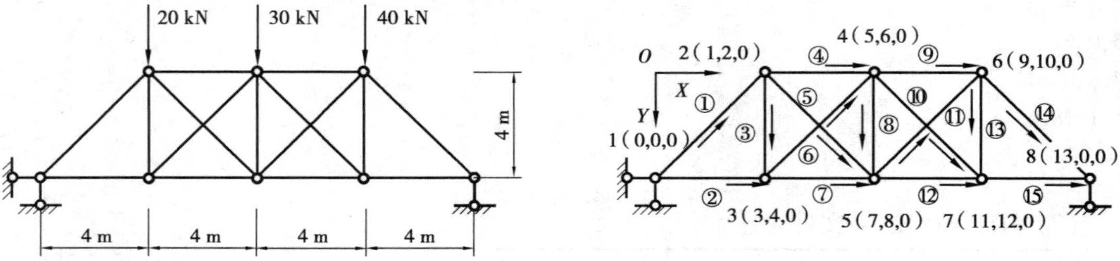

(a)　(b)

图 2.24　平面桁架示例

15,8,13,3,0		说明：
0,4	4,7,0.002,0	
4,0	5,6,3E8,0.002,0	本结构为桁架，按理想桁架模型计算。所有铰接结点处均增加转动约束，并将杆件单元的 I 置 0
4,4	5,7,3E8,0.002,0	
8,0	6,7,3E8,0.002,0	
8,4	6,8,3E8,0.002,0	
12,0	7,8,3E8,0.002,0	
12,4	0,0,0	
16,4	1,2,0	
1,2,3E8,0.002,0	3,4,0	
1,3,3E8,0.002,0	5,6,0	
2,3,3E8,0.002,0	7,8,0	
2,4,3E8,0.002,0	9,10,0	
2,5,3E8,0.002,0	11,12,0	
3,4,3E8,0.002,0	13,0,0	
3,5,3E8,0.002,0	2,2,20	
4,5,3E8,0.002,0	4,2,30	
4,6,3E8,0.002,0	6,2,40	

（2）MDA 输出结果文件。

结点位移			
结点号	u	v	ceta
1	0.000000E+00	0.00000E+00	0.000000E+00
2	0.994885E−03	0.174913E−02	0.000000E+00
3	0.266667E−03	0.181857E−02	0.000000E+00
4	0.664318E−03	0.241260E−02	0.000000E+00
5	0.602767E−03	0.232199E−02	0.000000E+00
6	0.304269E−03	0.194792E−02	0.000000E+00
7	0.976050E−03	0.198787E−02	0.000000E+00
8	0.130938E−02	0.000000E+00	0.000000E+00

单元杆端内力			
ELEMENT	N	V	M
1	N1 = 56.568 5	V1 = 0.00	M1 = 0.00
	N2 = −56.568 5	V2 = 0.00	M2 = 0.00
2	N1 = −40.00	V1 = 0.00	M1 = 0.00
	N2 = 40.00	V2 = 0.00	M2 = 0.00
3	N1 = −10.415 0	V1 = 0.00	M1 = 0.00
	N2 = 10.415 0	V2 = 0.00	M2 = 0.00
4	N1 = 49.585 0	V1 = 0.00	M1 = 0.00
	N2 = −49.585 0	V2 = 0.00	M2 = 0.00
5	N1 = −13.555 3	V1 = 0.00	M1 = 0.00
	N2 = 13.555 3	V2 = 0.00	M2 = 0.00
6	N1 = 14.729 0	V1 = 0.00	M1 = 0.00
	N2 = −14.729 0	V2 = 0.00	M2 = 0.00
7	N1 = −50.415 0	V1 = 0.00	M1 = 0.00
	N2 = 50.415 0	V2 = 0.00	M2 = 0.00
8	N1 = 13.592 5	V1 = 0.00	M1 = 0.00
	N2 = −13.592 5	V2 = 0.00	M2 = 0.00
9	N1 = 54.007 4	V1 = 0.00	M1 = 0.00
	N2 = −54.007 4	V2 = 0.00	M2 = 0.00
10	N1 = 8.474 8	V1 = 0.00	M1 = 0.00
	N2 = −8.474 8	V2 = 0.00	M2 = 0.00
11	N1 = −5.667 4	V1 = 0.00	M1 = 0.00
	N2 = 5.667 4	V2 = 0.00	M2 = 0.00
12	N1 = −55.992 6	V1 = 0.00	M1 = 0.00
	N2 = 55.992 6	V2 = 0.00	M2 = 0.00
13	N1 = −5.992 6	V1 = 0.00	M1 = 0.00
	N2 = 5.992 6	V2 = 0.00	M2 = 0.00
14	N1 = 70.710 7	V1 = 0.00	M1 = 0.00
	N2 = −70.710 7	V2 = 0.00	M2 = 0.00
15	N1 = −50.00	V1 = 0.00	M1 = 0.00
	N2 = 50.00	V2 = 0.00	M2 = 0.00

（3）整理计算结果，绘制内力图如图 2.25 所示。

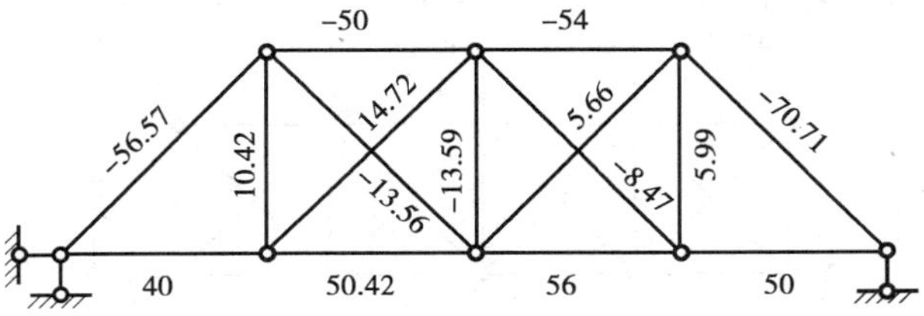

图 2.25　例 2.7 桁架轴力图（单位：kN）

习　题

2.1　使用 MDA 程序计算如图 2.26 所示的多跨连续梁，并绘内力图。EI = 常数。

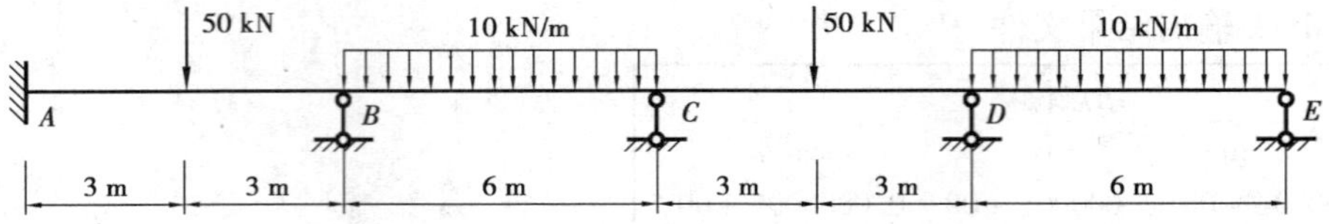

图 2.26　题 2.1 图

2.2　使用 MDA 程序计算如图 2.27 所示的平面刚架,并绘内力图。按以下两种不同设定进行分析:

(1)不计轴向变形,各杆 EI 均取常数;

(2)EI 为常数,取 $EA=5EI$ 进行分析。

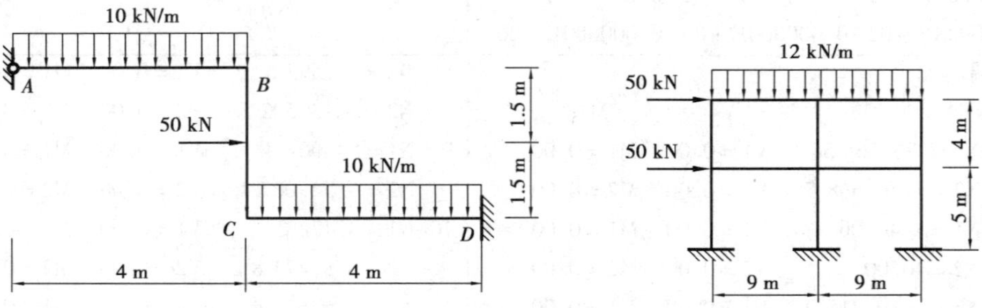

图 2.27　题 2.2 图

2.3　使用 MDA 程序计算如图 2.28 所示的组合结构,并绘内力图。$EI_{梁}$ = 常数,$EA_{桁拉}=2EI_{梁}$,$EA_{桁压}=4EI$。

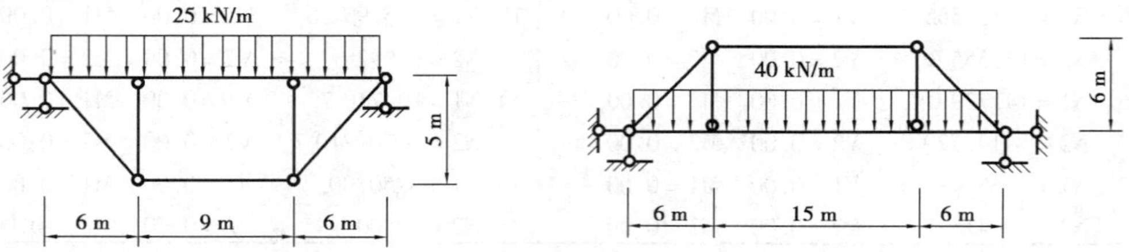

图 2.28　题 2.3 图

2.4　使用 MDA 程序计算如图 2.29 所示的桁架结构,并绘轴力图。各杆 EA 为常数。

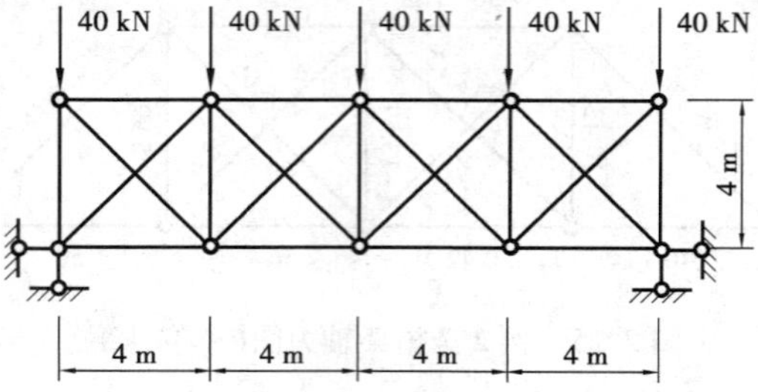

图 2.29　题 2.4 图

综合思考题

2.5 计算如图 2.30 所示的多跨连续梁。EI 和荷载 q 均取常数。试根据计算结果，简绘弯矩分布示意图，并分析跨数 n 与各跨杆端弯矩值之间的关系。

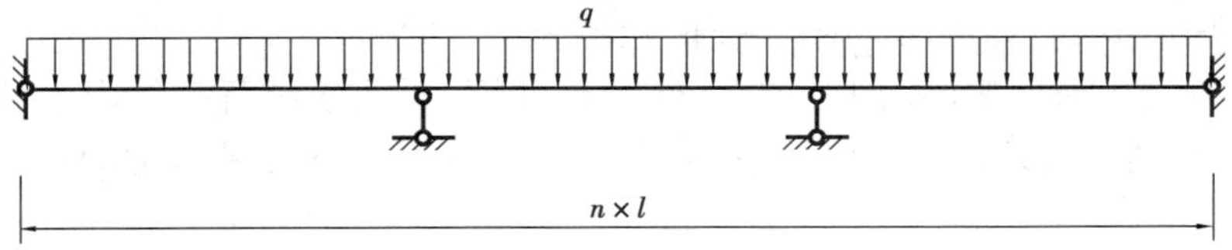

图 2.30 题 2.5 图

2.6 计算如图 2.31 所示的悬索桥。桥塔刚度为无穷大，梁抗弯刚度取 EI（不计轴向变形），主梁连续，再与桥塔支座铰接。试分析悬索体系（主索和吊杆取为相同截面）刚度取值变化时，$EA=(0.1\sim1)EI$，对主梁内力分布的影响。

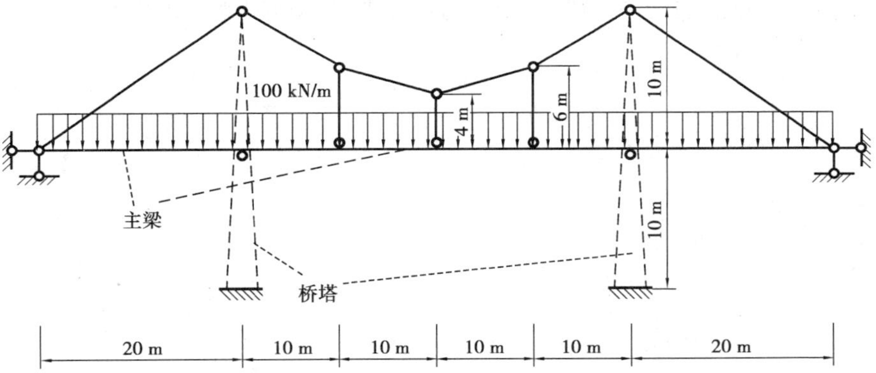

图 2.31 题 2.6 图

2.7 桁架结构与理想桁架模型的分析认识。（理想桁架模型是桁架结构计算的力学近似模型）

(1) 现欲建立一跨度为 30 m 的桁架结构桥梁体系，根据结构受力特点，可简化为平面杆系结构，某工况下，荷载如图 2.32 所示。

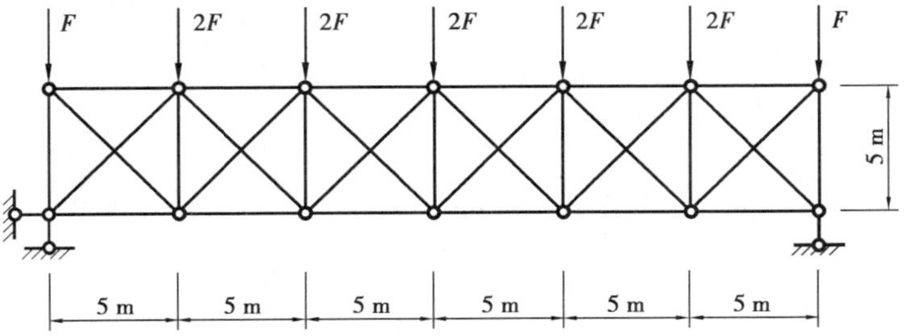

图 2.32 题 2.7 图

(2)桁杆材料为钢(Q345),所有桁架杆件截面形状均按圆管选取,壁厚为 8 mm,外径为 120 mm。

(3)分别按平面刚架结构和平面桁架结构体系建立计算模型。

(4)比较两个模型的计算误差(包括变形、截面内力、最大正应力),并说明误差来由。

2.8　分层法误差分析。(分层法是多层框架在竖向荷载作用下手算内力的近似算法)

试根据工程常用结构尺度、截面尺寸,建立一多层钢筋混凝土框架(截面参数计算不计钢筋影响)。全楼使用荷载均按均匀荷载施加,数值为 4.0 kN/m^2。

选取结构一榀平面框架(不用考虑次梁)建模计算,对比使用荷载作用下分层法手算和 MDA 程序的计算结果误差,分析分层法的误差构成,提出分层法的基本适用范围和改善误差建议。

2.9　反弯点法误差分析。(反弯点法是多层框架在侧向力作用下内力手算的近似算法)

试根据工程常用结构尺度、截面尺寸,建立一多层规则框架。水平力在各楼层处均匀施加。

选取结构一榀平面框架(不用考虑次梁)建模计算,对比反弯点法手算和 MDA 程序的计算结果,并分析反弯点法的误差构成,提出反弯点法的基本适用范围和改善误差建议。

3
有限单元法概述

3.1 结构分析中的能量原理

3.1.1 静力平衡条件和变形协调条件

1)静力平衡条件

结构的静力平衡条件,是结构分析最常使用的约束方程。静力分析时,结构整体或任一局部,都应该满足静力平衡条件。

基于不同的受力模式,对研究对象(结构、单元、微段)在描述运动的坐标空间任一维度上,或是平动,或是转动,均应有:

$$\sum F = 0 \quad \text{或} \quad \sum M_0 = 0$$

对静定结构,该方程组可以确定体系的反力和内力分布。但若存在多余约束,由于未知量数目始终大于独立平衡方程数,因此必然存在无穷多组同时满足平衡方程的解。

如图3.1(a)所示的超静定结构,在图3.1(b)中的两组不同平衡状态下都满足平衡条件。因此,满足平衡条件的解,只能称其为“可能”解,并不一定是结构的真实解。

2)变形协调条件

除平衡条件外,结构受力时另一状态便是变形状态。结构受力过程中,变形应该保持连续、协调,并保证与边界约束一致。变形状态也有对应的约束条件,满足设定约束条件的变形,即为“可能”变形。“可能”变形同样有无限多种状态。如图3.2(a)所示结构,图3.2(b)

所给出的两种变形状态都为变形协调条件允许。

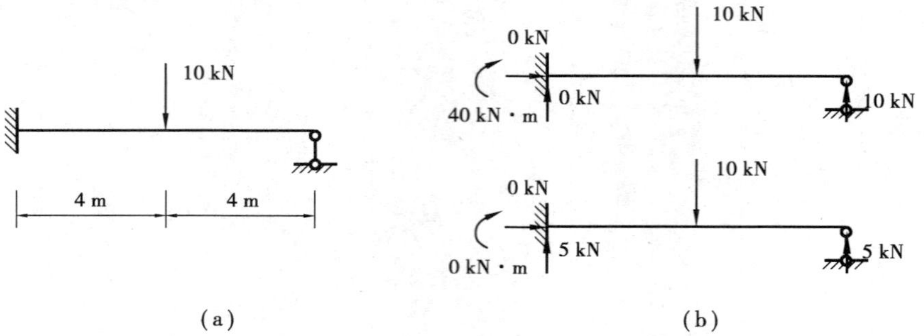

图 3.1 "可能"的平衡条件

同样不能仅依据变形协调条件,确定结构的真实状态。

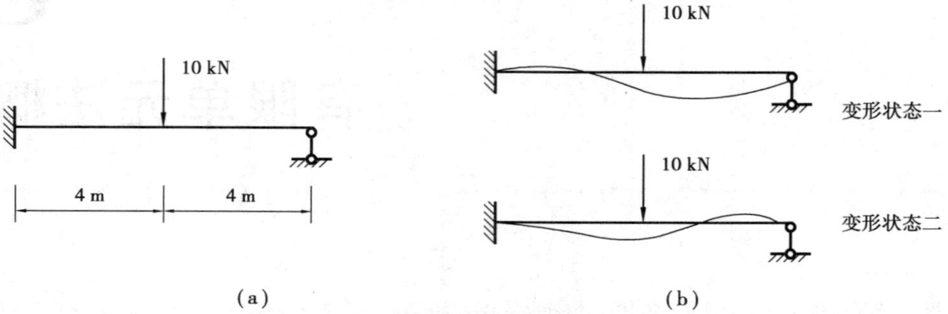

图 3.2 "可能"的变形条件

显然,以上两个条件同时成立,才能对应于结构受力时的代数解。

【说明】

上文中没有提到代数解的唯一性,事实上,同时满足平衡方程和位移协调的代数解也可能存在多组甚至无穷多组。本书研究范围限定在线弹性小变形的范围内,且平衡条件不变,即默认代数解唯一,就对应于真解,关于更多解的可能性在此不再深入讨论。对结构状态和真实解性质有进一步认识需求的读者,可去了解最小势能原理和势能驻值原理。

▶ 3.1.2 虚功原理

1)弹性体虚功原理的证明

以下推导中,上标"＊"表示该物理量为"可能状态",即:**力满足平衡条件,变形满足连续协调条件**;但并不一定对应于结构的真实响应。同时,变形应是微小的,以保证结构变形时,力的位置和方向改变量均可忽略,**平衡模式不变**,力可与原作用位置处对应位移相乘做功。

下面以图 3.3 所示桁架杆单元为例进行介绍。

如图 3.3(a)所示,外荷载确定时,单元的可能内力分布为 $F_N^*(x)$;$F_N^*(x)$ 也存在无穷多组满足平衡条件下的可能状态,但任一 $F_N^*(x)$ 的可能状态,必满足以下平衡方程,如图 3.3(b)所示。

$$\frac{dF_N^*(x)}{dx} + q_x(x) = 0 \tag{a}$$

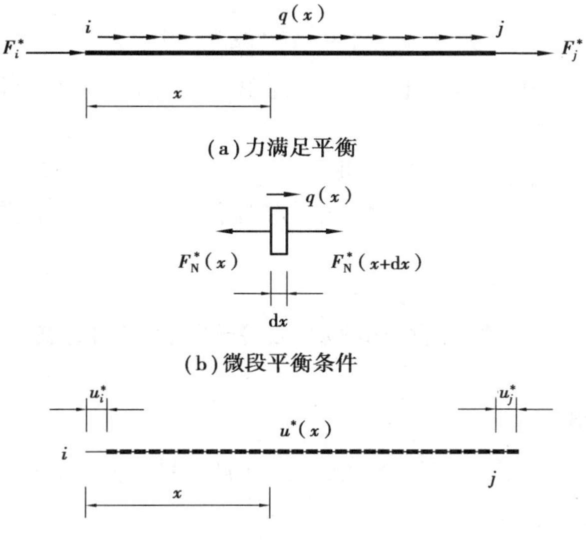

图 3.3　桁杆单元的虚功原理

将平衡条件式(a)乘以"可能"位移分布 $u^*(x)$(即让微段 dx 上的平衡外力在微段位移上做功),并沿杆全长积分。由于受力过程中平衡条件始终成立,积分结果为 0,故有

$$\int_0^l u^*(x)\left[\frac{\mathrm{d}F_N^*(x)}{\mathrm{d}x}+q_x(x)\right]\mathrm{d}x=0$$

将上式展开,写为

$$\int_0^l u^*(x)\frac{\mathrm{d}F_N^*(x)}{\mathrm{d}x}\mathrm{d}x+\int_0^l u^*(x)q_x(x)\mathrm{d}x=0 \tag{b}$$

对式(b) 第一项 $\int_0^l u^*(x)\frac{\mathrm{d}F_N^*(x)}{\mathrm{d}x}\mathrm{d}x$ 分部积分,有

$$u^*(x)F_N^*(x)\Big|_0^l-\int_0^l\frac{\mathrm{d}u^*(x)}{\mathrm{d}x}F_N^*(x)\mathrm{d}x+\int_0^l u^*(x)q_x(x)\mathrm{d}x=0 \tag{c}$$

注意到"可能"位移状态中[如图 3.3(c)所示],有:

$$\frac{\mathrm{d}u^*(x)}{\mathrm{d}x}=\varepsilon^*(x) \tag{d}$$

式(d)保证了桁杆单元中,位移与变形之间的连续协调。将式(d)代入式(c),整理并移项,可得:

$$u_j^*F_j^*-u_i^*F_i^*+\int_0^l u^*(x)q_x(x)\mathrm{d}x=\int_0^l\varepsilon^*(x)F_N^*(x)\mathrm{d}x \tag{3.1a}$$

式 3.1(a)等号左侧,F_i^*、F_j^* 和 $q_x(x)$ 分别为"可能"杆端力和荷载,对单元而言,皆为外力,故外力在对应"可能"位移上做功:

$$W^*=u_j^*F_{Nj}^*-u_i^*F_{Ni}^*+\int_0^l u^*(x)q_x(x)\mathrm{d}x \tag{3.2}$$

式 3.1(a)等号右侧,"可能"内力在"可能"变形上的应变能为:

$$U^* = \int_0^l \varepsilon^*(x) F_N^*(x) dx \tag{3.3}$$

式3.1(a)是根据桁杆单元建立的,对于梁杆单元或其他弹性单元体,根据内力和变形的不同形式,最后同样可表达为:

$$W^* = U^* \tag{3.1b}$$

鉴于力与位移皆仅为"可能"状态,力与位移之间不要求存在状态关联,外力功即为**虚功**,而应变能也为**虚应变能**。

由此,可得到弹性体虚功原理的表述:

"可能"外力在"可能"位移上所做的虚功,应等于"可能"内力在"可能"变形上所引起的虚应变能。

2)虚功原理的说明

虚功原理的成立仅涉及平衡条件与变形连续协调条件,与材料性质无关,故其适用性强。

► 3.1.3 虚位移原理

1)弹性体虚位移原理

虚功原理中,仅外荷载和位移边界条件是确定量,内力分布只是满足平衡条件下的"可能"内力;位移与变形皆是"可能"位移与"可能"变形;可能的变形状态,与外力和"可能"内力之间,不存在方程约束,可以完全无关。

现若让内力对应于真解,即结构处于真实的唯一平衡受力模式中[注意式3.1(c)中,各力项的上标不再有"*"],只让微小的位移、变形在可能范围内,自行满足对应的约束方程取得协调。此时的"可能"位移与变形,与结构真实受力模式无关,只表达满足约束方程的一切"可能"位形,称为**虚位移**。根据以上条件改写式3.1(a),有:

$$u_j^* F_j - u_i^* F_i + \int_0^l u^*(x) q_x(x) dx = \int_0^l \varepsilon^*(x) F_N(x) dx \tag{3.4}$$

即可由虚功原理直接表达出**虚位移原理:弹性体处于平衡状态的充分必要条件是,对于任意微小虚位移,作用在弹性体上的外力所做虚功,应等于弹性体内的虚应变能。**

虚位移原理使用的是结构的真实平衡状态,故虚位移原理与静力平衡方程等价。

2)杆系结构的虚功表达

以上公式推导过程以仅受轴力的桁杆为例。本书分析对象为一般杆元,如图3.4所示。根据截面受力和变形特征,可将上述公式推广至一般的杆件单元中。

在一般杆系结构中,做功的外力包括荷载和约束力。按分布力和集中力区分,外力虚功可表达为:

$$W^* = \sum F \cdot \delta^* + \sum \int_L q \cdot \delta^* dx + \sum F_R \cdot \boldsymbol{\Delta}_c \tag{3.5}$$

当杆系分析建立在截面上时,内力由截面力分量表示(截面弯矩、剪力、轴力),而变形则由截面变形分量表示(截面弯曲、剪切、轴向变形)。平面杆系结构中虚应变能可写为:

$$U^* = \sum_{\text{各杆}} \left[\int_L F_N(x) du^* + \int_L F_Q(x) dv^* + \int_L M(x) d\theta^* \right] \tag{3.6}$$

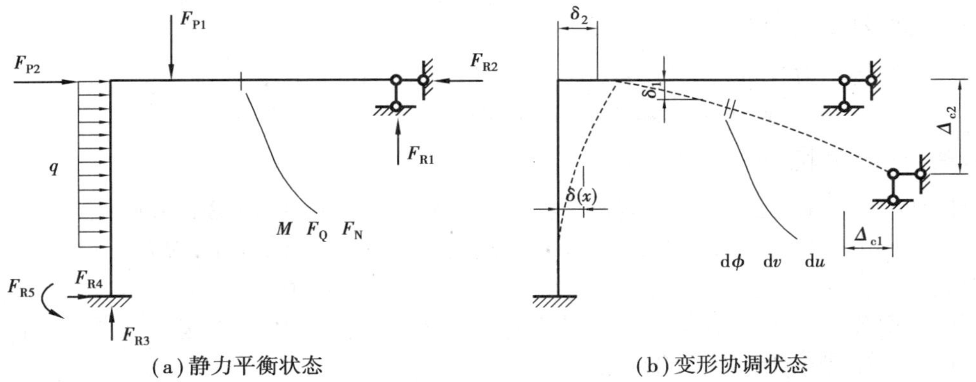

图3.4 一般杆系的虚功表达

式(3.6)适用于平面杆系中同时考虑轴向、剪切和弯曲变形的杆件,可用于表达虚功原理和虚位移原理中应变能的计算式。若对象为空间杆件,也可根据截面力和截面变形的分量构成进行扩展。

3.2 有限单元法基本概念

3.2.1 结构分析的基本目的

结构分析的基本目的是在荷载或其他因素作用下,寻求结构的相关响应(可以包括内力、变形、位移、速度、加速度等),并据此判断结构的强度、刚度和稳定性是否满足要求。

若结构基本特征可确定、承受作用也可确定时,一般认为结构的响应也是确定性的。**确定性的结构响应必然可以使用函数进行描述,**主要有以下几种情况。

1)静定结构受力分析

静定结构的几何参数、约束模式、截面特征和荷载参数确定后(图3.5),其响应必是唯一确定的,并可根据静力平衡条件进行计算。

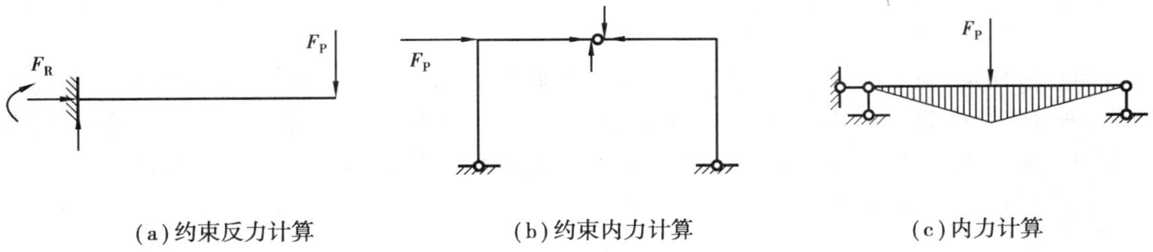

图3.5 静定结构受力分析

即结构的响应(反力、内力或位移)可以表达为确定的函数:

function(*荷载参数,几何参数,约束模式,截面特征*)

2)超静定结构受力分析

超静定结构受力分析可由力法或位移法计算,最终响应也可表达为

function(*荷载参数,几何参数,约束模式,截面特征*)

3)结构动力分析

分析动力响应时,还应考虑质量和时间参数,响应函数中也应该包括相应变量:

function(*荷载参数,几何参数,约束模式,截面特征,质量,时间*)

因此,结构响应始终可以表达成为已知参数的某种函数映射。

简单结构分析时,响应函数直观且易于建立,所建函数方程也易直接求解,即为结构分析中的解析法。如曾在计算中使用过的:

①静力平衡条件计算内力、反力;

②单位荷载法解结构位移;

③力法、位移法计算超静定结构;

④结构动力分析;

⑤影响线分析。

以上分析皆建立了明确的函数关系,并通过解析进行计算。解析法可在设定的力学模型中得出完全精确的解,经典的结构力学即建立在解析计算的基础上。

在实际工程结构中,许多工程问题涉及的力学模型很难使用简单函数建立,甚至无法直接进行解析计算,或解析法的计算方法复杂、计算量大,不宜用于工程分析。

► 3.2.2 有限单元法的基本思路

下面先简单介绍里兹法,并以之引出有限单元法的基本思路。

1)里兹(Ritz)法

里兹法通过选择线性无关函数序列(**里兹基函数**)的线性组合,即利用里兹基函数构造的广义坐标系统,**重新定义**与原函数近似的响应函数:

$$f(x) = \sum_{i=1}^{n} \alpha_i \varphi_i(x) \tag{3.7}$$

式中 $\varphi_i(x)$——里兹基函数;

α_i——待定系数,即广义坐标。

如在使用瑞利(Rayleigh)法计算悬臂梁自振频率时,若所取振型曲线为结构的真实振型曲线,则可得真实解。但显然,结构的真实振型曲线 $y(x)$ 未知,无从获取。而任意假设振型曲线的方式,让瑞利法计算结果的精度很难保证,此时便可利用瑞利-里兹法进行计算。

取广义自由度 $n=2$,根据悬臂梁边界条件,选择里兹基函数

$$\varphi_1(x) = \left(\frac{x}{l}\right)^2; \varphi_2(x) = \left(\frac{x}{l}\right)^3$$

则有:

$$y^{\bullet}(x) = a\varphi_1(x) + b\varphi_2(x)$$

在基函数 $\varphi_i(x)$ 选定后,$y^{\bullet}(x)$ 是以广义坐标 (a,b) 为变量的两自由度体系去拟合原无限自由度体系的 $y(x)$。

还可调整自由度的数目，如取 $n=3$：

$$\varphi_1(x)=\left(\frac{x}{l}\right)^2;\varphi_2(x)=\left(\frac{x}{l}\right)^3;\varphi_3(x)=\left(\frac{x}{l}\right)^4$$

$$y^{\bullet}(x)=a\varphi_1(x)+b\varphi_2(x)+c\varphi_3(x)$$

随着自由度 n 的增加，拟合效果通常会更好，对计算误差有较好改进作用，拟合接近程度决定计算的精确程度。

2）有限单元法

里兹法是以全域分析的模式出现的，对于单杆体系外的工程结构，定义全域函数将非常困难，若将里兹法原理应用于子域（单元），便为有限单元法。

下面以截面位移分布的响应为例进行说明。在荷载或其他因素作用下，结构的每一截面均可能产生位移，而位移分布一定是某些变量的函数。即，位移分布始终可以表达为结构参数的某一函数，只是该函数的具体解析、表达和直接计算可能相对困难。

此时使用有限单元法（基于位移场）的基本思维模式为：结构的位移分布函数是复杂的，但可以设想，在一较小杆段区域范围内，位移的分布会相对均匀；并随着杆段减小，区域长度越小，位移分布的均匀程度或许越好。最极端的情况是：当区域缩小到为一个点（对杆而言，即为截面）时，位移分布自然就是完全均匀的，如图 3.6 所示。

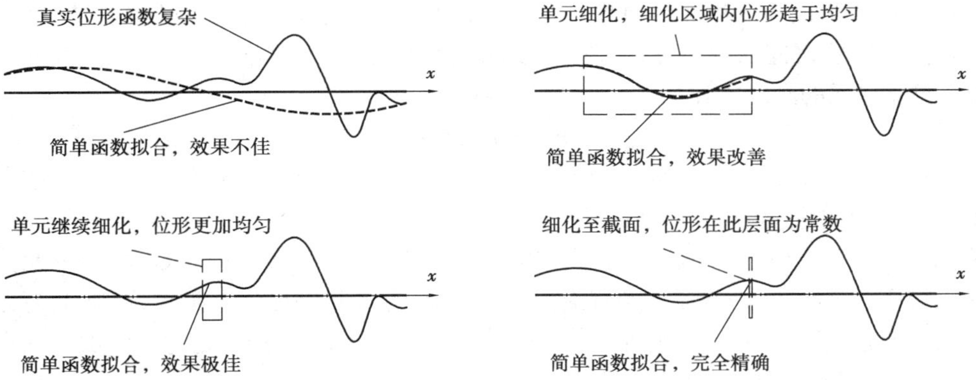

图 3.6　单元细化程度与位形函数拟合

在线弹性杆系结构静力分析时，一般并不需要过多地考虑响应函数究竟在多长杆段范围内才会“足够”均匀。其原因是在常规受力模式下，自然杆段离散后所对应的杆件内，单元的实际位形函数并不会过于复杂。

下面以平面梁（等截面直杆）静力分析为例进行说明。结点力作用下时，由杆件的平衡条件可知，截面弯矩沿杆长分布为线性，截面弯曲变形正比于截面弯矩，分布也应为线性：

$$\mathrm{d}\theta=M(x)/EI=\text{线性函数}$$

按材料力学知识可知截面位移分布函数为：

$$v(x)=\iint\mathrm{d}\theta=\text{三次多项式函数}$$

因此，对于一个杆件单元，若使用三次多项式对位移分布函数进行拟合，在接受简化（如平截面、小变形、线弹性等假定）所带来的误差后，位移分布函数就是精确的。

综上，说明在直杆单元中，用简单函数拟合所表达响应函数较为有效。当然，杆元的静力分析是一个特例,若在动力分析、稳定分析、非线性分析中用简单函数去描述直杆的可能位移分布,很难在自然杆段的单元划分原则下就取得较好的效果(参见第 6 章动力分析相关内容)。但可以接受的是:**以简单函数去模拟真实的函数分布**,随着**单元细化,误差总会趋于减小**。

由此,可得有限单元法分析时的基本思路为:

①将结构离散、细化为若干单元。

②细化后的单元内部响应(位移、应力、应变或其他)会趋于相对均匀。

③利用设定的简单函数近似模拟单元内部响应分布(在单元内应用里兹法)。

3.3 单元分析和位移函数

根据有限单元法的概念,随着结构选取单元的细化,单元内部响应可能会趋于均匀。接下来便是如何在响应相对均匀的细化单元内部完成单元分析。

► 3.3.1 单元分析的基本内容

根据位移法和矩阵位移法的原理,单元分析的目的是获取单元结点位移与结点力(对杆元,通常称为杆端)之间的变换关系,即寻找结点位移向量 $\boldsymbol{\delta}^e$ 和结点力向量 $\boldsymbol{F}^e$ 之间的变换矩阵 $\boldsymbol{K}^e$,以建立单元的刚度方程:

$$\boldsymbol{F}^e = \boldsymbol{K}^e \times \boldsymbol{\delta}^e$$

结点位移向量 $\boldsymbol{\delta}^e$ 是位移法分析的基本未知量,其分量取决于单元有多少结点、结点有多少自由度,与单元的受力与变形特征相关。

单元内部任一点(x,y,z)位移,都可以用位移分布函数 $u(x,y,z)$ 表示。由于单元内部始终存在无穷多个连续点,故满足边界条件和连续条件的可能位移分布函数,原则上为无限自由度。按前所述,若单元已经足够细化,单元内部位移分布相对均匀,此时可尝试以确定性的简单函数去描述其内部位移分布。

根据位移法的概念,设定以单元的结点位移为描述位移分布的广义坐标,以此广义坐标去表达单元内部位移分布,截面位移分布函数便将随着每一个结点位移分量(广义坐标)的变化而变化。将位移分布函数利用里兹法的概念表达,可将无限自由度的单元内部位移分布函数简化为有限自由度体系,如图 3.7 所示。

为便于将函数映射用矩阵映射表示,将位移函数整理为插值函数的形式,即设定单元位移分布函数 $\boldsymbol{u}(x,y,z)$ 与结点位移 $\boldsymbol{\delta}^e$ 之间存在着的变换关系为 $\boldsymbol{N}(x,y,z)$。出于公式表达上的简洁性和普适性的需要,在后续的分析中尽量省略变换关系中的坐标变量[如矩阵 $\boldsymbol{N}(x,y,z)$ 简写为 $\boldsymbol{N}$],便可利用矩阵变换表达为:

$$\boldsymbol{u} = \boldsymbol{N}\boldsymbol{\delta}^e \tag{3.8}$$

单元内部存在着的应变分布亦为某函数 $\varepsilon(x,y,z)$,位移和应变的关系可利用弹性力学中的几何方程进行表达,即可认为存在此线性变换:

$$\boldsymbol{\varepsilon} = \boldsymbol{L}\boldsymbol{u} = \boldsymbol{L}\boldsymbol{N}\boldsymbol{\delta}^e \tag{3.9}$$

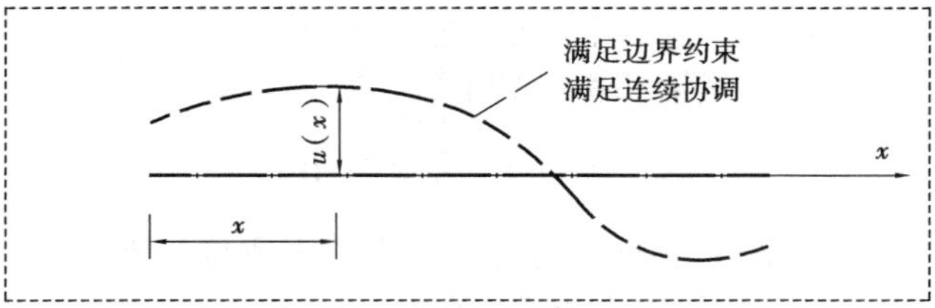

此可能位移函数应为无限自由度

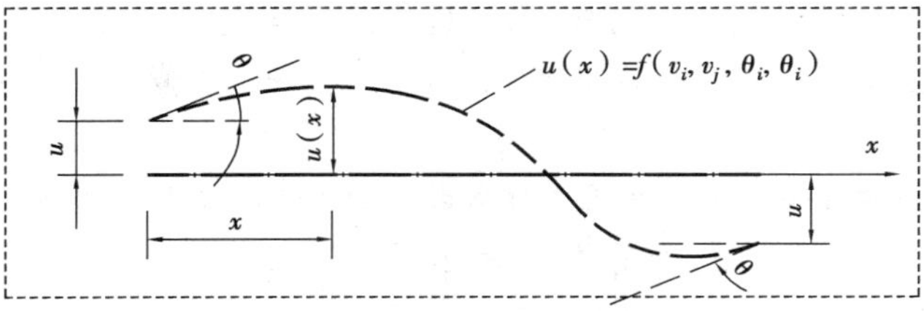

此可能位移函数简化为有限自由度

图3.7　广义坐标下的位移函数

令 $\boldsymbol{LN}=\boldsymbol{B}$，$\boldsymbol{L}$ 为微分算子，则有：

$$\boldsymbol{\varepsilon} = \boldsymbol{B\delta}^{e} \tag{3.10}$$

矩阵 $\boldsymbol{B}$ 一般称为**几何变换矩阵**或**应变矩阵**，可以将结点位移量变换成为单元内部的应变分布；而应力与应变之间应满足材料的物理方程，相应的变换可用**弹性矩阵 $\boldsymbol{D}$** 来表达：

$$\boldsymbol{\sigma} = \boldsymbol{D\varepsilon} \tag{3.11}$$

故有结点位移与应力分布之间的变换关系：

$$\boldsymbol{\sigma} = \boldsymbol{DB\delta}^{e} \tag{3.12}$$

按弹性体虚位移原理，在单元弹性体发生任意可能的微小虚位移时（$\boldsymbol{\delta}^{*e}$、$\boldsymbol{\varepsilon}^{*}$），真实外力（对单元，即此时的结点力向量）所做虚功，应等于单元体内部产生的虚应变能，即：

$$\boldsymbol{\delta}^{*eT}\boldsymbol{F}^{e} = \int_{V}\boldsymbol{\varepsilon}^{*T}\boldsymbol{\sigma}\mathrm{d}V$$

根据式（3.10）和式（3.12），将虚应变和应力分布的表达代入上式，即可得：

$$\boldsymbol{\delta}^{*eT}\boldsymbol{F}^{e} = \int_{V}\boldsymbol{\delta}^{*eT}\boldsymbol{B}^{T}\boldsymbol{DB\delta}^{e}\mathrm{d}V = \boldsymbol{\delta}^{*eT}\int_{V}\boldsymbol{B}^{T}\boldsymbol{DB\delta}^{e}\mathrm{d}V \tag{a}$$

由于虚位移为“可能”位移，满足边界条件和连续、协调条件下可以任意发生，式（a）自然对任意虚位移也应成立，可从上式左右同时消去虚位移 $\boldsymbol{\delta}^{*eT}$，得：

$$\boldsymbol{F}^{e} = \int_{V}\boldsymbol{B}^{T}\times\boldsymbol{D}\times\boldsymbol{B}\times\boldsymbol{\delta}^{e}\mathrm{d}V$$

结点位移向量 $\boldsymbol{\delta}^{e}$ 与单元内部积分无关，上式可以整理为：

$$\boldsymbol{F}^{e} = \left(\int_{V}\boldsymbol{B}^{T}\times\boldsymbol{D}\times\boldsymbol{B}\mathrm{d}V\right)\times\boldsymbol{\delta}^{e} \tag{3.13a}$$

记为

$$\boldsymbol{F}^{e} = \boldsymbol{K}^{e}\times\boldsymbol{\delta}^{e} \tag{3.13b}$$

其中

$$\boldsymbol{K}^{e} = \int_{V}\boldsymbol{B}^{T}\times\boldsymbol{D}\times\boldsymbol{B}\mathrm{d}V \tag{3.14a}$$

式中　$\boldsymbol{K}^{e}$——单元结点位移向量与结点力向量之间的变换矩阵。

对于一维杆元，单元建立在截面分析基础上时，式(3.14a)可表达为：

$$\boldsymbol{K}^{(e)} = \int_{L} \boldsymbol{B}^{T} \times \boldsymbol{D}^{S} \times \boldsymbol{B}\mathrm{d}x \tag{3.14b}$$

式中　$\boldsymbol{D}^{S}$——截面力与截面变形之间的变换关系，即**截面刚度矩阵**；

$\boldsymbol{B}$——结点位移与截面变形之间的变换关系，即**几何变换矩阵**。

【说明】

据以上分析可知，结构单元状态的确定，可据不同线性空间中的物理量进行表达，如结点位移向量、位移分布函数、应变（截面变形）分布函数、应力（截面力）分布函数、结点力向量等。

单元分析时，可根据平衡方程、协调方程和物理方程，以及几何坐标变换，在各状态的对应向量间建立起相应的矩阵映射；而静力分析时，所有的变换关系整合后最终可反映至单元刚度方程（式3.13）中。

对于不同受力特征、截面特征、材料特征的单元，根据结构分析的需要（如计算量简化、精度要求、分析模式等），相应的变换关系可用精确或简化的矩阵映射进行表达。

▶ 3.3.2　位移插值函数

由图3.7及式(3.8)可知，位移插值函数即为结点位移（广义坐标）表达下的单元位移分布。

1）插值函数收敛性要求

有限元法的收敛性是指当划分的单元尺寸越来越小时，有限元法的解应该收敛于结构的精确解。基于位移法的有限元法求解过程，依赖于单元位移函数的选取。为了保证求解的收敛性，选取的单元位移函数应当满足下列两个条件。

(1)位移函数必须包含反映刚体位移的常数项和常应变的线性位移项。

单元的变形一般包括以下两个部分：

①因其他单元变形引起的单元整体的刚体变形。位移函数中显然必须包括常数项。

②自身变形引起的弹性变形。当单元的尺寸足够小时，单元内的应变比较均匀，近于常量。位移函数也必须要反映这一情况，才能保证收敛性得到满足。

(2)位移函数在单元内部必须连续，在相邻单元的公共结点上协调。

连续的结构体在受力后，其变形也是连续的（不能有断裂、重叠等现象），故描述单元内部响应的物理量也必须保持连续性。同时，还应尽量满足相邻单元间在边界处的协调。

2）位移插值函数计算

【例3.1】试推导两结点平面梁单元的位移插值函数。

【解】(1)如图3.8所示，梁单元不计轴向变形，杆端自由度为2，单元自由度为4。

根据收敛性的要求，位移插值函数必须包括常数项和线性项，选取三次多项式函数如下式：

$$\bar{v}(\bar{x}) = \alpha_1 + \alpha_2\bar{x} + \alpha_3\bar{x}^2 + \alpha_4\bar{x}^3$$

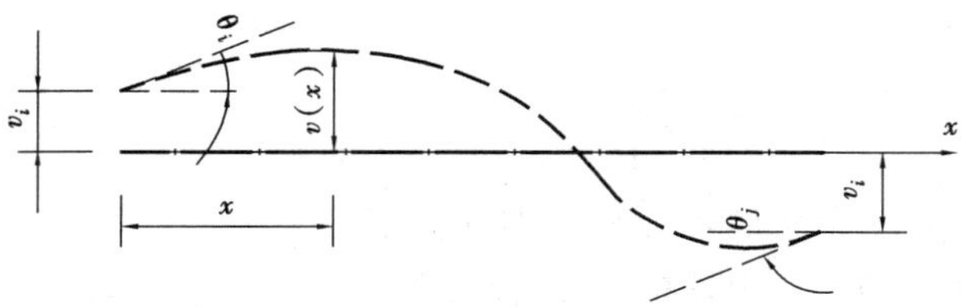

图 3.8 平面梁单元位移插值函数

(2)式中包含4个待定系数(所选择的广义坐标,数目同单元自由度),可根据杆元始末端位移(即单元的边界条件)确定:

$$
\begin{cases}
\bar{x}=0:\bar{v}=\bar{v}_i \Rightarrow \alpha_1=\bar{v}_i \\
\bar{x}=0:\bar{\theta}_i=\dfrac{\mathrm{d}\bar{v}}{\mathrm{d}\bar{x}} \Rightarrow \alpha_2=\bar{\theta}_i \\
\bar{x}=l:\bar{v}=\bar{v}_j \Rightarrow \alpha_1+\alpha_2 l+\alpha_3 l^2+\alpha_4 l^3=\bar{v}_j \\
\bar{x}=l:\bar{\theta}_j=\dfrac{\mathrm{d}\bar{v}}{\mathrm{d}\bar{x}} \Rightarrow \alpha_2+2\alpha_3 l+3\alpha_4 l^2=\bar{\theta}_j
\end{cases}
$$

整理为:

$$
\begin{cases}
\alpha_1=\bar{v}_i \\
\alpha_2=\bar{\theta}_i \\
\alpha_3=\dfrac{3}{l^2}(-\bar{v}_i+\bar{v}_j)-\dfrac{1}{l}(2\bar{\theta}_i+\bar{\theta}_j) \\
\alpha_4=\dfrac{2}{l^2}(\bar{v}_i-\bar{v}_j)+\dfrac{1}{l^2}(\bar{\theta}_i+\bar{\theta}_j)
\end{cases}
$$

(3)将待定系数代回位移函数,将位移表示为对应于广义坐标(即单元结点位移)的函数:

$$
\bar{v}(\bar{x})=\left(1-\frac{3\bar{x}^2}{l^2}+\frac{2\bar{x}^3}{l^3}\right)\bar{v}_i+\left(\bar{x}-\frac{2\bar{x}^2}{l}+\frac{\bar{x}^3}{l^2}\right)\bar{\theta}_i+\left(\frac{3\bar{x}^2}{l^2}-\frac{2\bar{x}^3}{l^3}\right)\bar{v}_j+\left(-\frac{\bar{x}^2}{l}+\frac{\bar{x}^3}{l^2}\right)\bar{\theta}_j \tag{3.15a}
$$

利用矩阵变换表达,即有:

$$
\bar{v}(\bar{x})=\mathbf{N}(\bar{x})\bar{\boldsymbol{\delta}}^{\mathrm{e}} \tag{3.15b}
$$

(4)其中,变换矩阵即位移插值函数可写为:

$$
\begin{aligned}
\mathbf{N}(\bar{x}) &= [N_{iv} \mid N_{i\theta} \mid N_{jv} \mid N_{j\theta}] \\
&= \left[1-\frac{3}{l^2}\bar{x}^2+\frac{2}{l^3}\bar{x}^3 \;\vdots\; \bar{x}-\frac{2}{l}\bar{x}^2+\frac{1}{l^2}\bar{x}^3 \;\vdots\; \frac{3}{l^2}\bar{x}^2-\frac{2}{l^3}\bar{x}^3 \;\vdots\; -\frac{1}{l}\bar{x}^2+\frac{1}{l^2}\bar{x}^3\right]
\end{aligned} \tag{3.16}
$$

► 3.3.3 数值积分简介

结构分析时常会应用到的积分过程,一般使用数值积分方法进行计算。

1)矩形积分法

若需要计算积分

$$
A=\int_a^b f(x)\,\mathrm{d}x
$$

可将上式变换为：

$$A = \sum_{i=1}^{n} [f(x_i) \cdot \Delta x] \tag{3.17}$$

数值计算模式即如图 3.9 所示。显然对于任意函数，矩形法积分式(3.17)的计算精度很难准确评价。通常需要将 Δx 取得很小，但这在一定程度上会增加计算量。

对矩形积分法也可按梯形或抛物线形进行改进，以提高积分精度。矩形积分法本书用于一般动荷载作用下的杜哈梅积分计算。

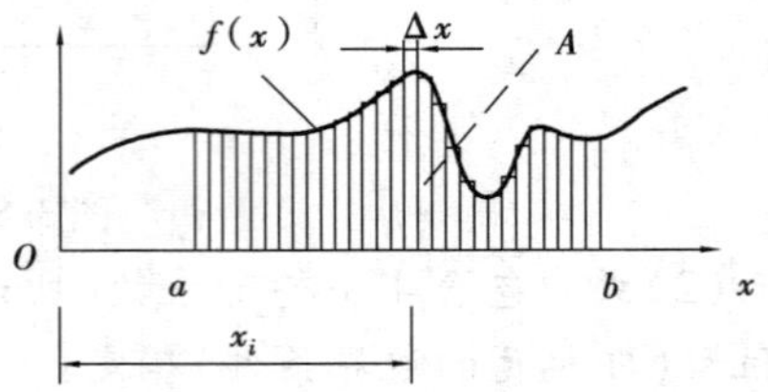

图 3.9　矩形积分法

2)高斯积分法

单元分析时，变形分布和截面刚度分布等函数通常使用多项式函数来描述沿杆长的变化关系。当被积函数形式已知为多项式函数时，采用高斯-勒让德(Gauss-Legendre)积分法进行数值积分计算，在计算精度和计算量控制上，其效果比矩形积分更有保证。

如对式(3.14)执行矩阵乘法后，需要积分的元素为 $a_{ij}(x)$，积分式为：

$$k_{ij} = \int_L a_{ij}(x)\,\mathrm{d}x \tag{a}$$

根据变换 $x = l\eta/2 + l/2$，将式(a)积分域从$[0,l]$，转换至$[-1,+1]$，则有：

$$k_{ij} = \int_{-1}^{+1} \xi_{ij}(\eta)\,\mathrm{d}\eta = \sum_{i=1}^{n} \rho_i \xi_{ij}(\eta_i) \tag{3.18}$$

式中　ρ_i——积分权系数；

ξ_{ij}——积分域变换后积分点对应函数值；

η_i——高斯积分点；

n——积分点数目。

根据高斯积分原理，利用 n 个积分点可以构造出代数精度不低于 $2n-1$ 的多项式函数的数值积分解。表 3.1 给出了 5 个积分点和对应权系数的常数值，构造了不低于九次多项式函数对应的代数精度，在杆系有限元分析中，一般的计算已经可以满足要求。

表 3.1　高斯-勒让德积分常数

积分点 η_i	权系数 ρ_i
$\eta_1 = -0.906\ 179\ 845\ 9$	$\rho_1 = 0.236\ 926\ 885\ 1$
$\eta_2 = -0.538\ 469\ 310\ 1$	$\rho_2 = 0.478\ 628\ 670\ 5$
$\eta_3 = 0.000\ 000\ 000\ 0$	$\rho_3 = 0.568\ 888\ 888\ 9$
$\eta_4 = +0.538\ 469\ 310\ 1$	$\rho_4 = 0.478\ 628\ 670\ 5$
$\eta_5 = +0.906\ 179\ 845\ 9$	$\rho_5 = 0.236\ 926\ 885\ 1$

【程序实现】

高斯-勒让德数值积分程序段如下所示，可用于单元刚度矩阵元素、单元等效荷载等数值积分问题。

```
-----------------------------------------------------------------------------------
DATA ET/ -0.9061798459, -0.5384693101,0.0,0.5384693101,0.9061798459/
DATA RO/0.2369268851,0.4786286705,0.5688888889,0.4786286705,0.2369268851/
E =0.0          ! 积分结果,可为数、向量、矩阵
DO J =1,5       ! 高斯积分
   x =((b-a) * ET(J) +(b+a))/2.0    ! 变量从域[a-b]变换至[ -1, +1]
   E =E +F(x) * RO(J) * (b-a)/2.0   ! 对 F(x)高斯求积
ENDDO
```

4

杆系有限元单元分析

4.1 杆系有限元概述

▶ 4.1.1 杆元分析中的平截面假定

杆系结构中的**杆件**,是指相对细长、其长度“远大于”横截面尺寸的构件。此时可引入平截面假定,即杆件任一正交于杆轴的横截面,受力变形时产生的翘曲和畸变可忽略不计,如图4.1(a)所示。

杆件分析时**平截面假定**可以适用,意味着平面杆元任一截面位移状态只需要3个独立运动自由度即可描述,如图4.1(b)所示,而空间杆元则为6个自由度。

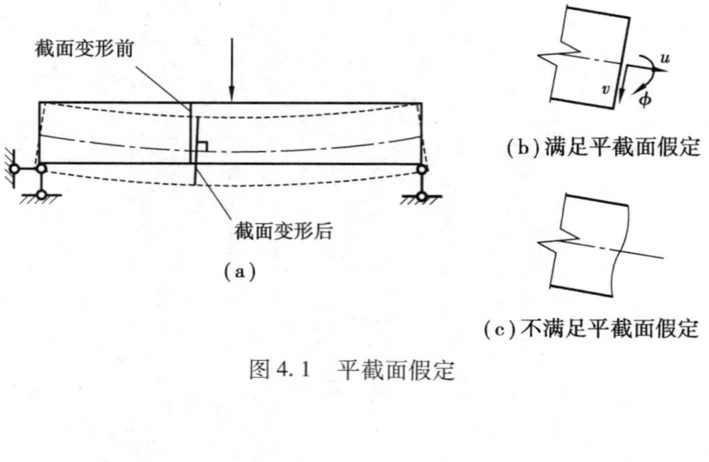

图4.1 平截面假定

若平截面假定无法适用,那么变形发生后,需要更多自由度才能准确描述截面位移状态,如图 4.1(c)所示,截面分析基本失去意义。

▶ 4.1.2 杆元的截面分析

平截面假定适用时,结合小变形假定,截面(截面力、截面变形)在轴线处的响应可完整代表截面上其余点的响应。此时的杆件退化为**一维单元**,利用截面位移可计算出截面上任一点处的应变大小,利用截面力也可计算出截面上任一点处的应力大小。

根据杆元截面变形特征,**杆件的单元分析可建立在截面分析的基础上**。

1)截面轴向分析

对应于截面轴向受力,截面变形和截面内力在截面上为均匀分布,如图 4.2 所示。

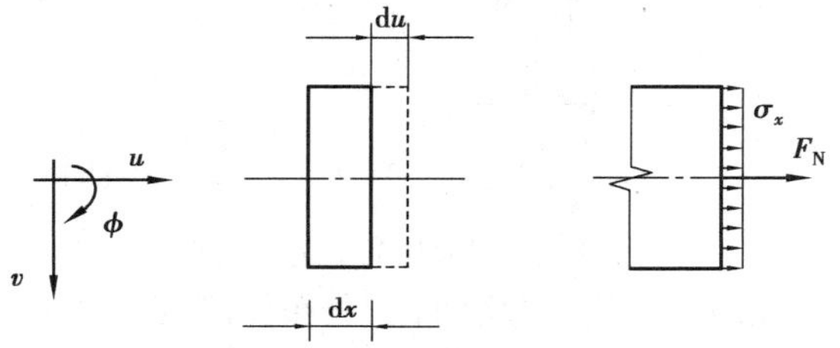

图 4.2 截面轴向受力分析

可得轴向受力杆件的 dx 微段上轴向变形 d$u(x)$ 与轴力 $F_N(x)$ 的关系为

$$\frac{\mathrm{d}u(x)}{\mathrm{d}x}=\frac{F_N(x)}{EA(x)} \tag{4.1}$$

2)截面受弯分析

对应于截面弯矩,杆件微段存在弯曲变形,如图 4.3 所示。

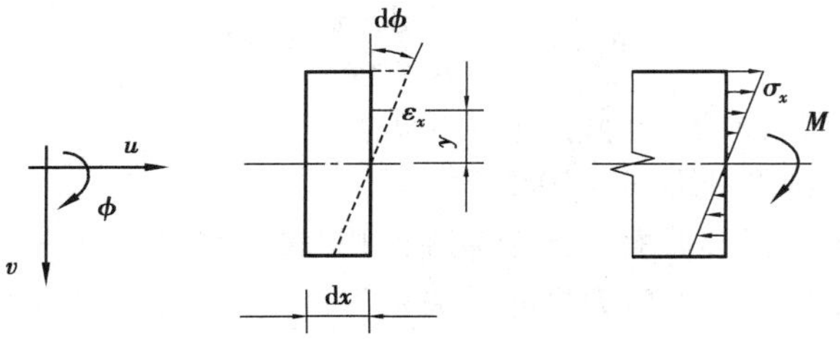

图 4.3 截面弯曲受力分析

根据平截面假定,可得微段 dx 上截面弯曲变形 dϕ,与弯曲正应变 ε_x 沿截面高度分布的关系如下:

$$\varepsilon_x(x,y)=-\frac{\mathrm{d}\phi(x)\cdot y}{\mathrm{d}x}$$

再由截面弯曲正应力与截面弯矩关系:

$$\sigma_x(x,y)=-\frac{M(x)}{I(x)}y$$

整理可得截面弯矩与微段弯曲变形之间的关系为:

$$\frac{d\phi(x)}{dx} = \frac{M(x)}{EI(x)} \tag{4.2}$$

3)截面剪切分析

实际的剪应力(τ)、剪应变(γ)沿截面高度的分布必然是不均匀的,其分布函数取决于截面形状。截面分析时,可用“平均”剪应力和“平均”剪应变进行近似计算,此时截面的几何关系如图4.4所示。

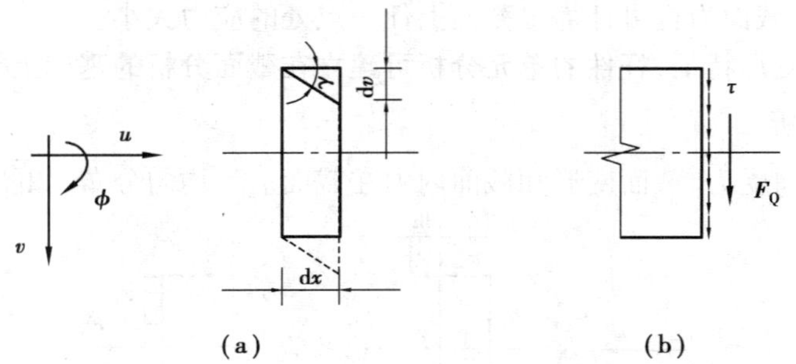

图4.4 截面切向受力分析

dx 微段上,截面切向变形 dv 与截面“均匀化”分布剪应变 γ 之间的几何关系为:

$$\gamma(x) = \frac{dv(x)}{dx}$$

截面剪应力(平均)的大小为:

$$\tau(x) = G\gamma(x) = G\frac{dv(x)}{dx}$$

式中 G——材料的剪切模量。

截面切向合力即可表达为截面剪力 F_Q:

$$F_Q(x) = \frac{G}{\mu}\frac{dv(x)}{dx}A(x)$$

式中 μ——剪应力不均匀系数,与截面形状相关。

矩形截面:$\mu = 1.2$;圆形截面:$\mu = 10/9$;

薄壁圆环截面:$\mu = 2$;工形截面:μ = 全截面面积/腹板截面积。

可得微段上切向变形与截面剪力之间的关系为:

$$\frac{dv(x)}{dx} = \mu\frac{F_Q(x)}{GA(x)} \tag{4.3}$$

4)截面扭转分析

空间杆件还需要考虑杆件的扭转受力分析。若微段的扭转位移角用 φ 表示,截面抗扭刚度为 GI_x,微段上的扭转变形也可使用扭矩 M_x 和截面扭转刚度来描述,即

$$\frac{d\varphi}{dx} = \frac{M_x(x)}{GI_x(x)} \tag{4.4}$$

【说明】根据式(4.1)—(4.4),截面力向量 $\boldsymbol{F}^S(x)$ 与截面变形向量 $\boldsymbol{f}^S(x)$ 之间的变换关系(上标S表示此物理量对应于截面),利用截面刚度矩阵 $\boldsymbol{D}^S(x)$ 表示,即截面刚度矩阵表达了截面变形与截面力之间的变换关系:

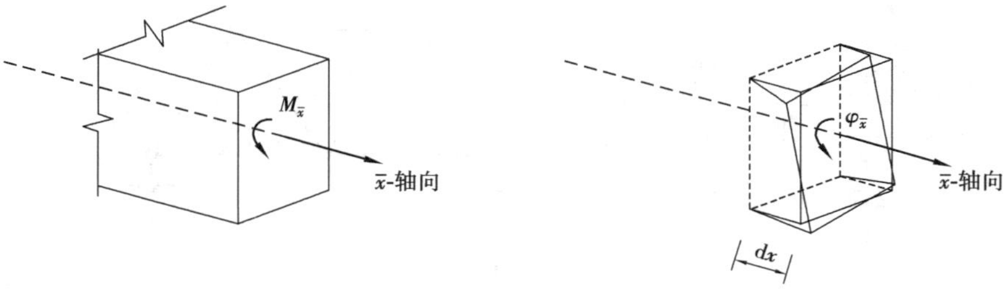

(a)截面扭矩　　(b)截面扭转变形

图 4.5　截面扭转分析

$$\boldsymbol{F}^{S}(x) = \boldsymbol{D}^{S}(x) \times \boldsymbol{f}^{S}(x) \tag{4.5}$$

满足平截面假定下,截面各变形分量相互独立。对需要同时考虑轴、剪、弯、扭等截面变形时,空间杆元的截面刚度矩阵可根据截面刚度关系进行列写:

$$\boldsymbol{D}^{S}(x) = \begin{bmatrix} EA(x) & 0 & 0 & 0 & 0 & 0 \\ 0 & GI_x(x) & 0 & 0 & 0 & 0 \\ 0 & 0 & \dfrac{GA(x)}{\mu_y} & 0 & 0 & 0 \\ 0 & 0 & 0 & \dfrac{GA(x)}{\mu_z} & 0 & 0 \\ 0 & 0 & 0 & 0 & EI_y(x) & 0 \\ 0 & 0 & 0 & 0 & 0 & EI_z(x) \end{bmatrix} \tag{4.6}$$

对于不同受力特征的杆件,截面变形分量对杆件单元分析的影响程度不一。如桁杆可只考虑轴向变形的影响,梁式杆一般只考虑弯曲变形的影响,而平面杆和空间杆项次也有所区别。具体计算时,可根据截面变形的影响程度按需选择。

4.2 桁架杆单元分析

桁架结构指由若干细长直杆形成的格构式结构。桁架结构主要承受结点荷载时,单元以轴向受力为主,截面内力中弯、剪分量影响较小。因结点角位移值很小,结构分析时常忽略结点角位移对结构变形的影响,将结构模型中刚性结点简化为铰接点。此时,杆元的截面力将只有轴力,而截面变形也仅考虑轴向变形。

由于忽略结点转角,因此,对于平面桁架结构,结点自由度为 2,如图 4.6(a)所示;对于空间桁架结构,结点自由度为 3,如图 4.6(b)所示。

▶ 4.2.1 桁杆单元

桁架杆单元如图 4.7 所示(沿杆长 EA 取常数)。桁杆截面位移函数 $u(\bar{x})$ 在单元坐标系下只需沿轴向(单元坐标系的 x 向)进行描述。

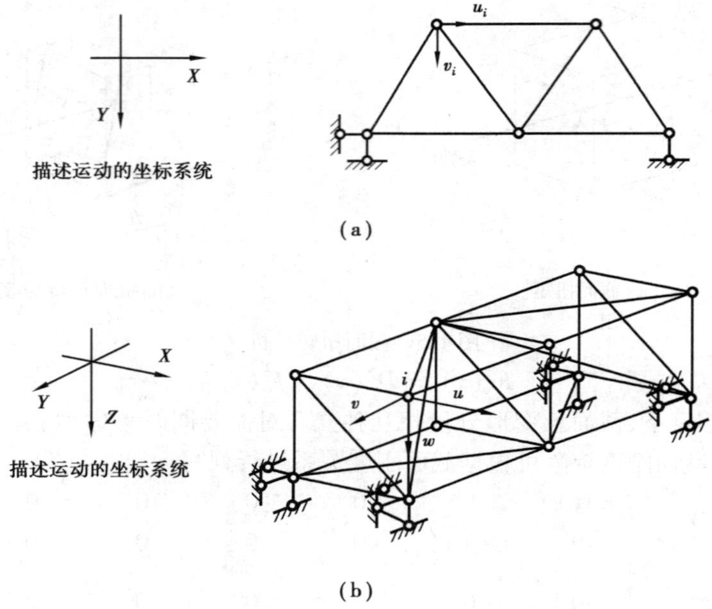

图 4.6　桁架结构和结点自由度

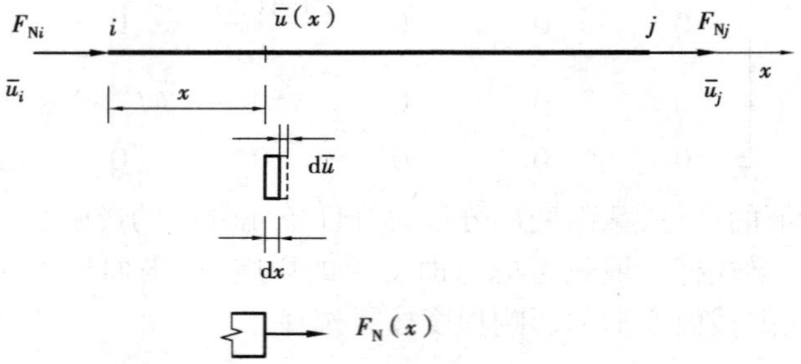

图 4.7　桁杆单元模型

杆端力向量和杆端位移向量分别可表示为：

$$\bar{\boldsymbol{F}}^e = \begin{bmatrix} F_{Ni} \\ F_{Nj} \end{bmatrix}, \bar{\boldsymbol{\delta}}^e = \begin{bmatrix} \bar{u}_i \\ \bar{u}_j \end{bmatrix}$$

▶　4.2.2　桁杆单元位移分布描述

对于两结点桁杆单元，单元自由度为 2，根据收敛性的要求，设定其内部位移分布为线性函数：

$$\bar{u}(x) = \alpha_1 + \alpha_2 x \tag{4.7}$$

对应于始末两端结点，坐标值分别为 $x_i = 0, x_j = l$，代入式(4.7)后可得：

$$\begin{cases} \bar{u}_i = \alpha_1 + \alpha_2 \cdot 0 \\ \bar{u}_j = \alpha_1 + \alpha_2 \cdot l \end{cases}$$

解出 2 个待定系数，确定坐标(截面位置参数 x)与广义坐标(结点自由度 $\bar{u}_i$、$\bar{u}_j$)之间的坐标变换关系为：

$$\begin{cases}\alpha_1 = \bar{u}_i \\ \alpha_2 = \dfrac{1}{l}(\bar{u}_j - \bar{u}_i)\end{cases}$$

代回式(4.7),可得桁杆单元的位移插值函数:

$$\bar{u}(x) = \bar{u}_i + \frac{1}{l}(\bar{u}_j - \bar{u}_i)x \tag{4.8a}$$

写成矩阵形式:

$$\bar{u}(x) = \left[\left(1-\frac{x}{l}\right) \quad \frac{x}{l}\right]\begin{bmatrix}\bar{u}_i \\ \bar{u}_j\end{bmatrix} = \boldsymbol{N}^{\mathrm{e}}(x)\bar{\boldsymbol{\delta}}^{\mathrm{e}} \tag{4.8b}$$

其中

$$\boldsymbol{N}^{\mathrm{e}}(x) = [\boldsymbol{N}_i^{\mathrm{e}}(x) \quad \boldsymbol{N}_j^{\mathrm{e}}(x)] = \left[\left(1-\frac{x}{l}\right) \quad \frac{x}{l}\right] \tag{4.9}$$

式中 $\boldsymbol{N}^{\mathrm{e}}$——**桁杆单元的位移插值函数**,是单元结点位移向量 $\bar{\boldsymbol{\delta}}^{\mathrm{e}}$ 到单元内部截面位移分布函数 $\bar{u}(x)$ 的变换矩阵。

由单元结点位移向量 $\bar{\boldsymbol{\delta}}^{\mathrm{e}}$,可根据式(4.8)表达出单元内部任一截面的位移值。

▶ 4.2.3 桁杆单元变形分布描述

桁架杆元微段 dx 的截面轴向变形可表示为:

$$\frac{\mathrm{d}\bar{u}(x)}{\mathrm{d}x}$$

截面位移分布函数 $\bar{u}(x)$ 与变形分布函数 $\boldsymbol{B}(x)$ 的变换关系可表达为矩阵运算的微分算子 $\boldsymbol{L}$,即

$$\boldsymbol{L} = \left[\frac{\mathrm{d}}{\mathrm{d}x}\right]$$

故可得结点位移与截面应变分布的变换矩阵:

$$\boldsymbol{B}(x) = \boldsymbol{L}\boldsymbol{N}^{\mathrm{e}}(x) = \frac{\mathrm{d}}{\mathrm{d}x}\left[\left(1-\frac{x}{l}\right) \quad \frac{x}{l}\right] = \left[-\frac{1}{l} \quad \frac{1}{l}\right] \tag{4.10}$$

$\boldsymbol{B}(x)$矩阵是利用结点位移表达截面变形分布的插值函数,概念与位移插值函数相近,本书中也称 $\boldsymbol{B}(x)$ 为**截面变形插值函数**(矩阵)。

▶ 4.2.4 桁杆截面的刚度特征

桁杆单元截面力与截面变形关系使用截面轴向刚度关系(式 4.1)描述

$$\frac{\mathrm{d}\bar{u}}{\mathrm{d}x} = \frac{F_{\mathrm{N}}(x)}{EA(x)}$$

截面刚度矩阵 $\boldsymbol{D}^{\mathrm{S}}$ 为 1×1 矩阵。它也可由式(4.6)只取轴向变形项直接确定:

$$\boldsymbol{D}^{\mathrm{S}}_{(1\times 1)} = [EA(x)]$$

▶ 4.2.5 桁杆的单元刚度矩阵

将各矩阵表达式代入式(3.14b),对于等截面桁杆,因 $\boldsymbol{B}$、$\boldsymbol{D}$ 均为常数,可得:

$$\overline{\boldsymbol{K}}^{e} = \boldsymbol{B}^{T}\boldsymbol{D}\boldsymbol{B}\int_{l}\mathrm{d}x = \begin{bmatrix} -\frac{1}{l} \\ \frac{1}{l} \end{bmatrix} EA\begin{bmatrix} -\frac{1}{l} & \frac{1}{l} \end{bmatrix} l$$

$$= \begin{bmatrix} \frac{EA}{l} & -\frac{EA}{l} \\ -\frac{EA}{l} & \frac{EA}{l} \end{bmatrix} \tag{4.11}$$

式(4.11)即为**等截面桁杆的单元刚度矩阵**。

【例4.1】某桁架中杆件为均匀变截面杆，截面参数如图4.8所示。若假定截面位移沿杆长为线性分布，试完成此单元的单元分析。

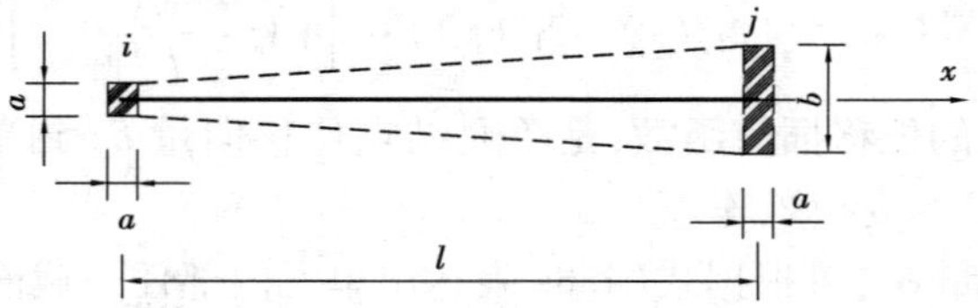

图4.8 变截面桁杆单元分析

【解】(1) 截面的位移插值函数仍可写为：

$$\boldsymbol{N}^{e} = [\boldsymbol{N}_{i}^{e} \quad \boldsymbol{N}_{j}^{e}] = \left[\left(1 - \frac{x}{l}\right) \quad \frac{x}{l}\right]$$

(2)截面的变形矩阵 $\boldsymbol{B}$ 仍写为：

$$\boldsymbol{B} = \boldsymbol{L}\boldsymbol{N} = \left[-\frac{1}{l} \quad \frac{1}{l}\right]$$

(3)截面弹性矩阵 $\boldsymbol{D}$ 形式也不变，但截面面积 A 应表示为变量 x 的函数，即：

$$\boldsymbol{D} = [E \times A(x)]$$

(4)据式(3.14b)，有：

$$\overline{\boldsymbol{K}}^{e} = \int_{L}\boldsymbol{B}^{T}\boldsymbol{D}\boldsymbol{B}\mathrm{d}x$$

式中，除截面面积 $A(x)$ 为变量外，其余数值均为常数。

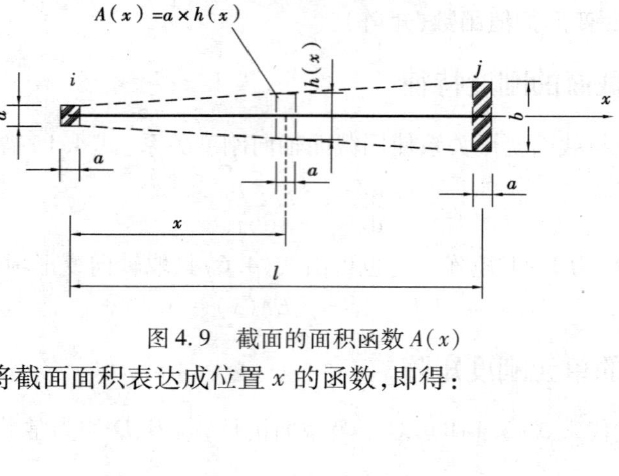

图4.9 截面的面积函数 $A(x)$

如图4.9所示，将截面面积表达成位置 x 的函数，即得：

$$
\begin{aligned}
\overline{\boldsymbol{K}}^{e} &= \int_{L} \boldsymbol{B}^{\mathrm{T}} \boldsymbol{D} \boldsymbol{B} \mathrm{d}x = \boldsymbol{B}^{\mathrm{T}} E \boldsymbol{B} \int_{0}^{l} a \times h(x) \mathrm{d}x \\
&= \boldsymbol{B}^{\mathrm{T}} E \boldsymbol{B} \int_{0}^{l} a \times \left(a + \frac{b-a}{l} x\right) \mathrm{d}x = \boldsymbol{B}^{\mathrm{T}} E \boldsymbol{B} \frac{(ba + a^{2}) l}{2} \\
&= \frac{(ba + a^{2})}{2} \times \begin{bmatrix} \frac{E}{l} & -\frac{E}{l} \\ -\frac{E}{l} & \frac{E}{l} \end{bmatrix}
\end{aligned}
$$

【说明】

$(ba+a^2)/2$ 为单元截面面积沿杆长的平均值。根据积分计算过程,可知:

(1)对于均匀变截面桁杆,若设定位移分布沿单元轴线为线性分布,则其单元刚度元素与等截面杆单元刚度矩阵元素类似,只需以“平均截面面积”替换原等截面杆截面面积。

(2)显然,对于非均匀截面杆件,两结点桁杆单元的位移设定仍为线性分布,而变形为常数:

$$
\boldsymbol{N}^{e}(x) = \left[\left(1 - \frac{x}{l}\right) \quad \frac{x}{l}\right], \boldsymbol{B}(x) = \left[-\frac{1}{l} \quad \frac{1}{l}\right]
$$

由于截面为变刚度,所以即使截面轴力为常数,真实变形沿杆长的表达式 $F_N/EA(x)$ 也并非如上式中 $\boldsymbol{B}(x)$ 一般为常数,分析结果是以积分段“平均变形”去替代真实变形分布。

【例 4.1】所示单元,截面面积沿杆长线性变化,常轴力下杆件截面的真实变形也为线性分布,“平均变形”可有效表示杆长范围内的变形关系,在结点自由度层面也可准确反映结构的整体刚度关系。

(3)工程分析时,特别是截面特征呈明显非线性时(如 E 非常量,而是内力的函数),平均化替代必然会产生相应的误差。因此,若对计算精度有更高的要求,可继续细化单元,以令积分杆段内位移、变形的分布与设定函数更接近,取得更优解答。

4.3 一般杆单元分析

▶ 4.3.1 一般杆单元的自由度特征

杆系结构中的截面(结点),其位移特征为在坐标系统的 3 个主轴方向都可能发生平动,还可能绕此三轴转动(转动自由度以双箭头表示),故截面(结点)自由度为 6,如图 4.10 所示。

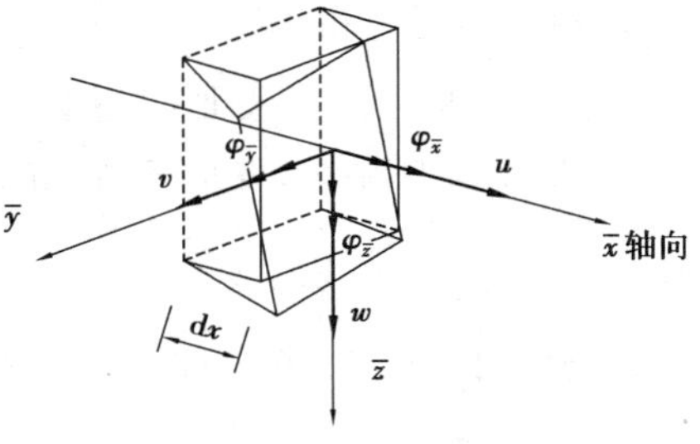

图 4.10 梁单元的截面位移

在单元坐标系统下,空间杆单元的截面位移需要在 6 个自由度方向上进行描述,即沿轴向 $\bar{x}$、截面工程轴 $\bar{y}$、$\bar{z}$ 的平动,以及绕此三轴的转动 $\phi_{\bar{x}}$、$\phi_{\bar{y}}$、$\phi_{\bar{z}}$,截面自由度为 6。在单元始末两结点上观察时,一般杆单元的杆端力向量和杆端位移向量可表达为:

$$\overline{\boldsymbol{F}}^{\mathrm{e}} = [F_{\mathrm{N}i} \quad F_{\mathrm{Q}yi} \quad F_{\mathrm{Q}zi} \quad M_{xi} \quad M_{yi} \quad M_{zi} \mid F_{\mathrm{N}j} \quad F_{\mathrm{Q}yj} \quad F_{\mathrm{Q}zj} \quad M_{xj} \quad M_{yj} \quad M_{zj}]^{\mathrm{T}}$$

$$\overline{\boldsymbol{\delta}}^{\mathrm{e}} = [u_i \quad v_{yi} \quad v_{zi} \quad \phi_{\bar{x}i} \quad \phi_{\bar{y}i} \quad \phi_{\bar{z}i} \mid u_j \quad v_{yj} \quad v_{zj} \quad \phi_{\bar{x}j} \quad \phi_{\bar{y}j} \quad \phi_{\bar{z}j}]^{\mathrm{T}} \tag{4.12}$$

对于平面一般杆元，杆端力向量和杆端位移向量同第 2 章一般杆单元的向量表达。

$$\overline{\boldsymbol{F}}^{\mathrm{e}} = [F_{\mathrm{N}i} \quad F_{\mathrm{Q}i} \quad M_i \mid F_{\mathrm{N}j} \quad F_{\mathrm{Q}j} \quad M_j]^{\mathrm{T}}$$

$$\overline{\boldsymbol{\delta}}^{\mathrm{e}} = [u_i \quad v_i \quad \phi_i \mid u_j \quad v_j \quad \phi_j]^{\mathrm{T}} \tag{4.13}$$

若是无须考虑轴向变形的平面梁，杆端力向量和杆端位移向量表达为：

$$\overline{\boldsymbol{F}}^{\mathrm{e}} = [F_{\mathrm{Q}i} \quad M_i \mid F_{\mathrm{Q}j} \quad M_j]^{\mathrm{T}}$$

$$\overline{\boldsymbol{\delta}}^{\mathrm{e}} = [v_i \quad \phi_i \mid v_j \quad \phi_j]^{\mathrm{T}} \tag{4.14}$$

杆元对应截面变形分量可根据截面分析选择。根据其结构特征，考虑单元分析时不同截面变形分量的贡献是否可以忽略，可将杆元分别按以下几类特征进行分析：

①考虑弯曲变形的平面梁；

②考虑轴向、弯曲变形的平面杆；

③考虑剪切、弯曲变形的平面杆；

④考虑弯曲、扭转变形的平面交叉梁；

⑤考虑轴向、弯曲、扭转变形的空间杆。

▶ 4.3.2 仅考虑弯曲变形的平面梁单元

仍以等截面直杆为例，进行以下推导。

1）截面刚度关系

仅考虑弯曲变形时，平面梁的截面有效变形只存在关于工程轴 $\bar{y}$ 弯曲变形的一个分量。

截面变形向量表示为：

$$\boldsymbol{f}^{\mathrm{S}}(x) = \left[\frac{\mathrm{d}\phi}{\mathrm{d}x}\right]$$

有效截面力向量对应为截面弯矩，表示为截面力向量：

$$\boldsymbol{F}^{\mathrm{S}}(x) = [M(x)]$$

由式(4.6)，有截面弹性矩阵：

$$\boldsymbol{D}^{\mathrm{S}} = [EI(x)]$$

2）位移、变形分布函数

只考虑弯曲变形，小变形时近似认为弯曲变形由单元的切向位移 $\bar{v}(x)$ 引起。

在约定的坐标系下，变形与位移的关系表示为：

$$\mathrm{d}\phi(x) = \frac{\mathrm{d}^2\bar{v}(x)}{\mathrm{d}x^2} \tag{4.15}$$

在【例 3.1】中，以单元杆端结点位移作为广义坐标，已表达出单元切向位移分布插值函数：

$$v(\bar{x}) = \boldsymbol{N}\overline{\boldsymbol{\delta}}^{\mathrm{e}}$$

对应的变换矩阵为：

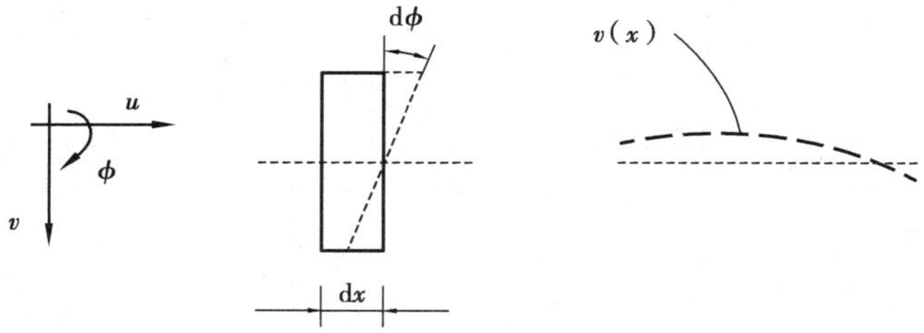

(a)截面变形 (b)位移分布函数

(图示为约定正向)

图 4.11 截面变形与位移函数

$$\boldsymbol{N} = \left[1 - \frac{3}{l^2}\bar{x}^2 + \frac{2}{l^3}\bar{x}^3 \;\vdots\; \bar{x} - \frac{2}{l}\bar{x}^2 + \frac{1}{l^2}\bar{x}^3 \;\vdots\; \frac{3}{l^2}\bar{x}^2 - \frac{2}{l^3}\bar{x}^3 \;\vdots\; -\frac{1}{l}\bar{x}^2 + \frac{1}{l^2}\bar{x}^3\right]$$

截面位移与截面变形的几何变换矩阵 $\boldsymbol{B}$ 可表示为

$$\boldsymbol{B} = \boldsymbol{LN} = \frac{\mathrm{d}^2}{\mathrm{d}x^2}\boldsymbol{N} \tag{4.16}$$

可得：

$$\begin{aligned}\boldsymbol{B}(x) &= [b_1(x) \quad b_2(x) \quad b_3(x) \quad b_4(x)] \\ &= \left[-\frac{6}{l^2} + \frac{12}{l^3}x \;\vdots\; -\frac{4}{l} + \frac{6}{l^2}x \;\vdots\; \frac{6}{l^2} - \frac{12}{l^3}x \;\vdots\; -\frac{2}{l} + \frac{6}{l^2}x\right]\end{aligned} \tag{4.17}$$

由结构力学所学的知识可知，在结点荷载作用下，杆系结构中直段的弯矩分布必然为线性函数(由平衡条件确定)；弯曲变形(等截面时)即为线性函数，与式(4.17)的结果对应。

3)单元刚度矩阵计算

将 $\boldsymbol{B}$ 和 $\boldsymbol{D}=EI$ 代入式(3.14b)，积分可得等截面直杆单元刚度矩阵：

$$\bar{\boldsymbol{K}}^{\mathrm{e}} = \int_0^l \boldsymbol{B}^{\mathrm{T}}\boldsymbol{DB}\mathrm{d}x = \begin{bmatrix} \frac{12EI}{l^3} & \frac{6EI}{l^2} & -\frac{12EI}{l^3} & \frac{6EI}{l^2} \\ \frac{6EI}{l^2} & \frac{4EI}{l} & -\frac{6EI}{l^2} & \frac{2EI}{l} \\ -\frac{12EI}{l^3} & -\frac{6EI}{l^2} & \frac{12EI}{l^3} & -\frac{6EI}{l^2} \\ \frac{6EI}{l^2} & \frac{2EI}{l} & -\frac{6EI}{l^2} & \frac{4EI}{l} \end{bmatrix} \tag{4.18}$$

▶ 4.3.3 考虑轴、弯变形的平面杆单元

1)截面刚度关系

对截面变形考虑轴、弯分量时，截面的有效变形包括**轴向变形**和平面内**弯曲变形**两个分量，如图 4.12 所示。

截面变形向量表示为：

$$\boldsymbol{f}^{\mathrm{S}}(x) = \left[\frac{\mathrm{d}u}{\mathrm{d}x} \quad \frac{\mathrm{d}\phi}{\mathrm{d}x}\right]^{\mathrm{T}}$$

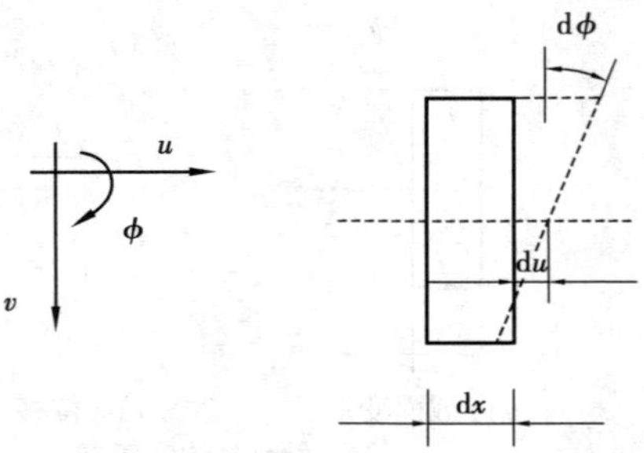

图 4.12　截面的轴、弯变形

对应的截面力向量自然也包含两个分量，即截面轴力和截面弯矩。表示为截面力向量有：

$$\boldsymbol{F}^{\mathrm{S}}(x) = [F_{\mathrm{N}}(x) \quad M(x)]^{\mathrm{T}}$$

截面刚度关系可由截面弹性矩阵表达为：

$$\boldsymbol{D}^{\mathrm{S}} = \begin{bmatrix} EA(x) & 0 \\ 0 & EI(x) \end{bmatrix}$$

2)位移、变形分布函数

平截面假定成立时，截面轴向变形与弯曲变形是独立的，截面变形与结点位移之间的变换矩阵可写为（矩阵元素第二行数据根据式 4.17 获取）：

$$\boldsymbol{B}(x) = \left[\begin{array}{ccc:ccc} -\dfrac{1}{l} & 0 & 0 & \dfrac{1}{l} & 0 & 0 \\ 0 & -\dfrac{6}{l^2}+\dfrac{12}{l^3}x & -\dfrac{4}{l}+\dfrac{6}{l^2}x & 0 & \dfrac{6}{l^2}-\dfrac{12}{l^3}x & -\dfrac{2}{l}+\dfrac{6}{l^2}x \end{array}\right] \tag{4.19}$$

3)单元刚度矩阵计算

将 $\boldsymbol{B}$ 和 $\boldsymbol{D}$ 代入式(3.14b)，积分可得：

$$\overline{\boldsymbol{K}}^{\mathrm{e}} = \int_0^l \boldsymbol{B}^{\mathrm{T}}\boldsymbol{D}\boldsymbol{B}\mathrm{d}x = \begin{bmatrix} \dfrac{EA}{l} & 0 & 0 & -\dfrac{EA}{l} & 0 & 0 \\ 0 & \dfrac{12EI}{l^3} & \dfrac{6EI}{l^2} & 0 & \dfrac{-12EI}{l^3} & \dfrac{6EI}{l^2} \\ 0 & \dfrac{6EI}{l^2} & \dfrac{4EI}{l} & 0 & \dfrac{-6EI}{l^2} & \dfrac{2EI}{l} \\ -\dfrac{EA}{l} & 0 & 0 & \dfrac{EA}{l} & 0 & 0 \\ 0 & \dfrac{-12EI}{l^3} & \dfrac{-6EI}{l^2} & 0 & \dfrac{12EI}{l^3} & \dfrac{-6EI}{l^2} \\ 0 & \dfrac{6EI}{l^2} & \dfrac{2EI}{l} & 0 & \dfrac{-6EI}{l^2} & \dfrac{4EI}{l} \end{bmatrix} \tag{4.20}$$

对于等截面线弹性直杆，形式也如矩阵位移法中推导所得的结果。

▶　4.3.4　考虑剪、弯变形的平面梁单元

1)截面刚度关系

截面的有效变形包含剪切变形和弯曲变形,如图 4.13 所示。

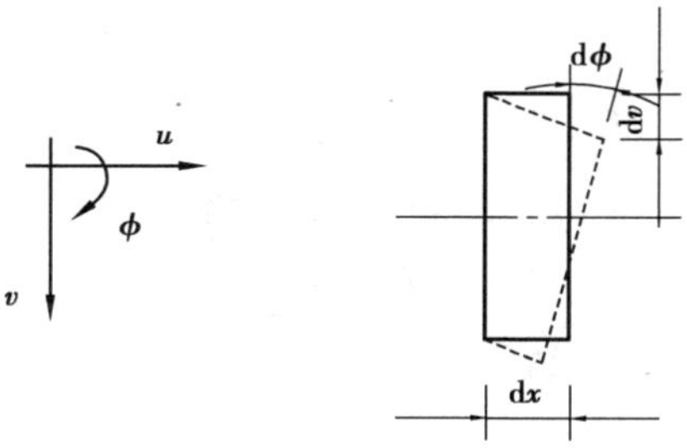

图 4.13　截面的弯曲变形、剪切变形

截面变形向量表示为:

$$\boldsymbol{f}^{\mathrm{S}}(x) = \left[\frac{\mathrm{d}v}{\mathrm{d}x} \quad \frac{\mathrm{d}\phi}{\mathrm{d}x}\right]^{\mathrm{T}}$$

有效截面力向量自然也包含两个分量,即截面剪力和截面弯矩。表示为截面力向量有:

$$\boldsymbol{F}^{\mathrm{S}}(x) = [F_{\mathrm{Q}}(x) \quad M(x)]^{\mathrm{T}}$$

在截面层面上,剪、弯变形相互独立,容易建立此时的截面刚度矩阵为:

$$\boldsymbol{D}^{\mathrm{S}} = \begin{bmatrix} \dfrac{GA}{\mu} & 0 \\ 0 & EI \end{bmatrix}$$

2)位移、变形函数分布

引入剪切变形影响后,对应切向位移的挠曲线中,有一部分是截面剪切效应的贡献,将梁位移曲线拆分为两部分 $\bar{v}_{\phi}(x)$ 和 $\bar{v}_{\mathrm{S}}(x)$,即:

$$\bar{v}(x) = \bar{v}_{\phi}(x) + \bar{v}_{\mathrm{S}}(x)$$

式中　$\bar{v}_{\phi}(x)$——弯曲变形对位移曲线的贡献;

$\bar{v}_{\mathrm{S}}(x)$——剪切变形对位移曲线的贡献。

本章单元分析是以截面分析为基础的,故本类单元仍直接推导考虑剪、弯效应下,截面的变形插值函数。根据截面变形插值函数的特点,在单元自由度下进行以下计算。(如图 4.14 所示,箭头指向为杆端自由度的约定正向)

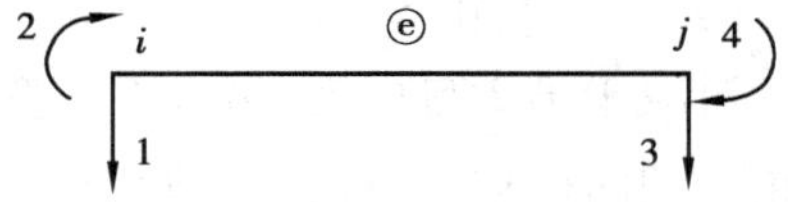

图 4.14　结点自由度

(1)第 1 自由度

根据变形插值函数定义,在第 1 自由度发生单位位移时,截面变形分布包括独立的剪切变形和弯曲变形,推导如下(图 4.15 至图 4.18 中,内力图所标示符号为内力分布和对应变形分布在约定坐标下的正负):

梁 i 端向下发生单位位移,杆端剪力 $F_{\mathrm{Q}i}$(剪力分布沿杆长为常数,以剪力值常数绝对值 F_{Q} 为参量),杆端弯矩 M_i。根据图 4.15(b)所示内力图和对应的刚度特征,建立位移方程:

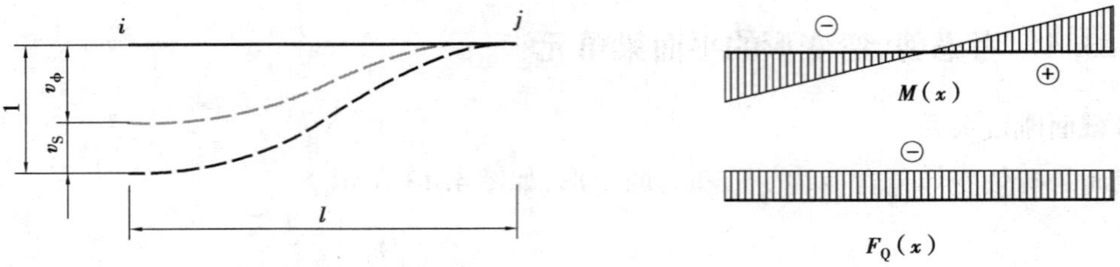

(a)单元变形　　　　(b)单元内力

图 4.15　第 1 自由度单位位移的变形与内力

$$\frac{\mu F_Q}{GA}l+\frac{F_Q l}{2}\Big/\frac{6EI}{l^2}=-1$$

可解出：

$$F_Q(x)=\frac{-1}{\dfrac{\mu l}{GA}+\dfrac{l^3}{12EI}}=\frac{-GA}{\mu l\left(1+\dfrac{GAl^2}{\mu 12EI}\right)}\overset{\alpha=\frac{12\mu EI}{l^2GA}}{=}-\frac{12EI}{l^3}\frac{1}{1+\alpha}$$

根据单元刚度矩阵元素定义，可知此剪力值的绝对值即为单元刚度矩阵元素 k_{11}，也可使用此方式计算出其余单元刚度矩阵元素。

由于剪力和剪切变形沿杆长均为常数，对应于第 1 自由度的截面剪切变形分布函数 $B_{v1}(x)$ 可表达为：

$$\frac{\mathrm{d}v}{\mathrm{d}x}=\frac{\mu F_{Qi}}{GA}=-\frac{\mu\dfrac{12EI}{l^3}\dfrac{1}{1+\alpha}}{GA}=-\frac{\alpha}{l(1+\alpha)} \tag{a}$$

根据剪力函数，截面弯矩（约定上部受拉为正）沿杆长分布函数为：

$$M(x)=F_Q\frac{l}{2}-F_Qx=-\frac{12EI}{l^3}\frac{1}{1+\alpha}\left(\frac{l}{2}+x\right)$$

对应于第 1 自由度的截面变形分布函数 $B_{\phi1}(x)$ 可表达为：

$$\frac{\mathrm{d}\phi}{\mathrm{d}x}=\frac{M(x)}{EI}=\frac{-6l+12x}{(1+\alpha)l^3} \tag{b}$$

(2)第 2 自由度

对应于第 2 自由度，引入剪切变形。由于剪力 F_Q 存在，杆端亦应由于剪切变形而产生 v_s 的相对切向位移。故需要在此状态上表达出如图 4.17 的受力模式，保证单元对应于第 2 自由度发生单位转角位移，而 i 端切向位移仍需维持为 0。

剪切变形对应的切向位移可表达为：

$$v_s=-\frac{\mu F_Q l}{GA}$$

以上切向位移和 i 端单位转角下，ij 两截面弯矩值分别为：

$$M_i=-\frac{4EI}{l}+v_s\frac{6EI}{l^2},M_j=\frac{2EI}{l}-v_s\frac{6EI}{l^2}$$

由约束方程 $M_i-M_j=F_Ql$，可解得：

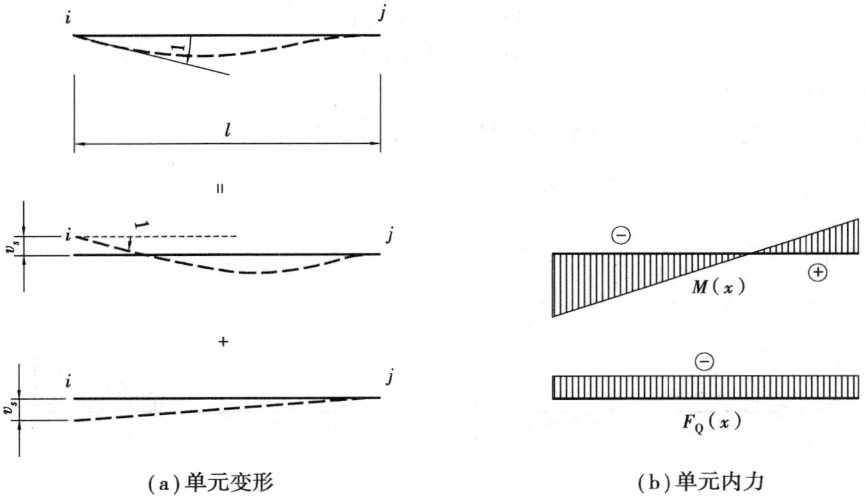

图 4.16　第 2 自由度单位位移的变形与内力

$$F_Q(x) = -\frac{6EI}{l^2}\frac{1}{1+\alpha}$$

即可知截面剪切变形分布函数为：

$$\frac{\mathrm{d}v}{\mathrm{d}x} = -\frac{\mu}{GA}\frac{6EI}{l^2}\frac{1}{1+\alpha} = -\frac{\alpha}{2(1+\alpha)} \tag{c}$$

截面弯矩分布函数为：

$$M(x) = M_i + F_Q x = -\frac{EI(4l+\alpha l-6x)}{l^2(1+\alpha)}$$

弯曲变形分布函数 $B_{\phi 2}(x)$ 可表达为：

$$\frac{\mathrm{d}\phi}{\mathrm{d}x} = \frac{M(x)}{EI} = -\frac{4l+\alpha l-6x}{l^2(1+\alpha)} \tag{d}$$

(3)第 3 自由度

第 3 自由度下的推导过程与第 1 自由度类似，如图 4.17 所示。

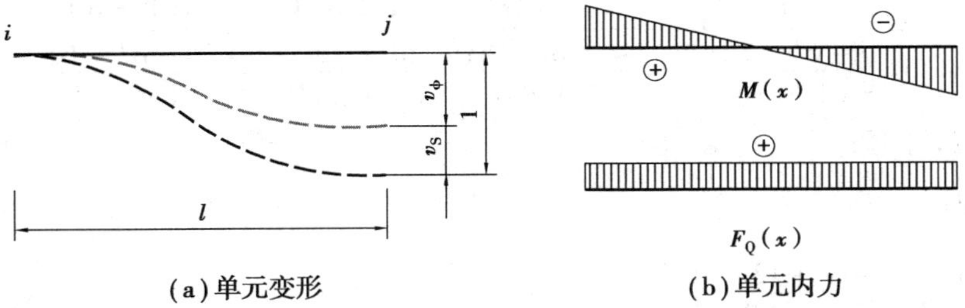

图 4.17　第 3 自由度单位位移的变形与内力

可得：

$$\frac{\mathrm{d}v}{\mathrm{d}x} = \frac{\alpha}{l(1+\alpha)} \tag{e}$$

弯曲变形分布函数 $B_{\phi 3}(x)$ 可表达为：

$$\frac{\mathrm{d}\phi}{\mathrm{d}x}=\frac{6l-12x}{(1+\alpha)l^3} \tag{f}$$

(4)第 4 自由度

第 4 自由度下的推导过程与第 2 自由度类似,如图 4.18 所示。

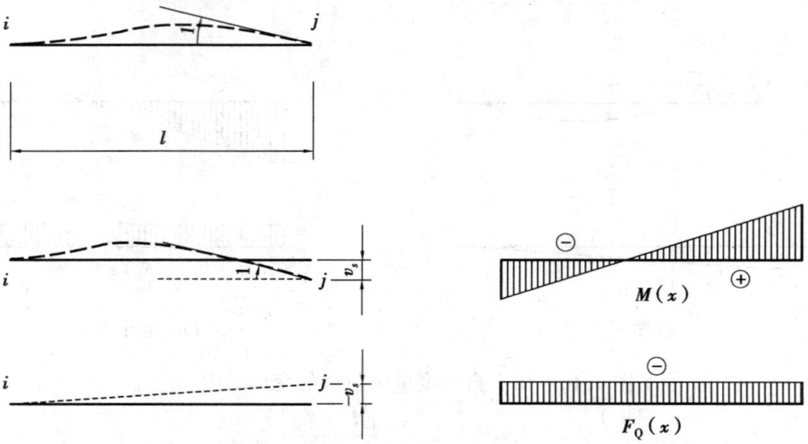

(a)单元变形　　(b)单元内力

图 4.18　第 4 自由度单位位移的变形与内力

可得:

$$\frac{\mathrm{d}v}{\mathrm{d}x}=-\frac{\alpha}{2(1+\alpha)} \tag{g}$$

$$\frac{\mathrm{d}\phi}{\mathrm{d}x}=-\frac{2l+\alpha l-6x}{l^2(1+\alpha)} \tag{h}$$

据式(a)—式(i),合并以上各系数,即可得考虑剪切变形时的变形插值函数矩阵为:

$$\boldsymbol{B}=\begin{bmatrix} b_{v1} & b_{v2} & b_{v3} & b_{v4} \\ \hdashline b_{\phi1} & b_{\phi2} & b_{\phi3} & b_{\phi4} \end{bmatrix}$$

$$=\begin{bmatrix} \dfrac{-\alpha}{(1+\alpha)l} & -\dfrac{\alpha}{2(1+\alpha)} & \dfrac{\alpha}{(1+\alpha)l} & -\dfrac{\alpha}{2(1+\alpha)} \\ \hdashline \dfrac{-6l+12x}{(1+\alpha)l^3} & -\dfrac{4l+\alpha l-6x}{(1+\alpha)l^2} & \dfrac{6l-12x}{(1+\alpha)l^3} & -\dfrac{2l+\alpha l-6x}{(1+\alpha)l^2} \end{bmatrix} \tag{4.21}$$

代入式(3.14),即有:

$$\overline{\boldsymbol{K}}^{\mathrm{e}}=\int_0^l \boldsymbol{B}^{\mathrm{T}}\boldsymbol{D}\boldsymbol{B}\mathrm{d}x$$

$$=\int_l \begin{bmatrix} \dfrac{-\alpha}{(1+\alpha)l} & \dfrac{-6l+12x}{(1+\alpha)l^3} \\ \dfrac{-\alpha}{2(1+\alpha)} & \dfrac{-4l-\alpha l+6x}{(1+\alpha)l^2} \\ \dfrac{\alpha}{(1+\alpha)l} & \dfrac{6l-12x}{(1+\alpha)l^3} \\ \dfrac{-\alpha}{2(1+\alpha)} & \dfrac{-2l-\alpha l+6x}{(1+\alpha)l^2} \end{bmatrix} \begin{bmatrix} \dfrac{GA}{\mu} & 0 \\ 0 & EI \end{bmatrix} \begin{bmatrix} \dfrac{-\alpha}{(1+\alpha)l} & \dfrac{-\alpha}{2(1+\alpha)} & \dfrac{\alpha}{(1+\alpha)l} & \dfrac{-\alpha}{2(1+\alpha)} \\ \hdashline \dfrac{-6l+12x}{(1+\alpha)l^3} & \dfrac{-4l-\alpha l+6x}{(1+\alpha)l^2} & \dfrac{6l-12x}{(1+\alpha)l^3} & \dfrac{-2l-\alpha l+6x}{(1+\alpha)l^2} \end{bmatrix}\mathrm{d}x$$

$$
=\left[\begin{array}{cc:cc}
\frac{12EI}{l^3(1+\alpha)} & \frac{6EI}{l^2(1+\alpha)} & -\frac{12EI}{l^3(1+\alpha)} & \frac{6EI}{l^2(1+\alpha)} \\
\hdashline
\frac{6EI}{l^2(1+\alpha)} & \frac{EI(4+\alpha)}{l(1+\alpha)} & -\frac{6EI}{l^2(1+\alpha)} & \frac{EI(2-\alpha)}{l(1+\alpha)} \\
\hdashline
-\frac{12EI}{l^3(1+\alpha)} & -\frac{6EI}{l^2(1+\alpha)} & \frac{12EI}{l^3(1+\alpha)} & -\frac{6EI}{l^2(1+\alpha)} \\
\hdashline
\frac{6EI}{l^2(1+\alpha)} & \frac{EI(2-\alpha)}{l(1+\alpha)} & -\frac{6EI}{l^2(1+\alpha)} & \frac{EI(4+\alpha)}{l(1+\alpha)}
\end{array}\right] \tag{4.22}
$$

式(4.22)即为考虑剪、弯变形时平面杆元的单元刚度矩阵。

【说明】

将式(4.22)与未考虑剪切变形时单元刚度矩阵元素[式(4.18)]比较,参数 $\alpha=12\mu EI/l^2GA$ 反映了杆件剪切变形的影响程度,主要因素包括截面的弯、剪刚度比和杆长。当杆长较长而截面弯剪刚度比值较小时,α 较小,剪切变形的影响可忽略不计。

▶ 4.3.5 平面交叉梁系单元

平面交叉梁系的分析对象一般为空间框架结构中的楼盖部分。由于楼面板的约束效应,结构在楼层平面内具有较大的刚度,梁在楼层平面内受到板支撑后,平面内的刚度可视为无限大。因此,楼盖分析时可只考虑梁单元在楼层平面外的位移和变形。

在如图 4.19 所示的整体运动坐标系统下,描述杆件平面外运动自由度的分量包括绕 X 轴的转动 φ_x、绕 Y 轴的转动 ϕ_y 和沿 Z 轴的竖向位移 w,如图 4.19(a)所示。

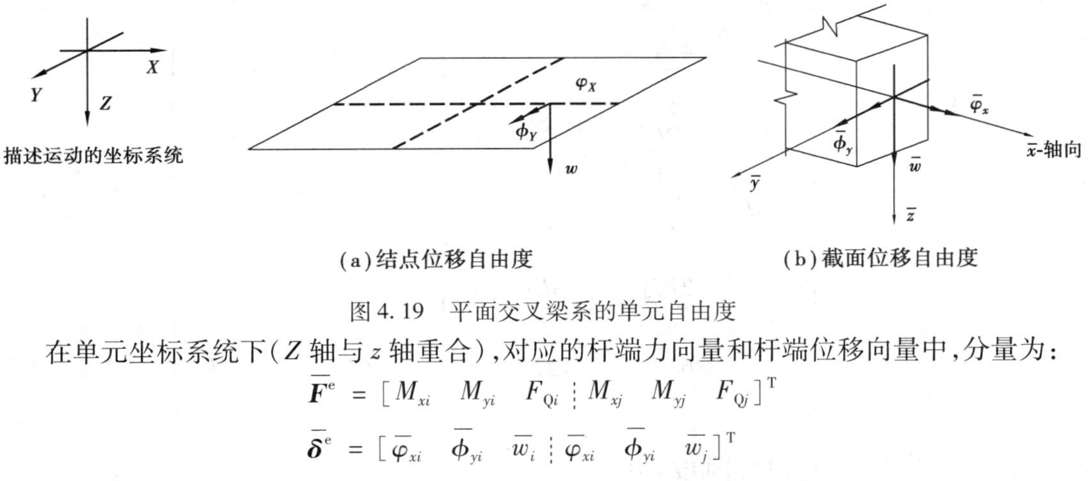

(a)结点位移自由度　　(b)截面位移自由度

图 4.19　平面交叉梁系的单元自由度

在单元坐标系统下(Z 轴与 z 轴重合),对应的杆端力向量和杆端位移向量中,分量为:

$$\bar{\boldsymbol{F}}^e=[M_{xi}\quad M_{yi}\quad F_{Qi}\ \vdots\ M_{xj}\quad M_{yj}\quad F_{Qj}]^T$$

$$\bar{\boldsymbol{\delta}}^e=[\bar{\varphi}_{xi}\quad \bar{\phi}_{yi}\quad \bar{w}_i\ \vdots\ \bar{\varphi}_{xi}\quad \bar{\phi}_{yi}\quad \bar{w}_j]^T$$

1)截面刚度关系

在单元坐标系统下,考虑扭、弯变形时,截面的有效变形包括相对 x 轴的扭转变形和相对工程轴 y 轴的弯曲变形分量。

平面交叉梁系中单元截面变形向量表示为:

$$\boldsymbol{f}^S(x)=\left[\frac{\mathrm{d}\varphi_x}{\mathrm{d}x}\quad \frac{\mathrm{d}\phi_y}{\mathrm{d}x}\right]^T$$

有效截面力向量包含两个对应分量——截面扭矩、相对工程轴 y 轴的截面弯矩,表示为

截面力向量为：

$$\boldsymbol{F}^{\mathrm{S}}(x) = [M_x(x) \quad M_y(x)]^{\mathrm{T}}$$

截面刚度关系可由截面弹性矩阵表达为：

$$\boldsymbol{D}^{\mathrm{S}} = \begin{bmatrix} GI_x & 0 \\ 0 & EI_y \end{bmatrix}$$

2）位移、变形分布函数

平截面假定适用时，截面扭转变形与弯曲变形，仍相互独立。扭转变形分布沿杆长为线性函数，参照轴向变形可取得；弯曲变形分布则据根据式(4.17)获取。注意：应根据结点自由度和截面变形的对应关系，重新整理项次排列关系。结点位移与截面变形之间的变换矩阵可写为：

$$\boldsymbol{B}(x) = \left[\begin{array}{ccc|ccc} -\frac{1}{l} & 0 & 0 & \frac{1}{l} & 0 & 0 \\ 0 & -\frac{4}{l}+\frac{6}{l^2}x & -\frac{6}{l^2}+\frac{12}{l^3}x & 0 & -\frac{2}{l}+\frac{6}{l^2}x & \frac{6}{l^2}-\frac{12}{l^3}x \end{array}\right] \tag{4.23}$$

3）单元刚度矩阵计算

将 $\boldsymbol{B}$ 和 $\boldsymbol{D}$ 代入式(3.14b)，可得：

$$\overline{\boldsymbol{K}}^{\mathrm{e}} = \int_0^l \boldsymbol{B}^{\mathrm{T}}\boldsymbol{D}\boldsymbol{B}\mathrm{d}x$$

$$= \begin{bmatrix} \frac{GI_x}{l} & 0 & 0 & -\frac{GI_x}{l} & 0 & 0 \\ 0 & \frac{4EI_y}{l} & -\frac{6EI_y}{l^2} & 0 & \frac{2EI_y}{l} & \frac{6EI_y}{l^2} \\ 0 & -\frac{6EI_y}{l^2} & \frac{12EI_y}{l^3} & 0 & -\frac{6EI_y}{l^2} & -\frac{12EI_y}{l^3} \\ -\frac{GI_x}{l} & 0 & 0 & \frac{GI_x}{l} & 0 & 0 \\ 0 & \frac{2EI_y}{l} & -\frac{6EI_y}{l^2} & 0 & \frac{4EI_y}{l} & \frac{6EI_y}{l^2} \\ 0 & \frac{6EI_y}{l^2} & -\frac{12EI_y}{l^3} & 0 & \frac{6EI_y}{l^2} & \frac{12EI_y}{l^3} \end{bmatrix} \tag{4.24}$$

▶ 4.3.6 空间杆元单元刚度矩阵

空间杆元在不考虑剪切变形时，其截面刚度矩阵为：

$$\boldsymbol{D}^{\mathrm{S}} = \begin{bmatrix} EA & 0 & 0 & 0 \\ 0 & GI_x & 0 & 0 \\ 0 & 0 & EI_y & 0 \\ 0 & 0 & 0 & EI_z \end{bmatrix}$$

根据右手坐标系统约定，将对应的截面变形插值函数整理为：

$$
\boldsymbol{B}(x)=
$$

$$
\left[\begin{array}{ccc:ccc:ccc:ccc}
-\frac{1}{l} & 0 & 0 & 0 & 0 & 0 & \frac{1}{l} & 0 & 0 & 0 & 0 & 0 \\
0 & 0 & 0 & -\frac{1}{l} & 0 & 0 & 0 & 0 & 0 & \frac{1}{l} & 0 & 0 \\
0 & 0 & -\frac{6}{l^2}+\frac{12}{l^3}x & 0 & \frac{4}{l}-\frac{6}{l^2}x & 0 & 0 & 0 & \frac{6}{l^2}-\frac{12}{l^3}x & 0 & \frac{2}{l}-\frac{6}{l^2}x & 0 \\
0 & -\frac{6}{l^2}+\frac{12}{l^3}x & 0 & 0 & 0 & -\frac{4}{l}+\frac{6}{l^2}x & 0 & \frac{6}{l^2}-\frac{12}{l^3}x & 0 & 0 & 0 & -\frac{2}{l}+\frac{6}{l^2}x
\end{array}\right]
$$

将 **B** 和 **D** 代入式(3. 14b),可得:

$$
\overline{\boldsymbol{K}}^{e}=\left[\begin{array}{cccccc:cccccc}
\frac{EA}{l} & 0 & 0 & 0 & 0 & 0 & -\frac{EA}{l} & 0 & 0 & 0 & 0 & 0 \\
0 & \frac{12EI_y}{l^3} & 0 & 0 & 0 & \frac{6EI_y}{l^2} & 0 & -\frac{12EI_y}{l^3} & 0 & 0 & 0 & \frac{6EI_y}{l^2} \\
0 & 0 & \frac{12EI_z}{l^3} & 0 & -\frac{6EI_z}{l^2} & 0 & 0 & 0 & -\frac{12EI_z}{l^3} & 0 & -\frac{6EI_z}{l^2} & 0 \\
0 & 0 & 0 & \frac{GI_x}{l} & 0 & 0 & 0 & 0 & 0 & -\frac{GI_x}{l} & 0 & 0 \\
0 & 0 & -\frac{6EI_z}{l^2} & 0 & \frac{4EI_z}{l} & 0 & 0 & 0 & \frac{6EI_z}{l^2} & 0 & \frac{2EI_z}{l} & 0 \\
0 & \frac{6EI_y}{l^2} & 0 & 0 & 0 & \frac{4EI_y}{l} & 0 & -\frac{6EI_y}{l^2} & 0 & 0 & 0 & \frac{2EI_y}{l} \\
\hdashline
-\frac{EA}{l} & 0 & 0 & 0 & 0 & 0 & \frac{EA}{l} & 0 & 0 & 0 & 0 & 0 \\
0 & -\frac{12EI_y}{l^3} & 0 & 0 & 0 & -\frac{6EI_y}{l^2} & 0 & \frac{12EI_y}{l^3} & 0 & 0 & 0 & -\frac{6EI_y}{l^2} \\
0 & 0 & -\frac{12EI_z}{l^3} & 0 & \frac{6EI_z}{l^2} & 0 & 0 & 0 & \frac{12EI_z}{l^3} & 0 & \frac{6EI_z}{l^2} & 0 \\
0 & 0 & 0 & -\frac{GI_x}{l} & 0 & 0 & 0 & 0 & 0 & \frac{GI_x}{l} & 0 & 0 \\
0 & 0 & -\frac{6EI_z}{l^2} & 0 & \frac{2EI_z}{l} & 0 & 0 & 0 & \frac{6EI_z}{l^2} & 0 & \frac{4EI_z}{l} & 0 \\
0 & \frac{6EI_y}{l^2} & 0 & 0 & 0 & \frac{2EI_y}{l} & 0 & -\frac{6EI_y}{l^2} & 0 & 0 & 0 & \frac{4EI_y}{l}
\end{array}\right]
$$

4.4 单元等效结点荷载

有限单元法用于计算直接结点荷载作用下的响应分析;若单元内部存在非结点荷载(或称为单元荷载)时,应采用“**等效**”的方法,将非结点荷载处理为等效结点荷载。

► 4.4.1 静力等效

静力等效在刚体和弹性体等效的原则上有所区别。

1）力对刚体作用效应的静力等效

原荷载和变换后的等效荷载，对坐标系下任意一点具有相同的主矢量和主矩。刚体的静力等效，主要考量力向量对刚体运动效应的等效性。如图4.20所示为两组荷载（$\boldsymbol{F}_{\mathrm{P}}$ 及 $\boldsymbol{F}'_{\mathrm{P}}, \boldsymbol{F}'_{\mathrm{P}}a$）对刚体运动效应的静力等效。

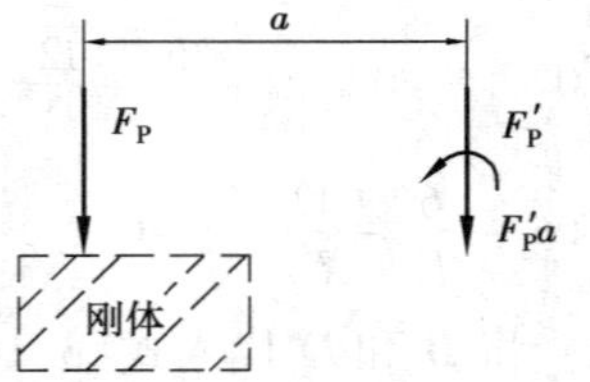

图4.20　刚体中的静力等效

2）力对弹性体作用效应的静力等效

荷载变换对弹性体静力等效，是指原荷载和变换后的等效荷载，在弹性体任意可能的虚位移上，所做虚功应该相等。弹性体中的静力等效，不仅要能保证力变换前后物体整体运动效应的不变，还应能保证在"可能"变形上所做虚功的等效性。但显然，在实际分析时，此"等效"仍不是真实受力状态下绝对的等效，而是局限在设定的可能位移模式下的等效。

由于杆件为弹性变形体，下面基于力对弹性体的等效变换进行讨论。

► 4.4.2 集中荷载

平面杆元承受集中力向量时，外力根据分量所对应的截面自由度表达为：

$$\overline{\boldsymbol{P}} = \begin{bmatrix} \bar{p}_x \\ \bar{p}_y \\ M \end{bmatrix}$$

如图4.21所示，杆单元某截面 C，在单元坐标系统下作用有集中力向量 $\overline{\boldsymbol{P}}_C$。

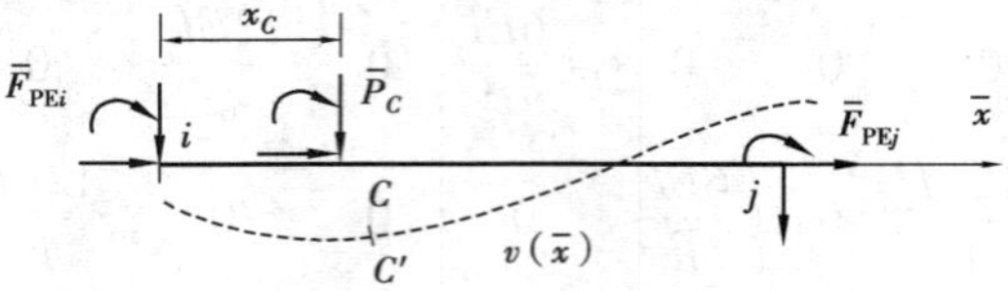

图4.21　单元集中荷载的等效变换

对应的等效结点荷载列阵可表示为 $\overline{\boldsymbol{F}}_{\mathrm{PE}}$，此等效力向量包含着结点自由度的相应分量。

$$\overline{\boldsymbol{F}}_{\mathrm{PE}} = [\overline{\boldsymbol{F}}_{\mathrm{PE}i} \mid \overline{\boldsymbol{F}}_{\mathrm{PE}j}]$$

设单元发生任意可能虚位移为：$\boldsymbol{\delta}^{*\mathrm{e}}, v^*(x)$。其中 $\boldsymbol{\delta}^{*\mathrm{e}}$ 为结点虚位移，$v^*(x)$ 为单元内部虚位移分布函数。

结点位移和单元位移分布的关系可利用位移插值函数表达为：

$$v^* = \boldsymbol{N}\boldsymbol{\delta}^{*\mathrm{e}}$$

C 点坐标为(x_C)，则 C 点的虚位移向量利用上式写为：

$$v_C^* = \boldsymbol{N}_C\boldsymbol{\delta}^{*\mathrm{e}}$$

要求能量等效，则在可能的虚位移上，集中荷载应与等效结点荷载做相同的虚功，故有：

$$\boldsymbol{\delta}^{*\mathrm{eT}}\overline{\boldsymbol{F}}_{\mathrm{PE}} = v_C{}^{*\mathrm{T}}\boldsymbol{P}_C = (\boldsymbol{N}_C\boldsymbol{\delta}^{*\mathrm{e}})^{\mathrm{T}}\boldsymbol{P}_C = \boldsymbol{\delta}^{*\mathrm{eT}}\boldsymbol{N}_C^{\mathrm{T}}\boldsymbol{P}_C$$

由于虚位移的任意可能性，从上式左右两侧同时消去$\boldsymbol{\delta}^{*eT}$，有

$$\overline{\boldsymbol{F}}_{PE} = \boldsymbol{N}_C^T \boldsymbol{P}_C \tag{4.25}$$

► 4.4.3 分布荷载

借用集中力等效变换的结论，将分布荷载作用范围内，微元体 dV 上合力视为集中力 qdV，根据式(4.25)，微元上合力等效变换至结点自由度，有：

$$d\overline{\boldsymbol{F}}_{PE} = \boldsymbol{N}^T q dV$$

对荷载作用域积分，可得：

$$\overline{\boldsymbol{F}}_{PE} = \int_V \boldsymbol{N}^T q dV \tag{4.26a}$$

式(4.26a)也可直接用于面分布荷载和线分布荷载，只需要将积分域变换至作用面积或作用长度即可。

$$\overline{\boldsymbol{F}}_{PE} = \int_A \boldsymbol{N}^T \boldsymbol{q} dA \tag{4.26b}$$

$$\overline{\boldsymbol{F}}_{PE} = \int_L \boldsymbol{N}^T \boldsymbol{q} dx \tag{4.26c}$$

杆元分析时使用的形式为(4.26c)。

► 4.4.4 用于杆元等效荷载分析的位移函数

根据荷载向量的分量可知，荷载向量在截面的轴向、切向和转动位移方向上皆存在做功的可能，故应根据结点自由度，对截面在3个位移方向上的位移函数进行描述。

根据桁杆单元的位移插值函数，可得轴向位移插值函数为：

$$\boldsymbol{N}_u = [\boldsymbol{N}_i^e(\bar{x}) \quad \boldsymbol{N}_j^e(\bar{x})] = \left[\left(1 - \frac{\bar{x}}{l}\right) \quad \frac{\bar{x}}{l}\right] \tag{a}$$

根据梁单元的位移插值函数，可得切向位移插值函数为：

$$\boldsymbol{N}_v = \left[1 - \frac{3}{l^2}\bar{x}^2 + \frac{2}{l^3}\bar{x}^3 \;\vdots\; \bar{x} - \frac{2}{l}\bar{x}^2 + \frac{1}{l^2}\bar{x}^3 \;\vdots\; \frac{3}{l^2}\bar{x}^2 - \frac{2}{l^3}\bar{x}^3 \;\vdots\; -\frac{1}{l}\bar{x}^2 + \frac{1}{l^2}\bar{x}^3\right] \tag{b}$$

还需要补充杆端自由度与截面转角位移之间的插值关系。由于截面转角为切向位移的一次导数，故可取：

$$N_\phi = \frac{d\boldsymbol{N}_v}{dx} = \left[-\frac{6}{l^2}\bar{x} + \frac{6}{l^3}\bar{x}^2 \;\vdots\; 1 - \frac{4}{l}\bar{x} + \frac{3}{l^2}\bar{x}^2 \;\vdots\; \frac{6}{l^2}\bar{x} - \frac{6}{l^3}\bar{x}^2 \;\vdots\; -\frac{2}{l}\bar{x} + \frac{3}{l^2}\bar{x}^2\right] \tag{c}$$

合并以上三式，即可得：

$$\boldsymbol{N} = \begin{bmatrix} \boldsymbol{N}_u \\ \boldsymbol{N}_v \\ \boldsymbol{N}_\phi \end{bmatrix}$$

$$= \begin{bmatrix} 1 - \frac{\bar{x}}{l} & 0 & 0 & \frac{\bar{x}}{l} & 0 & 0 \\ 0 & 1 - \frac{3}{l^2}\bar{x}^2 + \frac{2}{l^3}\bar{x}^3 & \bar{x} - \frac{2}{l}\bar{x}^2 + \frac{1}{l^2}\bar{x}^3 & 0 & \frac{3}{l^2}\bar{x}^2 - \frac{2}{l^3}\bar{x}^3 & -\frac{1}{l}\bar{x}^2 + \frac{1}{l^2}\bar{x}^3 \\ 0 & -\frac{6}{l^2}\bar{x} + \frac{6}{l^3}\bar{x}^2 & 1 - \frac{4}{l}\bar{x} + \frac{3}{l^2}\bar{x}^2 & 0 & \frac{6}{l^2}\bar{x} - \frac{6}{l^3}\bar{x}^2 & -\frac{2}{l}\bar{x} + \frac{3}{l^2}\bar{x}^2 \end{bmatrix} \tag{4.27}$$

【例 4.2】某平面梁上作用单元荷载为竖向集中力 F_P，位置参数如图 4.22 所示，试计算其等效结点荷载。设定位移插值函数按仅考虑弯曲变形梁的位移插值函数选用。

【解】(1)因只存在切向荷载，所以位移插值函数取为：

$$\boldsymbol{N}^{\mathrm{T}}=\begin{bmatrix}1-\dfrac{3}{l^2}\bar{x}^2+\dfrac{2}{l^3}\bar{x}^3\\ \bar{x}-\dfrac{2}{l}\bar{x}^2+\dfrac{1}{l^2}\bar{x}^3\\ \dfrac{3}{l^2}\bar{x}^2-\dfrac{2}{l^3}\bar{x}^3\\ -\dfrac{1}{l}\bar{x}^2+\dfrac{1}{l^2}\bar{x}^3\end{bmatrix}$$

(2)由式(4.25)得：

$$\boldsymbol{F}_{\mathrm{PE}}=\boldsymbol{N}^{\mathrm{T}}\boldsymbol{F}_{\mathrm{P}}=\begin{bmatrix}1-\dfrac{3}{l^2}\bar{x}^2+\dfrac{2}{l^3}\bar{x}^3\\ \bar{x}-\dfrac{2}{l}\bar{x}^2+\dfrac{1}{l^2}\bar{x}^3\\ \dfrac{3}{l^2}\bar{x}^2-\dfrac{2}{l^3}\bar{x}^3\\ -\dfrac{1}{l}\bar{x}^2+\dfrac{1}{l^2}\bar{x}_j^3\end{bmatrix}F_{\mathrm{P}}\xlongequal{x=\frac{l}{2}}\begin{bmatrix}\dfrac{1}{2}\\ \dfrac{l}{8}\\ \dfrac{1}{2}\\ -\dfrac{l}{8}\end{bmatrix}F_{\mathrm{P}}$$

【例 4.3】某平面桁杆上作用分布荷载 $q(x)$，函数关系和位置参数如图 4.23 所示，试计算其等效结点荷载。位移插值函数按桁杆位移插值函数式(4.27)选用。

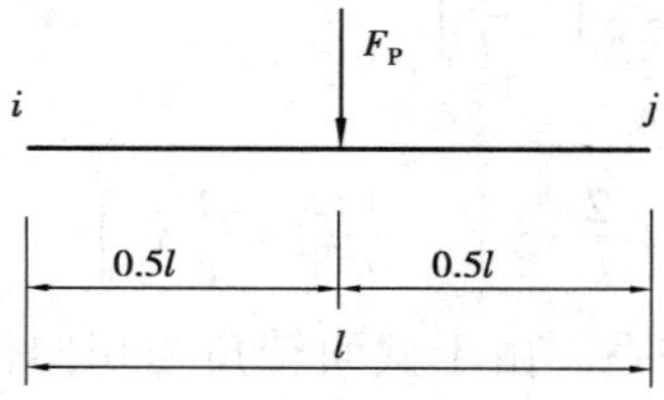

图 4.22　计算梁等效结点荷载

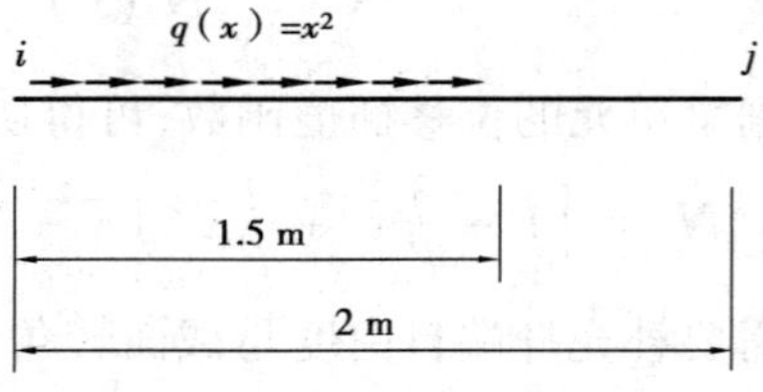

图 4.23　计算桁杆等效结点荷载

【解】(1)位移插值函数：

$$\boldsymbol{N}=\left[\left(1-\frac{x}{l}\right)\quad\frac{x}{l}\right]$$

(2)由式(4.26)得：

$$\boldsymbol{F}_{\mathrm{PE}}=\int_L\boldsymbol{N}^{\mathrm{T}}q\,\mathrm{d}x=\int_0^{1.5}\begin{bmatrix}\left(1-\dfrac{x}{l}\right)\\ \dfrac{x}{l}\end{bmatrix}x^2\,\mathrm{d}x=\begin{bmatrix}\dfrac{x^3}{3}-\dfrac{x^4}{4l}\\ \dfrac{x^4}{4l}\end{bmatrix}\Bigg|_0^{1.5}$$

$$=\begin{bmatrix}0.492\ 2\\ 0.632\ 8\end{bmatrix}$$

【程序实现】

以平面杆单元上作用横向分布荷载为模型,C 为荷载函数系数(若设荷载沿杆长变化为三次多项式,即 $Q=C_1x^3+C_2x^2+C_3x+C_4$),a、b 为荷载函数作用区域,也即积分上下限;N_S 为截面位移插值函数,对应于式(4.27)中第二行。

```
DO J=1,5                                  ! 5节点高斯积分
    X=(b-a)/2.0*T(J)+(b+a)/2.0            ! 积分点变换
    CALL N_MATRIX(BL,X,N_S)               ! 计算积分截面处位移插值函数
    Q=(/X**3,X**2,X,1.0D0/)               ! 荷载函数模型
    FO=FO+N_S*DOT_PRODUCT(Q,C)*R(J)*(b-a)/2.0
ENDDO
```

4.5 单元温度变化分析

单元截面变形除可因截面内力而产生外,也可因一些非荷载因素而导致,如温度变化、含水率变化、徐变、松驰等,本节以温度变化为例进行分析。

▶ 4.5.1 温度变形描述

下面推导基于平面、线弹性直杆进行。

截面变形分量忽略剪切变形影响,只考虑轴、弯变形。截面变形中,因截面内力而产生的变形,记为 f_F^S;杆件上部变温 $t_1(x)$,下部变温 $t_2(x)$,因温度变化而产生的截面变形,记为 f_t^S。温度变形的描述如图 4.24 所示,变形正负方向同受力变形方向约定(图 4.24 表示的为变形正方向)。

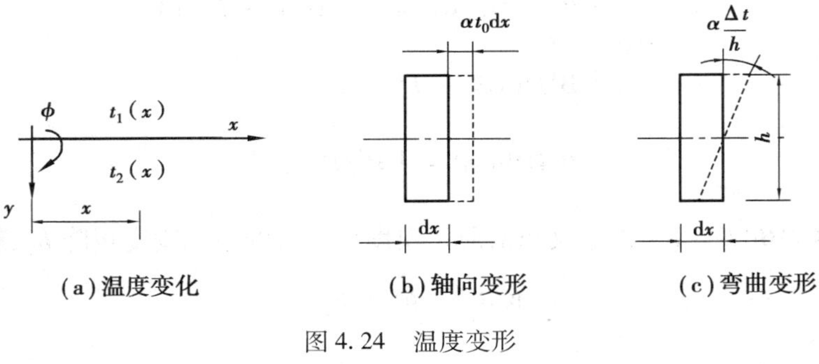

(a)温度变化　(b)轴向变形　(c)弯曲变形

图 4.24　温度变形

其中,温度变形向量表示为:

$$f_t^S=\left[\alpha t_0(x)\ \vdots\ \alpha\frac{\Delta t(x)}{h(x)}\right]^T \tag{4.28}$$

式中　α——材料线膨胀系数。如混凝土、钢:$\alpha=0.000\,01$;

$t_0(x)$——轴线处的升(降)温度值;

$\Delta t(x)$——杆件上、下温差值 $=t_1(x)-t_2(x)$；

h——杆件截面高度。

截面总变形向量表示为：

$$\boldsymbol{f}^{\mathrm{S}}(x)=\boldsymbol{f}_{\mathrm{t}}^{\mathrm{S}}+\boldsymbol{f}_{\mathrm{F}}^{\mathrm{S}} \tag{4.29}$$

▶ 4.5.2 单元刚度方程

根据截面有效变形分量的选取，截面力向量包含两个分量——截面轴力和截面弯矩，表示为截面力向量为：

$$\boldsymbol{F}^{\mathrm{S}}(x)=[F_{\mathrm{N}}(x)\quad M(x)]^{\mathrm{T}}$$

截面刚度关系可由截面刚度矩阵表达为：

$$\boldsymbol{D}^{\mathrm{S}}=\begin{bmatrix} EA & 0 \\ 0 & EI \end{bmatrix}$$

此刚度矩阵只关联截面内力与受力变形 $\boldsymbol{f}_{\mathrm{F}}^{\mathrm{S}}$，与温度变形无关，即：

$$\boldsymbol{F}^{\mathrm{S}}(x)=\boldsymbol{D}^{\mathrm{S}}(x)\times\boldsymbol{f}_{\mathrm{F}}^{\mathrm{S}}(x) \tag{4.30}$$

根据虚位移原理作以下推导：

①让单元平衡力（结点力和截面内力）在单元的任意可能位形（包含受力变形和温度变形的总虚位移）上做虚功，根据虚位移原理有：

$$(\boldsymbol{\delta}^{\mathrm{e}})^{*\mathrm{T}}\boldsymbol{F}^{\mathrm{e}}=\int_l(\boldsymbol{f}^{\mathrm{S}})^{*\mathrm{T}}\times\boldsymbol{F}^{\mathrm{S}}\mathrm{d}x$$

②截面总变形仍利用变形插值函数，表达为结点位移的函数，有：

$$(\boldsymbol{\delta}^{\mathrm{e}})^{*\mathrm{T}}\boldsymbol{F}^{\mathrm{e}}=\int_L(\boldsymbol{B}\boldsymbol{\delta}^{\mathrm{e}*})^{\mathrm{T}}\times\boldsymbol{F}^{\mathrm{S}}\mathrm{d}x=(\boldsymbol{\delta}^{\mathrm{e}*})^{\mathrm{T}}\int_L\boldsymbol{B}^{\mathrm{T}}\times\boldsymbol{F}^{\mathrm{S}}\mathrm{d}x$$

③消去结点虚位移，并考虑 $\boldsymbol{f}^{S}-\boldsymbol{f}_{\mathrm{t}}^{\mathrm{S}}=\boldsymbol{f}_{\mathrm{F}}^{\mathrm{S}}$，有：

$$\begin{aligned}\boldsymbol{F}^{\mathrm{e}}&=\int_l\boldsymbol{B}^{\mathrm{T}}\times\boldsymbol{F}^{S}\mathrm{d}x\\&=\int_l\boldsymbol{B}^{\mathrm{T}}\times\boldsymbol{D}\boldsymbol{f}_{\mathrm{F}}^{\mathrm{S}}\mathrm{d}x=\int_l\boldsymbol{B}^{\mathrm{T}}\boldsymbol{D}(\boldsymbol{f}^{S}-\boldsymbol{f}_{\mathrm{t}}^{\mathrm{S}})\mathrm{d}x\\&=\int_l\boldsymbol{B}^{\mathrm{T}}\boldsymbol{D}(\boldsymbol{B}\boldsymbol{\delta}^{\mathrm{e}}-\boldsymbol{f}_{\mathrm{t}}^{\mathrm{S}})\mathrm{d}x\\&=\int_l\boldsymbol{B}^{\mathrm{T}}\boldsymbol{D}\boldsymbol{B}\mathrm{d}x\boldsymbol{\delta}^{\mathrm{e}}-\int_l\boldsymbol{B}^{\mathrm{T}}\boldsymbol{D}\boldsymbol{f}_{\mathrm{t}}^{\mathrm{S}}\mathrm{d}x\end{aligned} \tag{4.31a}$$

④若令 $\int_l\boldsymbol{B}^{\mathrm{T}}\boldsymbol{D}\boldsymbol{B}\mathrm{d}x=\boldsymbol{K}_{\mathrm{t}}^{\mathrm{e}}$，即定义出对应于温度变化时的单元刚度矩阵 $K_{\mathrm{t}}^{\mathrm{e}}$，整理可得：

$$\boldsymbol{K}_{\mathrm{t}}^{\mathrm{e}}\boldsymbol{\delta}^{\mathrm{e}}=\boldsymbol{F}^{\mathrm{e}}+\boldsymbol{F}_{\mathrm{E,t}}^{\mathrm{e}} \tag{4.31b}$$

其中：

$$\boldsymbol{F}_{\mathrm{E,t}}^{\mathrm{e}}=\int_L\boldsymbol{B}^{\mathrm{T}}\boldsymbol{D}\boldsymbol{f}_{\mathrm{t}}^{\mathrm{S}}\mathrm{d}x \tag{4.32}$$

式（4.31b）将温度影响效应移项至右侧，视其为温度变化产生的单元等效结点荷载，故温度变化可按广义荷载模式进行处理。

▶ 4.5.3 截面变形函数

显然,严格意义的变形插值函数 $\boldsymbol{B}$,是描述**结点位移与截面总变形之间的变换关系**,它不仅与内力分布有关,此时还依赖于温度变形沿杆长的分布形式。两类不同性质的变形插值关系,将同时反映到一个总体的插值函数中,这令 $\boldsymbol{B}$ 函数的构造较为困难。

实际工程计算时,温变分布相对简单的情况下,可简化 $\boldsymbol{B}$ 函数中温度变形插值模式等同于受力变形。即仍按弹性体受力变形模式(式 4.19)确定函数 $\boldsymbol{B}$ 形式,温度变化时的单元刚度矩阵 K_t^e 就可仍取为一般杆元单元矩阵 K^e。式(4.31b)即表达为:

$$\boldsymbol{K}^e\boldsymbol{\delta}^e = \boldsymbol{F}^e + \boldsymbol{F}_{E,t}^e \tag{4.31c}$$

而温度变化对应的等效结点荷载,也同样按简化选定的变形插值函数(式 4.19),由式(4.32)进行计算。

【例 4.4】等截面(矩阵截面,截面高度为 h)直杆,$t_0(x)=t_0$、$\Delta t(x)=\Delta t$,即温度变化沿杆长为常数。取 $\boldsymbol{B}$ 函数为式(4.19),试计算其等效结点荷载。

【解】根据式(4.32),有:

$$F_{E,t}^e = \int_L \begin{bmatrix} -\dfrac{1}{l} & 0 \\ 0 & -\dfrac{6}{l^2}+\dfrac{12}{l^3}x \\ 0 & -\dfrac{4}{l}+\dfrac{6}{l^2}x \\ \hdashline \dfrac{1}{l} & 0 \\ 0 & \dfrac{6}{l^2}-\dfrac{12}{l^3}x \\ 0 & -\dfrac{2}{l}+\dfrac{6}{l^2}x \end{bmatrix} \begin{bmatrix} EA & 0 \\ 0 & EI \end{bmatrix} \begin{bmatrix} \alpha t_0 \\ \hdashline \alpha\dfrac{\Delta t}{h} \end{bmatrix} \mathrm{d}x = \begin{bmatrix} -\alpha t_0 EA \\ 0 \\ -\alpha\dfrac{\Delta t}{h}EI \\ \hdashline \alpha t_0 EA \\ 0 \\ \alpha\dfrac{\Delta t}{h}EI \end{bmatrix}$$

4.6 杆系有限元单元分析程序实现

现结合例题和程序,对 FEA 计算程序(THE FRAMED STRUCTURE FINITE ELEMENT Analysis)的基本模块和使用方法作相应的说明。

FEA 程序使用考虑轴向变形和弯曲变形的平面杆元,仍以先处理法和结点位移编码方式引入约束信息。

▶ 4.6.1 主程序模块

①前处理数据整理。

②形成结构刚度方程。直接刚度法集成结构刚度方程的方式与矩阵位移法一致,只需要将单元分析内容替换为数值积分模式。

③解方程。

④输出计算结果。

▶ 4.6.2 用户函数

为描述参数沿杆长的变化,用户函数采用以下形式:

$$y = C_1x^3 + C_2x^2 + C_3x + C_4$$

使用时,需要输入用户函数的数目和每一函数的 4 个独立参数。如程序分析时需要使用到两个独立的用户函数为:

$$y_1 = x^2 - 4$$

$$y_2 = x + 0.2$$

则应在数据文件中输入自定义函数相应的参数:

0,1,0, -4

0,0,1,0.2

用户函数可用于独立控制截面面积、惯性矩、分布荷载、截面高度等沿杆长的连续变化方式,如:

$$I(x) = I \times [C_1x^3 + C_2x^2 + C_3x + C_4]$$

应注意:被积函数是多个函数乘积时,有可能形成高次多项式,如要求保证数值计算的精确性时,可对高斯积分的点数进行相应调整,或细化单元以减少误差。同时,根据积分原理,在用于分布荷载函数描述时,函数原点的定位要求是杆端结点,而非荷载作用的起点位置。

若需要输入函数类型处参数是常数,则函数类型输“0”。

▶ 4.6.3 单元分析

根据有限单元的分析模式,杆元的单元刚度矩阵可按以下步骤进行分析:

①形成截面刚度分布函数 $\boldsymbol{D}$。

②形成截面变形插值函数 $\boldsymbol{B}$。

③对 $\boldsymbol{B}^{\mathrm{T}}\boldsymbol{D}\boldsymbol{B}\mathrm{d}x$ 在杆长范围内执行数值积分。

```
--D_MATRIX------------------------------------------------------------------
    D_S =0.0D0
    F =(/X * *3,X * *2,X,1.0/)
    D_S(1,1) =E * A * DOT_PRODUCT(F,C1_A)
    D_S(2,2) =E * I * DOT_PRODUCT(F,C1_I )
--B_MATRIX------------------------------------------------------------------
    B_MATRIX =0.0D0
    B_MATRIX(1,1) = -1.0D0/L
    B_MATRIX(1,4) = 1.0D0/L
    B_MATRIX(2,2) = -6.0D0/L * *2 +12.0D0 * X/L * *3
    B_MATRIX(2,3) = -4.0D0/L +6.0D0 * X/L * *2
```

```
    B_MATRIX(2,5) = 6.0D0/L * *2-12.0D0 * X/L * *3
    B_MATRIX(2,6) = -2.0D0/L +6.0D0 * X/L * *2
--EK------------------------------------------------------------------------
DATA T/ -0.9061798459D0, -0.5384693101D0,0.0D0,0.5384693101D0,0.9061798459D0/
DATA R/0.236926885D0,0.478628670D0,0.568888888D0,0.478628670D0,0.236926885D0/
EK =0.0D0
DO J =1,5
   X =L/2.0D0 * T(J) +L/2.0D0
   CALL D_MATRIX( )
   CALL B_MATRIX( )
   EK =EK +MATMUL(TRANSPOSE(B_S),MATMUL(D_S,B_S)) * R(J) * L/2.0D0
ENDDO
----------------------------------------------------------------------------
```

► 4.6.4 等效结点荷载

在 FEA 的子程序 EFF 中,使用变换矩阵直接获取等效结点荷载向量,而非 MDA 中所计算的单元固端力,需要应注意与矩阵位移法载常数的区分(二者相差一个负号)。在有限单元分析模式下,EFF 等效结点荷载计算方式分为三种模式、七种类型,本节中荷载作用位置参数均按相对长度输入。

①单元集中力模式,输入格式:

单元号,类型(1、2、3),荷载值,位置参数

按集中力是轴向(类型一)、切向(类型二)还是力偶(类型三),从式(4.27)中取出对应的行向量作为 N_S。

```
----------------------------------------------------------------------
X =L * PF(4,I)        ! PF(4,I)存放荷载作用相对位置
CALL N_MATRIX( )
FO =FO +N_S * PF(3,I)! PF(3,I)存放荷载值
----------------------------------------------------------------------
```

②单元分布力模式,输入格式:

单元号,类型(4、5、6),荷载值,作用起点,作用终点,函数类型

按分布力是轴向(类型四)、切向(类型五)还是力偶(类型六),从式(4.27)中取出对应的行向量作为 N_S。

```
----------------------------------------------------------------------
DO J =1,5
    X =(L2-L1)/2.0 * T(J) +(L2 +L1)/2.0       ! 积分区域从 L1 至 L2
    CALL N_MATRIX( )   ! 获取积分截面的 N(x)矩阵
    Q =(/X * *3,X * *2,X,1.0/)   ! 积分段内的荷载函数
    FO =FO +N_S * DOT_PRODUCT(Q,C) * PF(3,I) * R(J) * (L2-L1)/2.0
```

```
ENDDO
------------------------------------------------------------------
```

③温度等效荷载模式,输入格式:

单元号,类型(7),上侧温变值,下侧温变值,热膨胀系数,截面高度,上部温变函数类型,下部温变函数类型,截面高度变化函数类型

T_s 为截面温度变形向量$\left[\alpha t_0(x) \;\vdots\; \alpha \dfrac{\Delta t(x)}{h(x)}\right]$

```
------------------------------------------------------------------
DO J = 1,5
     X = L/2.0 * T(J) + L/2.0          ! 温变沿杆全长作用
     CALL B_MATRIX( )                  ! 获取积分截面的 B(x)矩阵
     CALL D_MATRIX( )                  ! 获取积分截面的 N(x)矩阵
     CALL TS( )                        ! 获取积分截面的温度变形向量
     FO = FO + MATMUL( MATMUL( TRANSPOSE( B_S), D_S), T_s) * R(J) * L/2.0
ENDDO
------------------------------------------------------------------
```

【例 4.5】如图 4.25(a)所示为一钢筋混凝土鱼腹式吊车梁,截面宽为 0.3 m,端截面高 0.4 m,跨中截面高 0.8 m,截面高度沿跨长为二次曲线变化。试以 FEA 程序计算跨中截面挠度。

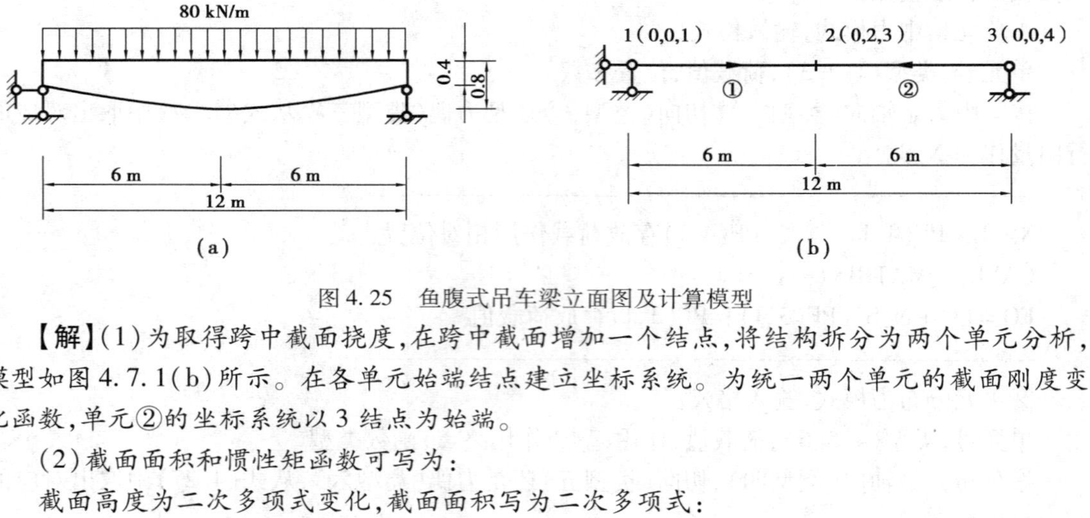

图 4.25　鱼腹式吊车梁立面图及计算模型

【解】(1)为取得跨中截面挠度,在跨中截面增加一个结点,将结构拆分为两个单元分析,模型如图 4.7.1(b)所示。在各单元始端结点建立坐标系统。为统一两个单元的截面刚度变化函数,单元②的坐标系统以 3 结点为始端。

(2)截面面积和惯性矩函数可写为:

截面高度为二次多项式变化,截面面积写为二次多项式:

$$A(x) = -0.003\,33x^2 + 0.04x + 0.12$$

截面惯性矩为六次多项式,自定义函数只支持三次多项式,故仍以三次多项式近似拟合为:

$$I(x) = (-6 \times 10^{-5})x^3 + 0.000\,4x^2 + 0.001\,6x + 0.001\,6$$

(3)输入数据文件的基本格式为:

2,3,4,0,2,2	前5参数同MDA;增加:自定义函数的数目
0,-0.00333,0.04,0.12	函数1系数
-6E-5,4E-4,1.6E-3,1.6E-3	函数2系数
0,0	结点坐标同MDA
6,0	
12,0	
1,2,3E7,1,1,1,2	单元信息:前5参数同MDA;附加:面积函数类型,惯性矩函数类型。
3,2,3E7,1,1,1,2	(面积、惯性矩值,均输入为1,截面参数变化交由函数1、2控制)
0,0,1	位移编码同MDA
0,2,3	
0,0,4	
	结点荷载信息同MDA
1,5,80,0,1,0	单元荷载信息按第4.7.4节要求输入
2,5,-80,0,1,0	荷载沿杆长为常数,荷载函数类型处输0

(4)经计算,输出文件中位移和内力为:

结点位移

结点	u	v	ceta
1	0.0000E+00	0.0000E+00	0.2432E-01
2	0.0000E+00	0.7218E-01	0.6648E-18
3	0.0000E+00	0.0000E+00	-0.2432E-01

杆端力

单元			
1	N1=0.00	V1= -480.00	M1=0.00
	N2=0.00	V2=0.00	M2= -1440.00
2	N1=0.00	V1= 480.00	M1=0.00
	N2=0.00	V2=0.00	M2=1440.00

可得跨中截面挠度值为0.072 m。

【例4.6】如图4.26(a)所示为一等截面简支刚架,其上作用各类分布荷载。试以FEA程序绘制弯矩图。

【解】(1)根据荷载特征,计算荷载函数取为:

$$q_{A\_B}(x)=1.44x^2$$

$$q_{C\_B}(x)=-8x+24$$

$$M_{C\_D}(x)=8\text{(常数,在荷载值处输入8,荷载函数选择为0)}$$

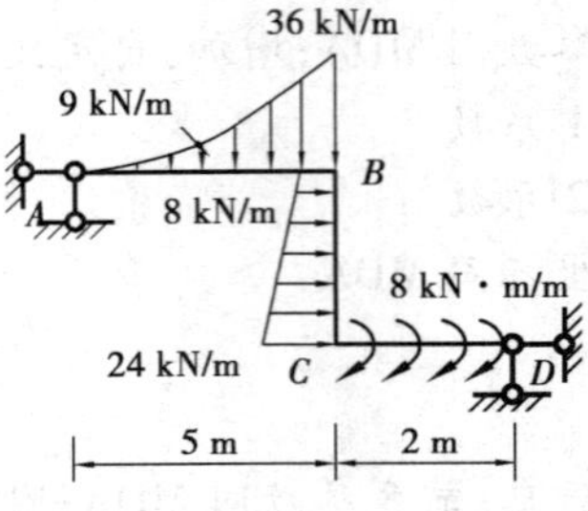

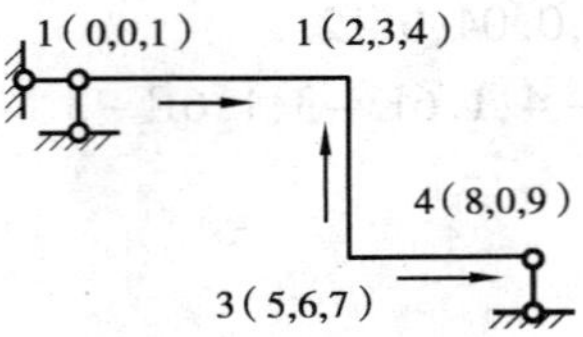

图 4.26　等截面简支刚架图及计算模型

(2)计算模型如图 4.26(b)所示,数据文件内容为:

3,4,9,0,3,**2**	第 6 数据:用户使用的函数数目 =2
0,1.44,0,0	函数 1:二次多项式
0,0,−8,24	函数 2:一次线性
0,0	
5,0	
5,2	
7,2	
1,2,1,1,1,0,0	单元信息最后两个数为 *A*、*I* 的函数类型
3,2,1,1,1,0,0	本模型静定,且只计算内力分布,结果与刚
3,4,1,1,1,0,0	度特征无关,故 EAI 均取为 1
0,0,1	
2,3,4	
5,6,7	
8,0,9	
1,5,1,0,1,**1**	单元一荷载函数为类型 1
2,5,1,0,1,**2**	单元二荷载函数为类型 2
3,6,8,0,1,**0**	单元三荷载函数为类型 0,即取为常数

(3)经计算,输出结果文件为:

结点位移

结点	u	v	ceta
1	0.000000E+00	0.000000E+00	0.220073E+03
2	0.160000E+03	0.519014E+03	−0.912370E+02
3	0.466322E+03	0.460823E+03	−0.202285E+03
4	0.466322E+03	0.000000E+00	−0.244475E+03

杆端力

单元						
1	N1 =	-32.000 0	V1 =	-30.904 8	M1 =	0.000 0
	N2 =	32.000 0	V2 =	-29.095 2	M2 =	-79.523 8
2	N1 =	29.095 2	V1 =	0.0000	M1 =	-42.190 5
	N2 =	-29.095 2	V2 =	-32.000 0	M2 =	79.523 8
3	N1 =	0.000 0	V1 =	29.095 2	M1 =	42.190 5
	N2 =	0.000 0	V2 =	-29.095 2	M2 =	0.000 0

(4)内力图如图 4.27 所示。线性分布荷载对应的剪力分布为二次曲线，弯矩分布为三次曲线；二次荷载对应的剪力分布为三次曲线，弯矩分布为四次曲线。图中并未准确给出二次多项式以上内力曲线，仅作示意。若需要更准确获取内力分布，可细分单元，取得更多的控制截面内力值。

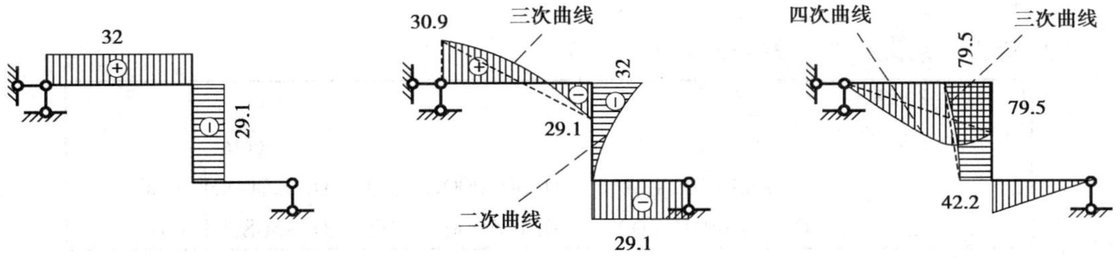

(a)轴力图（单位：kN）　(b)剪力图（单位：kN）　(c)弯矩图（单位：kN·m）

图 4.27　内力图

【例 4.7】如图 4.28(a)所示的悬臂钢柱(Q235)，截面形状特征和温变(沿柱高线性变化)如图所示。试以 FEA 程序计算温变下的顶点侧移值。热膨胀系数 $\alpha=0.000\ 01$。

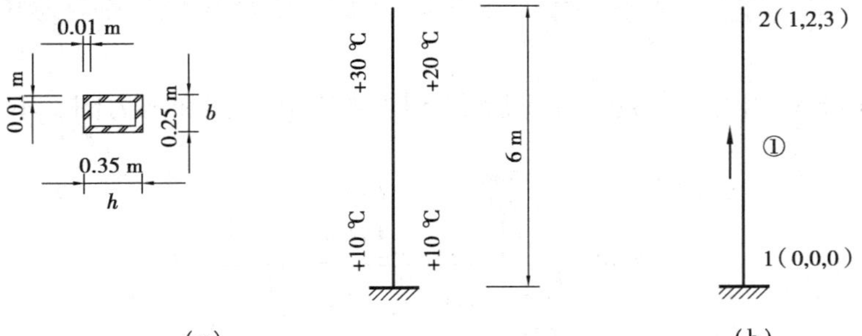

(a)　(b)

图 4.28　例 4.7 图

【解】(1)取 $E=2\times10^8\ \text{kN/m}^2$，根据截面参数计算可得 $A=0.047\ \text{m}^2$，$I=0.000\ 204\ 4\ \text{m}^4$。

左侧温变，从下至上：$t_1(x)=10+3.333x$

右侧温变，从下至上：$t_1(x)=10+1.667x$

(2)计算模型如图 4.28(b)所示，数据文件为

1,2,3,0,1,2	两组自定义函数
0,0,3.333,10	函数 1
0,0,1.667,10	函数 2
0,6	
0,0	
1,2,2E8,0.047,0.0002044,0,0	截面面积和惯性矩,沿杆长均为常数
0,0,0	
1,2,3	
1,7,1,1,0.00001,0.35,1,2,0	单元1,第7荷载类型,上侧温变值取为1(变化见后,按函数1控制),下侧温变值取为1(变化见后,按函数2控制),热膨胀系数,截面高,上侧温变函数为1,下侧温变函数为2,截面高为常数。

(3)输出结果文件为:(静定结构无内力)

结点位移

结点	u	v	ceta
1	0.000000E+00	0.000000E+00	0.000000E+00
2	0.171360E-02	-0.105000E-02	0.856800E-03

可知顶点侧移值为1.7 mm。

习　题

4.1　使用FEA程序,计算题图4.1所示结构,绘制弯矩图和剪力图。不计轴向变形,EI为常数。

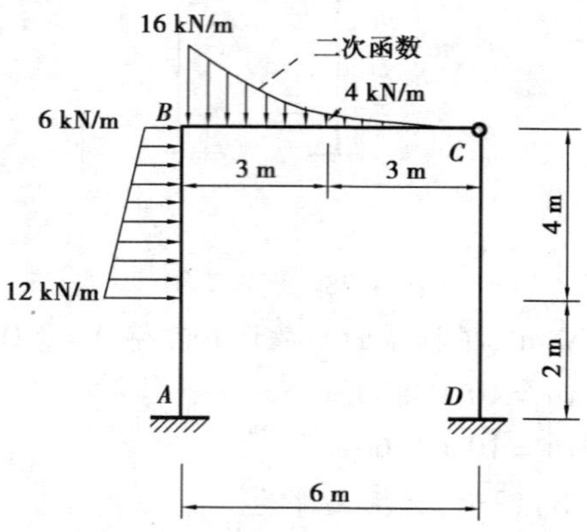

图4.29　题图4.1

4.2 使用 FEA 程序，计算题图 4.2 所示钢筋混凝土连续变截面悬臂梁。测得几个关键截面位置的高度如图所示（单位：m），截面形状均为矩形，截面宽度 $b=0.4$ m，$E=3.0\times10^7$ kN/m^2。试绘制变形图的形状。

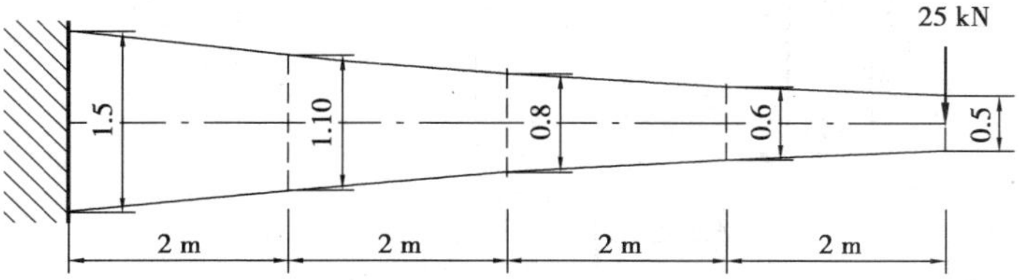

图 4.30 题图 4.2

4.3 若杆件上部升温 $t_1(x)=3x(0\leqslant x\leqslant l)$，下部升温 $t_2(x)=x(0\leqslant x\leqslant l)$。截面为矩形，截面高度为 h，杆长为 l，材料热膨胀系数为 α。试推导单元坐标系统下等效温度荷载。

综合思考题

4.4 某钢筋混凝土平面框架结构，因构造需要，对主梁实施加腋处理（梁变截面，特征如题图 4.3 所示）。柱截面为 0.5 m×0.5 m，梁宽为 0.3 m，计算按全截面混凝土进行。

梁上全长作用竖向均布荷载 30 kN/m，以 FEA 程序按下述两种模式分别分析

(1)变截面梁处，取其截面的平均高度值（即 $h=0.9$ m）计算；

(2)变截面梁处，按实际变化计算。

比较两种不同计算方式的结点转角及梁端弯矩的差别，并简单说明原因。

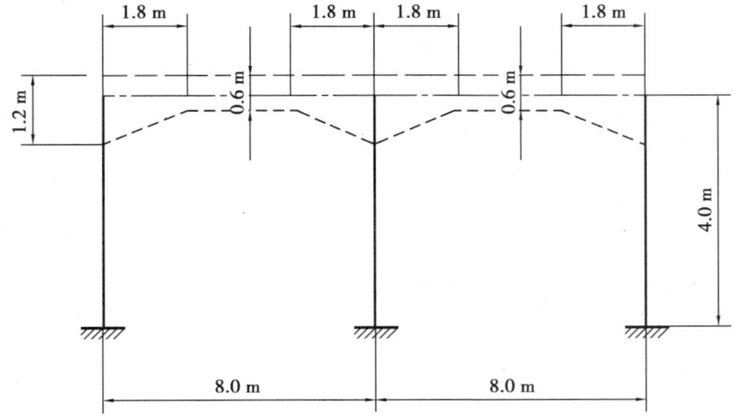

图 4.31 题图 4.3

4.5 某悬臂钢柱（$E=2.0\times10^8$ kN/m^2，截面为矩管，尺寸如图，单位为 mm），发生温度变化如题图 4.4 所示。

(1)试计算温度变化下悬臂端竖向位移值；

(2)柱左侧的温度变化可取平均值进行简化计算吗？简述其原因。

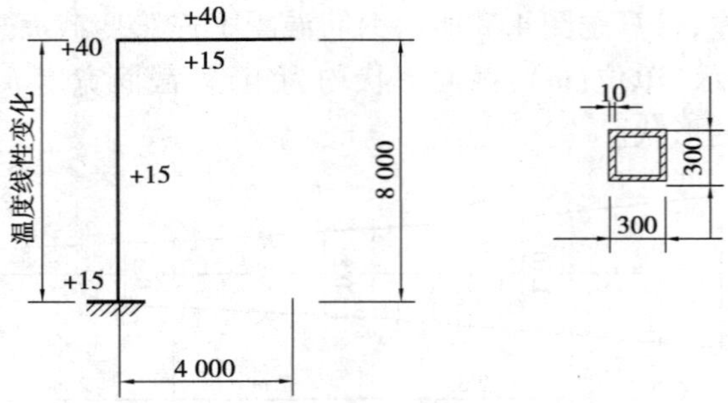

图 4.32　题图 4.4

4.6　如题图 4.5 所示的超长平面框架结构,某日室外最高温为 45 ℃,此时室内温度为 30 ℃;室外最低温为 25 ℃,此时室内温度为 28 ℃。柱截面尺寸为 0.4 m×0.4 m,梁截面尺寸为 0.3 m×0.8 m(因构造原因,梁截面抗弯刚度放大 2 倍,截面面积放大 3 倍);斜杆截面同柱截面。$E=3.0\times10^{7}\ \mathrm{kN/m^2}$。

(1)以低温为初始状态,试计算当日温变在结构内产生的温度附加内力;

(2)若斜跨直接取消,分析对附加内力的影响程度,并简述原因;

(3)在斜跨取消的同时将跨数减至 4 跨,分析此时的附加内力。

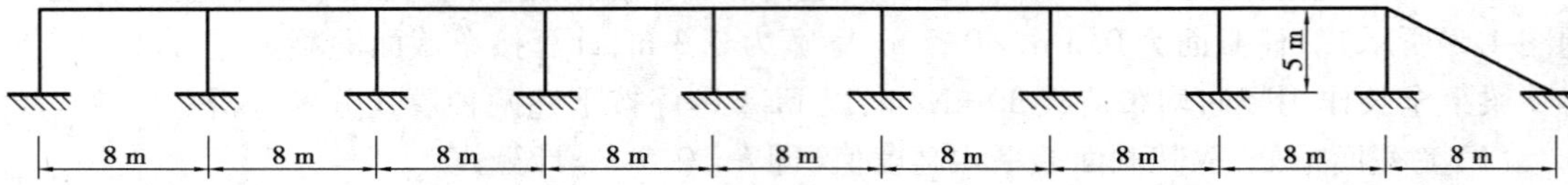

图 4.33　题图 4.5

5 杆系结构整体分析

本章整体分析沿用第 2 章的直接刚度集成模式，使用数据传送矩阵集成整体刚度方程。除对先处理法数据前处理作相应优化外，还增加引入约束的后处理法模式，并对工程分析中常用到的约束、束缚等，利用几何等效变换矩阵方式，实现全过程分析的矩阵化。

使用软件进行工程实用分析时，单元分析阶段的内容通常较固定，除材料、几何特征外，使用者不需作过多干预。而更能体现使用者基本力学素养以及对软件驾驭能力的，则大多是在整体分析阶段，包括数值模型及计算结果的操作、设定、解读、判断等，皆是如此。可认为，结构分析尽管建立在单元分析基础上，但对力学概念掌握和力学素养培育上，从宏观建立把握结构整体受力性能的能力，会有更大的意义。

5.1 约束引入的先处理法与后处理法

5.1.1 先处理法

在矩阵位移法中使用先处理法，对支座及结点约束条件进行处理。内外约束复杂的工程结构中，按之前所介绍的先处理法方式时，需要对所有自由度逐一编码处理，工作量较大。杆系结构支座结点数量通常不多，内部结点又以一般刚结点为主，可采取特殊结点信息辅助，以减少前处理工作量。

使用特殊结点信息时，约定如下：

(1)支座结点

$$JS(1:4) = (Node\_R, C_1, C_2, C_3)$$

其中　Node_R:支座结点号

C_i: = -1 表示此自由度方向有约束

=0 表示此自由度方向无约束

以图5.1中各支座结点(结点编号1—6)为例,对应的特殊结点信息数组可分别写为:

支座1:(1, -1, -1, -1)　　支座4:(4,0, -1,0)

支座2:(2, -1, -1,0)　　支座5:(5,0, -1, -1)

支座3:(3, -1,0,0)　　支座6:(6, -1,0, -1)

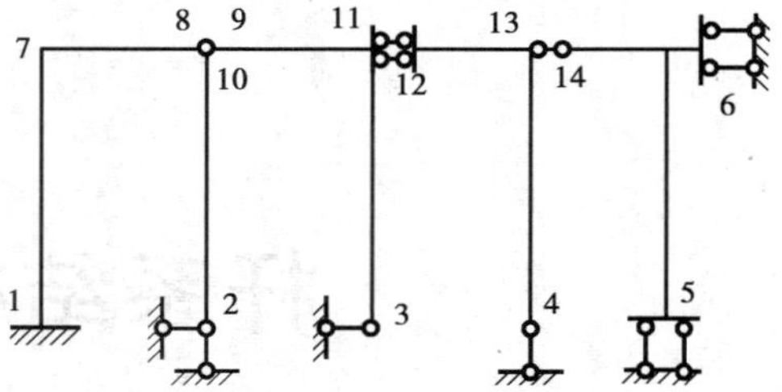

图5.1　特殊结点信息

(2)特殊内结点

特殊内结点使用重结点编码实现,需要使用主从结点信息处理。主结点存在完整的位移分量,为一般刚结点,无须特殊处理;从结点则作为特殊结点,其特殊结点信息数组写为:

$$JS(1:4) = (Node\_S, C_1, C_2, C_3)$$

其中,Node_S:从结点号

C_i: = 主结点号(非0),表示本自由度上与主结点对应一致

=0 表示此位移为独立分量

以图5.1中特殊内结点(9、10、12和14为从结点)为例,对应的特殊结点信息数组可分别写为:

结点9(以结点8为主结点):(9,8,8,0)

结点10(以结点8为主结点):(10,8,8,0)

结点12(以结点11为主结点):(12,11,0,11)

结点14(以结点13为主结点):(14,13,0,0)

采用特殊结点信息处理,只需要输入特殊结点信息,而一般结点的位移编码由程序自动生成。

【程序实现】

(1)数据输入

总信息中需要增加输入特殊结点(包含支座结点和从结点)的数目,而未知量数目可由算法自动生成,无须再输入。

(2)位移编码

程序根据特殊结点信息,自动生成结点位移编码,算法如下:

```
------------------------------------------------------------------------------------
CODE_DISP_NOD = 0          ! 结点位移编码数组
DO J = 1, N_SN
    CODE_DISP_NOD(1:3, SN(1, J)) = SN(2:4, J)
ENDDO
NN = 0
DO I = 1, N_NOD         ! 对非特殊自由度,进行顺序编码
    DO J = 1, 3
        IF (CODE_DISP_NOD(J, I). EQ. 0) THEN
            NN = NN + 1
            CODE_DISP_NOD(J, I) = NN
        ENDIF
    ENDDO
ENDDO
DO I = 1, N_SN
    DO J = 2, 4    ! 从自由度,按主自由度编码;支座约束处,编 0 码
        IF (SN(J, I) > 0) CODE_DISP_NOD(J - 1, SN(1, I)) = CODE_DISP_NOD(J -
1, SN(1, I))
        IF (SN(J, I) < 0) CODE_DISP_NOD(J - 1, SN(1, I)) = 0
    ENDDO
ENDDO
------------------------------------------------------------------------------------
```

【例 5.1】某结构结点数 =6,特殊结点信息如式(a)所示。试根据程序算法原理,形成结构的结点位移编码。

$$\begin{bmatrix} 1 & -1 & -1 & -1 \\ 3 & 2 & 2 & 0 \\ 5 & 4 & 4 & 0 \\ 6 & 0 & -1 & -1 \end{bmatrix} \tag{a}$$

【解】(1)结点位移编码数组清零。

(2)将特殊结点信息根据结点号放入结点位移编码数组。

(3)对 0 值处实行顺序编码。

(4)对 −1 值处编 0 码,即引入支座约束。

(5)对从结点位移码,复制主结点相应自由度编码。

具体操作过程如下:

$$\begin{bmatrix}0&0&0\\0&0&0\\0&0&0\\0&0&0\\0&0&0\\0&0&0\end{bmatrix}\quad\begin{bmatrix}-1&-1&-1\\0&0&0\\2&2&0\\0&0&0\\4&4&0\\0&-1&-1\end{bmatrix}\quad\begin{bmatrix}-1&-1&-1\\1&2&3\\2&2&4\\5&6&7\\4&4&8\\9&-1&-1\end{bmatrix}\quad\begin{bmatrix}0&0&0\\1&2&3\\2&2&4\\5&6&7\\4&4&8\\9&0&0\end{bmatrix}\quad\begin{bmatrix}0&0&0\\1&2&3\\1&2&4\\5&6&7\\5&6&8\\9&0&0\end{bmatrix}$$

(1) (2) (3) (4) (5)

► 5.1.2 后处理理法

1)后处理法的基本概念

对于所有结点均为刚结(或经处理后视同为刚结)的杆系结构,可使用后处理法引入支承约束条件。后处理法对所有结点(也包括支座结点),直接按结点编号顺序,自动形成结点位移编码,在此阶段暂无须考虑任何约束信息。

对于第 i 结点,结点位移编码由对应结点号自动形成:

平面体系:$i(3i-2,3i-1,3i)$ (5.1a)

空间体系:$i(6i-5,6i-4,6i-3,6i-2,6i-1,6i)$ (5.1b)

后处理法集成的整体刚度方程,用结点号为索引,以矩阵子块形式写为:

$$\begin{bmatrix}\boldsymbol{K}_{11}&\boldsymbol{K}_{12}&\cdots&\boldsymbol{K}_{1i}&\cdots&\boldsymbol{K}_{1m}\\\boldsymbol{K}_{21}&\boldsymbol{K}_{22}&\cdots&\boldsymbol{K}_{2i}&\cdots&\boldsymbol{K}_{2m}\\\vdots&\vdots&&\vdots&&\vdots\\\boldsymbol{K}_{i1}&\boldsymbol{K}_{i2}&\cdots&\boldsymbol{K}_{ii}&\cdots&\boldsymbol{K}_{im}\\\vdots&\vdots&&\vdots&&\vdots\\\boldsymbol{K}_{m1}&\boldsymbol{K}_{m2}&\cdots&\boldsymbol{K}_{mi}&\cdots&\boldsymbol{K}_{mm}\end{bmatrix}\begin{Bmatrix}\boldsymbol{\Delta}_1\\\boldsymbol{\Delta}_2\\\vdots\\\boldsymbol{\Delta}_i\\\vdots\\\boldsymbol{\Delta}_m\end{Bmatrix}=\begin{Bmatrix}\boldsymbol{F}_1\\\boldsymbol{F}_2\\\vdots\\\boldsymbol{F}_i\\\vdots\\\boldsymbol{F}_m\end{Bmatrix} \tag{5.2a}$$

式中 $\boldsymbol{K}_{ii}$——对应于结点号 i 的矩阵子块,为 3×3 子矩阵(空间体系为 6×6);

$\boldsymbol{\Delta}_i$——结点号 i 对应的三个位移分量(空间体系为 6 个分量);

$\boldsymbol{F}_i$——结点号 i 对应的三个综合结点力分量(空间体系为 6 个分量);

m——体系的总结点数,未知量数 $n=3\times m$(空间体系 $n=6\times m$)。

式(5.2a)也可展开,表达为:

$$\begin{bmatrix}k_{11}&k_{12}&\cdots&k_{1i}&\cdots&k_{1n}\\k_{21}&k_{22}&\cdots&k_{2i}&\cdots&k_{2n}\\\vdots&\vdots&&\vdots&&\vdots\\k_{i1}&k_{i2}&\cdots&k_{ii}&\cdots&k_{in}\\\vdots&\vdots&&\vdots&&\vdots\\k_{n1}&k_{n2}&\cdots&k_{ni}&\cdots&k_{nn}\end{bmatrix}\begin{Bmatrix}\delta_1\\\delta_2\\\vdots\\\delta_i\\\vdots\\\delta_n\end{Bmatrix}=\begin{Bmatrix}F_1\\F_2\\\vdots\\F_i\\\vdots\\F_n\end{Bmatrix} \tag{5.2b}$$

根据单元对应的始末端结点编号(集成方式仍类同于先处理法,结点位移编码直接与结点编号对应,不用单独存储),可集成刚度方程。本阶段集成时,后处理法未引入支座约束条件,所集成的刚度方程对应无支承的"自由"结构。不包含支座约束信息的刚度方程,称为结构**原始刚度方程**(式 5.2),其对应的刚度矩阵称为**原始刚度矩阵**,原始刚度矩阵通常为奇异矩阵。进行方程求解前,还需要根据外部约束,引入支承条件。

2)后处理法支座约束的引入

在后处理法中,只需要引入外约束条件,特殊结点信息内容更为精简,特殊结点信息数组同第 5.1.1 节方式。根据输入的特殊结点信息,用于引入支承条件的方法有主 1 副 0 法、乘大数法、划行划列法(矩阵凝聚法)等。

(1)主 1 副 0 法

根据结构的支承条件,在刚性约束处,结点位移分量已知:$\delta_i = c_i$($c_i = 0$;或 $c_i \neq 0$ 时,对应于已知支座移动),故将 $\boldsymbol{K}$ 中第 i 行的主元元素改为 1,将第 i 行、第 i 列的其他副元元素均改为零;同时将 $\boldsymbol{F}$ 向量中第 i 个分量 F_i 改为 c_i,并对自由项其他分量作相应修改。

对第 i 自由度使用主 1 副 0 法,引入支承条件后刚度方程修改为:

$$\begin{bmatrix} k_{11} & k_{12} & \cdots & 0 & \cdots & k_{1n} \\ k_{21} & k_{22} & \cdots & 0 & \cdots & k_{2n} \\ \vdots & \vdots & & \vdots & & \vdots \\ 0 & 0 & \cdots & 1 & \cdots & 0 \\ \vdots & \vdots & & \vdots & & \vdots \\ k_{n1} & k_{n2} & \cdots & 0 & \cdots & k_{nn} \end{bmatrix} \begin{Bmatrix} \delta_1 \\ \delta_2 \\ \vdots \\ \delta_i \\ \vdots \\ \delta_n \end{Bmatrix} = \begin{Bmatrix} F_1 - k_{1i}c_i \\ F_2 - k_{2i}c_i \\ \vdots \\ c_i \\ \vdots \\ F_n - k_{ni}c_i \end{Bmatrix} \tag{5.3a}$$

根据式(5.3a),对第 i 个方程,即可解出:

$$\delta_i = c_i$$

若支座移动以单元广义荷载方式引入,即取式(5.3a)中 $c_i = 0$。此时刚度方程的修改如式(5.3b)所示:

$$\begin{bmatrix} k_{11} & k_{12} & \cdots & 0 & \cdots & k_{1n} \\ k_{21} & k_{22} & \cdots & 0 & \cdots & k_{2n} \\ \vdots & \vdots & & \vdots & & \vdots \\ 0 & 0 & \cdots & 1 & \cdots & 0 \\ \vdots & \vdots & & \vdots & & \vdots \\ k_{n1} & k_{n2} & \cdots & 0 & \cdots & k_{nn} \end{bmatrix} \begin{Bmatrix} \delta_1 \\ \delta_2 \\ \vdots \\ \delta_i \\ \vdots \\ \delta_n \end{Bmatrix} = \begin{Bmatrix} F_1 \\ F_2 \\ \vdots \\ 0 \\ \vdots \\ F_n \end{Bmatrix} \tag{5.3b}$$

(2)乘大数法

将原始总刚 $\boldsymbol{K}$ 中对应于支座约束第 i 自由度的主元元素,乘上一个充分大的数 V(如可取 $V = 10^8 \sim 10^{20}$,即本自由度的主元数值相对于本行、列所有副元元素,占绝对优势)。同时,将 $\boldsymbol{F}$ 中的第 i 分量 F_i,修改为 $V \cdot k_{ii} \cdot c_i$($c_i = 0$ 或 $c_i \neq 0$)。

$$\begin{bmatrix} k_{11} & k_{12} & \cdots & k_{1i} & \cdots & k_{1n} \\ k_{21} & k_{22} & \cdots & k_{2i} & \cdots & k_{2n} \\ \vdots & \vdots & & \vdots & & \vdots \\ k_{i1} & k_{i2} & \cdots & V \cdot k_{ii} & \cdots & k_{in} \\ \vdots & \vdots & & \vdots & & \vdots \\ k_{n1} & k_{n2} & \cdots & k_{ni} & \cdots & k_{nn} \end{bmatrix} \begin{Bmatrix} \delta_1 \\ \delta_2 \\ \vdots \\ \delta_i \\ \vdots \\ \delta_n \end{Bmatrix} = \begin{Bmatrix} F_1 \\ F_2 \\ \vdots \\ V \cdot k_{ii} \cdot c_i \\ \vdots \\ F_n \end{Bmatrix} \tag{5.4}$$

乘大数法与主 1 副 0 法[式(5.3a)]相比较，方程中修改项少，有、无支座移动的修改模式一致，故应用更简便。

(3)划行划列法(矩阵凝聚法)

也可用划行划列法(矩阵凝聚法)对有支座约束的原始刚度方程进行计算。

划分结点位移向量子块，取：

$$\boldsymbol{\Delta} = \begin{Bmatrix} \boldsymbol{\Delta}_0 \\ \boldsymbol{\Delta}_1 \end{Bmatrix} \tag{a}$$

式中 $\boldsymbol{\Delta}_0$——对应于结点的未知位移分量；

$\boldsymbol{\Delta}_1$——对应于支座约束处的位移分量。

式(a)可按以下两种情况进行分析：

①若无支座移动发生(或将支动移动视为广义荷载引入)，则 $\boldsymbol{\Delta}_1 = 0$，为零向量；

②若有支座移动发生，则 $\boldsymbol{\Delta}_1$ 为非零向量。

具体分析如下：

按已知、未知自由度，对结构原始刚度方程进行子块划分，有：

$$\left[\begin{array}{c:c} \boldsymbol{K}_{00} & \boldsymbol{K}_{01} \\ \hdashline \boldsymbol{K}_{10} & \boldsymbol{K}_{11} \end{array}\right] \left[\begin{array}{c} \boldsymbol{\Delta}_0 \\ \hdashline \boldsymbol{\Delta}_1 \end{array}\right] = \left[\begin{array}{c} \boldsymbol{F}_0 \\ \hdashline \boldsymbol{F}_1 \end{array}\right] \tag{b}$$

情况①中，取 $\boldsymbol{\Delta}_1 = 0$，则式(b)变换为：

$$\boldsymbol{K}_{00}\boldsymbol{\Delta}_0 = \boldsymbol{F}_0 \tag{5.5a}$$

引入支座约束时，支座约束对应的自由度可视为无效自由度。即将原始刚度方程中，所有对应于支座约束的行、列划除(如式 5.5 中，第 i 自由度对应于支座约束)，矩阵缩聚的方法被形象地称为**划行划列法**。直接划除行列时，支座位移应以广义荷载的方式引入。

$$\begin{bmatrix} k_{11} & k_{12} & \cdots & \cancel{k}_{1i} & \cdots & k_{1,3m} \\ k_{21} & k_{22} & \cdots & \cancel{k}_{2i} & \cdots & k_{2,3m} \\ \vdots & \vdots & & \vdots & & \vdots \\ \cancel{k}_{i1} & \cancel{k}_{i2} & \cdots & \cancel{k}_{ii} & \cdots & \cancel{k}_{i,3m} \\ \vdots & \vdots & & \vdots & & \vdots \\ k_{3m,1} & k_{3m,2} & \cdots & \cancel{k}_{3m,i} & \cdots & k_{3m,3m} \end{bmatrix} \begin{Bmatrix} \delta_1 \\ \delta_2 \\ \vdots \\ \cancel{\delta}_i \\ \vdots \\ \delta_{3m} \end{Bmatrix} = \begin{Bmatrix} F_1 \\ F_2 \\ \vdots \\ \cancel{F}_i \\ \vdots \\ F_{3m} \end{Bmatrix} \tag{5.5b}$$

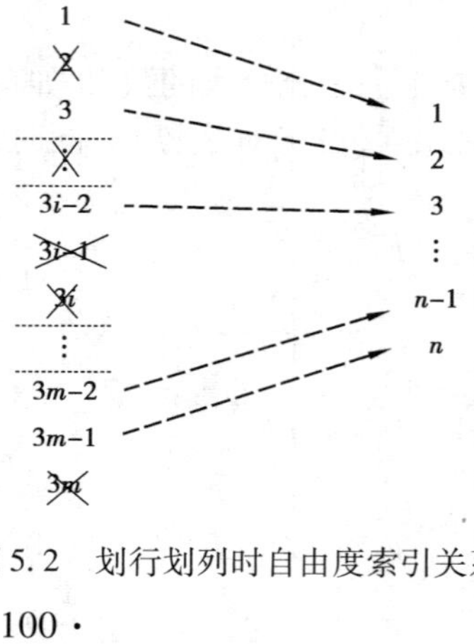

图 5.2 划行划列时自由度索引关系

由式(5.5)可知，划行划列法是在原始刚度方程中，直接划除刚性外约束自由度的所有影响，从而得到未知量和方程阶数皆与先处理法相同的结构刚度方程。

划行划列后，结点号与位移编码再无直接对应关系(图 5.2)，需要对位移编码进行重新编号、索引(向量空间从原 $3m$ 维度缩减至 n 维；自由度索引可在整体向量空间上设定传送矩阵 $\boldsymbol{S}$ 实施)。划行划列法的处理环节，是在结构整体刚度方程形成之后，仍归入后处理法，但从最后自由度编码和所形成的结构刚度矩阵来看，又类同于先处理法，程序整体分析在方程求解及之后的内容，也与先处理接近。

对于情况②，支座约束对应的 $\boldsymbol{\Delta}_1$ 为非零向量，可进行**矩阵凝聚**。具体做法是根据式(b)并结合式(1.20)即可完成。完整的矩阵凝聚可以直接引入非零支座移动，但需要处理矩阵求逆。

3)后处理法特点

与先处理法相比较，后处理法最为明显的特点是无须处理结点位移编号(矩阵凝聚时除外)。尽管未知量数目更多，矩阵存储空间和结构刚度方程求解的计算量也相应增加，但程序编写显然会更为简洁。

后处理法的其他特点还包括：

(1)体系未知量不同

先处理法以**未知结点位移**为基本未知量；后处理法以**所有结点位移**(含支座已知位移)为基本未知量。故后处理法未知量数目更多，线性方程求解过程中计算量会更大一些。若因采用后处理法使得计算量较先处理明显过大时，仍可采用矩阵凝聚的方式(约束较多的大型结构复杂工况分析时可考虑)，缩聚线性方程。

(2)支承引入阶段不同

后处理法是在整体刚度方程集成后，再引入支承条件。

(3)内约束处理方式不同

后处理法无法对内部结点约束进行直接修正，只能用于内部结点均为一般刚结(或经处理后视同为刚结)的体系。

4)后处理法对特殊结点的处理

结构不可避免会存在特殊结点，后处理法对特殊结点的处理方式有以下两种方式。

(1)利用过渡单元模拟特殊结点

铰结点模式：如图5.3所示，增加了结点5和单元③，以模拟铰结点的性能。此时的单元③为过渡单元，在单元参数输入时，应尽量模拟出"铰"的性能，即要求过渡单元长度小、轴向切向刚度近无穷大、转动刚度近于0。

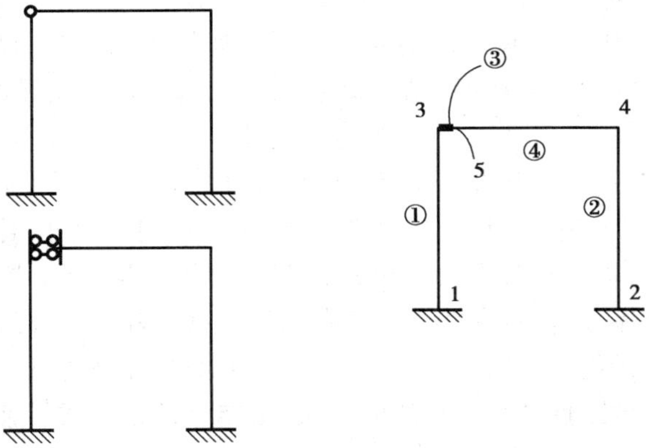

图5.3 过渡单元(单元③)模拟特殊结点

定向结点模式：采取如铰结点相同的处理模式，增设单元模拟定向结点的性能。此时的单元性能要求是过渡单元长度小、轴向刚度近无穷大、转动刚度无穷大、切向刚度近于0。

(2)自由度释放,引入特殊杆单元

过渡单元始终无法完整模拟特殊结点的性质,所以必然会产生误差。同时,过渡单元还需要人工干预结点、单元,对前处理效率影响较大。

使用有限元分析处理特殊内约束,通常通过释放单元自由度进行。单元自由度释放是一种通用方法,在先、后处理法中皆可使用,详见下一节。

5.2 单元自由度释放

▶ 5.2.1 单元自由度释放的基本概念

平面杆系结构分析时,根据杆端位移描述的需要,使用两结点六自由度的一般杆单元。一般杆元通用程度高,但在前处理时,若体系中存在非全刚性结点,因结点无法位移完全协调所有的杆端位移,所以按矩阵位移法中介绍的思路,先处理法需要进行"重结点"编号。后处理法的处置方式也与先处理法类似,即增加一个"过渡单元"去连接不协调的杆端位移,如图5.4所示。

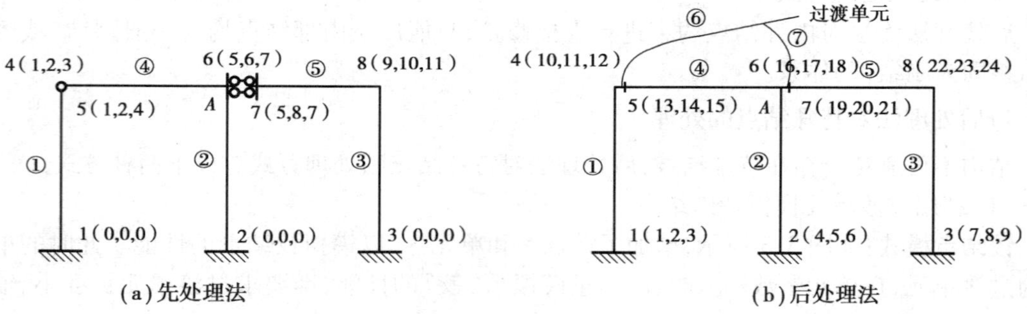

图5.4 重结点编号处理特殊结点

"重结点"编号模式中,结点编号需要人工干预。如果重结点数目较多,会产生较大的数据前处理工作量。在实际工程分析时,结点编号和单元编号都是由系统自动生成的,引入重结点编号并不方便。

注意到经典位移法计算时,曾根据杆端力的特征使用衍生单元(两端固端的杆单元为**一般单元**;而一端固端、一端铰结的单元,或一端固端、一端定向的单元,这两类单元是在一般单元的基础上衍生出来的,本书称其为**衍生单元**),若可使用衍生单元,则非协调于结点的杆端自由度不再纳入体系整体分析,就自然不再存在结点位移与杆端位移的非协调问题。

但直接引入衍生单元仍不可取,因为基本单元类型增多,同样会让前处理难度加大。

更好的方式是将**非全刚性**结点模式的内约束,由**结点处理模式**转换为**单元内部处理**。在单元分析完成后,对单元实施**自由度释放**,此时所有存在的非协调于结点的杆端位移,皆视为"非独立"未知量予以释放,释放后的自由度不再参与整体分析。这样能**保证结点位移与杆端位移完全对应,结点位移可有效表达杆端位移。**

如图5.4中所示结点和结点自由度编码位移编码,在"**非独立自由度**"(图5.5所绘出的指定自由度)不计时,可变换成图5.5所示的模式。经此处理,单元杆端和结点之间的对应关系可得到简化。

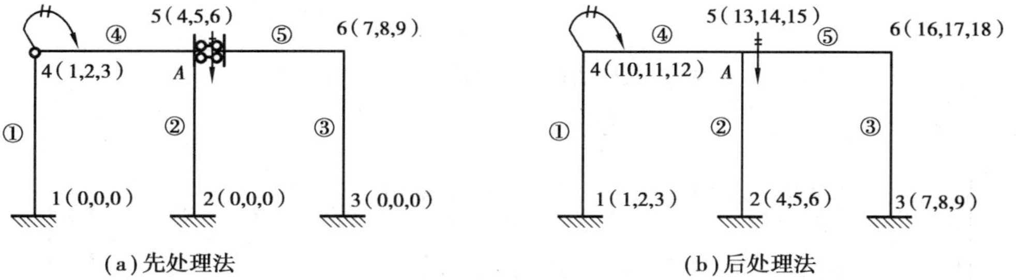

图5.5　自由度释放后的结点与位移编码

▶　5.2.2　单元自由度释放

自由度释放对应于结构内部约束,内部约束可对应于整体坐标系统或对应于单元坐标系统定义。本节对于自由度的释放是在整体坐标系统下进行描述的。

利用第1章中介绍的矩阵凝聚,根据矩阵变换原理,可得以下推导。

①一般杆单元结构整体坐标系统下的单元刚度方程写为

$$\boldsymbol{K}^e\boldsymbol{\delta}^e = \boldsymbol{F}^e$$

②在一般杆单元分析完成后,若某些单元自由度被释放(不进入整体分析),对获取的单刚矩阵方程进行分块处理(自由度可释放的条件是:该自由度对应的杆端力数值为0或某常量,即下式中 $\boldsymbol{F}_1$ 必须为已知子向量):

$$\begin{bmatrix} \boldsymbol{K}_{00} & \boldsymbol{K}_{01} \\ \boldsymbol{K}_{10} & \boldsymbol{K}_{11} \end{bmatrix}^e \begin{bmatrix} \boldsymbol{\delta}_0 \\ \boldsymbol{\delta}_1 \end{bmatrix}^e = \begin{bmatrix} \boldsymbol{F}_0 \\ \boldsymbol{F}_1 \end{bmatrix}^e$$

③$\boldsymbol{\delta}_1^e$ 为释放的自由度,可用 $\boldsymbol{\delta}_0^e$ 表达 $\boldsymbol{\delta}_1^e$。

由式(1.20)可得:

$$(\boldsymbol{K}_{00} - \boldsymbol{K}_{01}\boldsymbol{K}_{11}^{-1}\boldsymbol{K}_{10})\boldsymbol{\delta}_0^e = \boldsymbol{F}_0 - \boldsymbol{K}_{01}\boldsymbol{K}_{11}^{-1}\boldsymbol{F}_1 \tag{5.6a}$$

或简写为:

$$\boldsymbol{K}^{e\bullet}\boldsymbol{\delta}_0^e = \boldsymbol{F}^\bullet \tag{5.6b}$$

▶　5.2.3　自由度释放时的单元刚度分析

整体坐标系统下的单元刚度,在自由度释放后,根据式(5.6),其变换公式为:

$$\boldsymbol{K}^{e\bullet} = \boldsymbol{K}_{00} - \boldsymbol{K}_{01}\boldsymbol{K}_{11}^{-1}\boldsymbol{K}_{10} \tag{5.7}$$

【例5.2】如图5.6所示,等截面直杆一端为铰,单元坐标系统与整体坐标系统取为一致,现释放铰端转动自由度,试进行单元刚度矩阵的释放变换。

【解】(1)对于铰端,杆端截面弯矩为已知值,可释放对应的转动自由度。

(2)单元坐标系统中,一般杆元的单元刚度方程写为:

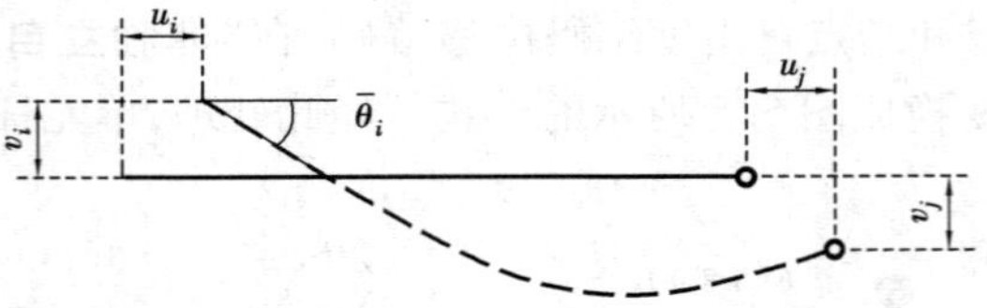

图 5.6　铰端转动自由度释放后的单元刚度计算

$$\begin{bmatrix} \frac{EA}{l} & 0 & 0 & -\frac{EA}{l} & 0 & 0 \\ 0 & \frac{12EI}{l^3} & \frac{6EI}{l^2} & 0 & \frac{-12EI}{l^3} & \frac{6EI}{l^2} \\ 0 & \frac{6EI}{l^2} & \frac{4EI}{l} & 0 & \frac{-6EI}{l^2} & \frac{2EI}{l} \\ -\frac{EA}{l} & 0 & 0 & \frac{EA}{l} & 0 & 0 \\ 0 & \frac{-12EI}{l^3} & \frac{-6EI}{l^2} & 0 & \frac{12EI}{l^3} & \frac{-6EI}{l^2} \\ 0 & \frac{6EI}{l^2} & \frac{2EI}{l} & 0 & \frac{-6EI}{l^2} & \frac{4EI}{l} \end{bmatrix}^{\mathrm{e}} \begin{bmatrix} u_i \\ v_i \\ \theta_i \\ u_j \\ v_j \\ \theta_j(\text{被释放}) \end{bmatrix}^{\mathrm{e}} = \begin{bmatrix} F_{\mathrm{N}i} \\ F_{\mathrm{Q}i} \\ M_i \\ F_{\mathrm{N}j} \\ F_{\mathrm{Q}j} \\ M_j \end{bmatrix}^{\mathrm{e}}$$

（3）由式（5.7），刚度矩阵的变换过程可写为：

$$\boldsymbol{K}^{\mathrm{e}\bullet} = \begin{bmatrix} \frac{EA}{l} & 0 & 0 & -\frac{EA}{l} & 0 \\ 0 & \frac{12EI}{l^3} & \frac{6EI}{l^2} & 0 & \frac{-12EI}{l^3} \\ 0 & \frac{6EI}{l^2} & \frac{4EI}{l} & 0 & \frac{-6EI}{l^2} \\ -\frac{EA}{l} & 0 & 0 & \frac{EA}{l} & 0 \\ 0 & \frac{-12EI}{l^3} & \frac{-6EI}{l^2} & 0 & \frac{12EI}{l^3} \end{bmatrix} - \begin{bmatrix} 0 \\ \frac{6EI}{l^2} \\ \frac{2EI}{l} \\ 0 \\ \frac{-6EI}{l^2} \end{bmatrix} \left[\frac{4EI}{l}\right]^{-1} \left[0 \quad \frac{6EI}{l^2} \quad \frac{2EI}{l} \quad 0 \quad \frac{-6EI}{l^2}\right]$$

$$= \begin{bmatrix} \frac{EA}{l} & 0 & 0 & -\frac{EA}{l} & 0 \\ 0 & \frac{3EI}{l^3} & \frac{3EI}{l^2} & 0 & \frac{-3EI}{l^3} \\ 0 & \frac{3EI}{l^2} & \frac{3EI}{l} & 0 & \frac{-3EI}{l^2} \\ -\frac{EA}{l} & 0 & 0 & \frac{EA}{l} & 0 \\ 0 & \frac{-3EI}{l^3} & \frac{-3EI}{l^2} & 0 & \frac{3EI}{l^3} \end{bmatrix}$$

$\boldsymbol{K}^{\mathrm{e}\bullet}$单元刚度矩阵中的元素，与经典位移法所使用衍生单元"一端固端、一端铰接"的形常数必然完全对应。

▶ 5.2.4 自由度释放后的杆端力分析

自由度释放后,单元等效力变换公式根据式(5.6)得到:

$$F^{\bullet} = F_0 - K_{01}K_{11}^{-1}F_1 \tag{5.8}$$

【例5.3】如图5.7所示,试计算一端为铰的杆元,在满跨横向均布荷载作用下时,右端(末端)铰转动自由度释放后的单元等效结点荷载。单元坐标系统与整体坐标系统取为一致。

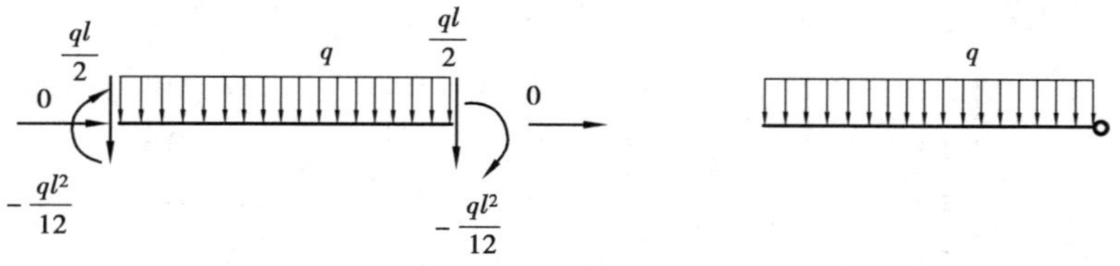

图5.7 铰端自由度释放时的等效结点荷载计算

【解】(1)未考虑自由度释放时,一般杆元在满跨均布荷载作用下,等效结点荷载向量为:

$$F_{PE}^{e} = \left[0 \quad \frac{ql}{2} \quad \frac{ql^2}{12} \;\vdots\; 0 \quad \frac{ql}{2} \quad -\frac{ql^2}{12}\right]^{T}$$

将此等效荷载向量视为单元的某一杆端力向量,进行矩阵变换。

(2)杆端力向量在自由度释放后的变换由式(5.8)计算:

$$F^{\bullet} = F_0 - K_{01}K_{11}^{-1}F_1$$

$$= \begin{bmatrix} 0 \\ \frac{ql}{2} \\ \frac{ql^2}{12} \\ 0 \\ \frac{ql}{2} \end{bmatrix} - \begin{bmatrix} 0 \\ \frac{6EI}{l^2} \\ \frac{2EI}{l} \\ 0 \\ \frac{-6EI}{l^2} \end{bmatrix} \left[\frac{4EI}{l}\right]^{-1}\left[-\frac{ql^2}{12}\right] = \begin{bmatrix} 0 \\ \frac{ql}{2} \\ \frac{ql^2}{12} \\ 0 \\ \frac{ql}{2} \end{bmatrix} - \begin{bmatrix} 0 \\ -\frac{ql}{8} \\ -\frac{ql^2}{24} \\ 0 \\ \frac{ql}{8} \end{bmatrix} = \begin{bmatrix} 0 \\ \frac{5ql}{8} \\ \frac{ql^2}{8} \\ 0 \\ \frac{3ql}{8} \end{bmatrix}$$

对比计算结果,与一端固端、一端铰接模式下直杆单元的载常数正好相同。

根据本例可知,自由度释放时,无须重新计算各类衍生单元的等效结点荷载,使用矩阵变换即可。

▶ 5.2.5 自由度释放后的整体分析

自由度释放是在单元分析完成之后,在形成结构整体刚度方程之前,故先后处理法皆可使用其引入衍生单元。先处理法经自由度释放后,可不再考虑内部结点的特殊约束,只需要按特殊结点信息引入支座约束;后处理法经自由度释放后,便可由主1副0、乘大数法等引入支座信息。

比较图5.4和图5.5,可知无论是先处理法还是后处理法,经过自由度释放后,未知量数目在整体分析阶段都可得到有效减少。

被释放的自由度不参与结构的整体分析,结点位移向量求出后,将不会包括被释放自由度的位移值。此时单元杆端力可据式(5.6)的原理,在被释放自由度的单刚方程中进行计算。

也可根据式(1.19),用 $\boldsymbol{\delta}_0^e$ 表达出 $\boldsymbol{\delta}_1^e$ 后[即 $\boldsymbol{\delta}_1^e=\boldsymbol{K}_{11}^{-1}(\boldsymbol{F}_1-\boldsymbol{K}_{10}\boldsymbol{\delta}_0^e)$],再合并 $\boldsymbol{\delta}_0^e$ 和 $\boldsymbol{\delta}_1^e$,得到完整单元自由度相关解,最后利用一般杆元的刚度方程进行计算。

【程序实现】

①形成各单元单刚,并变换至结构整体坐标系统下。

②确定需要释放的整体坐标系统下单元自由度位置,利用单位阵划列取得矩阵子块元素的数据传送矩阵:

$$\begin{bmatrix}1\\2\\3\\4\\5\\6\end{bmatrix}\Rightarrow\begin{bmatrix}1\\2\\\not{3}\\4\\\not{5}\\6\end{bmatrix}\qquad S_0=\begin{bmatrix}1&0&0&0\\0&1&0&0\\0&0&0&0\\0&0&1&0\\0&0&0&0\\0&0&0&1\end{bmatrix},S_1=\begin{bmatrix}0&0\\0&0\\1&0\\0&0\\0&1\\0&0\end{bmatrix}$$

③可从原单刚中取得计算所需的各子块:

$$\boldsymbol{K}_{00}=\boldsymbol{S}_0^{\mathrm{T}}\boldsymbol{K}^e\boldsymbol{S}_0,\boldsymbol{K}_{01}=\boldsymbol{S}_0^{\mathrm{T}}\boldsymbol{K}^e\boldsymbol{S}_1,\boldsymbol{K}_{10}=\boldsymbol{S}_1^{\mathrm{T}}\boldsymbol{K}^e\boldsymbol{S}_0,\boldsymbol{K}_{11}=\boldsymbol{S}_0^{\mathrm{T}}\boldsymbol{K}^e\boldsymbol{S}_1$$

$$\boldsymbol{F}_0=\boldsymbol{S}_0\boldsymbol{F}^e,\boldsymbol{F}_1=\boldsymbol{S}_1\boldsymbol{F}^e$$

④自由度释放的单刚和固端力根据公式计算:

$$\boldsymbol{K}^{e\bullet}=\boldsymbol{K}_{00}-\boldsymbol{K}_{01}\boldsymbol{K}_{11}^{-1}\boldsymbol{K}_{10}$$

$$\boldsymbol{F}^{e\bullet}=\boldsymbol{F}_0-\boldsymbol{K}_{01}\boldsymbol{K}_{11}^{-1}\boldsymbol{F}_1$$

⑤单元和整体自由度间的数据传送矩阵,同样剔除被释放自由度,做划列处理。

$$\begin{array}{c}\quad 1\quad 2\quad \not{3}\quad 4\quad \not{5}\quad 6\\ S^{e'}=\begin{bmatrix}0&&0\\0&&0\\\vdots&&\vdots\\1&&0\\0&&0\\\vdots&&\vdots\\0&&0\\0&&1\\0&&0\\0&&0\end{bmatrix}\begin{matrix}1\\2\\\vdots\\\lambda_1^e\\\\\vdots\\\\\lambda_4^e\\\\N\end{matrix}\end{array}$$

可借用子块传送矩阵 $\boldsymbol{S}_0$ 实现划列操作:

$$\boldsymbol{S}^{e'}=\boldsymbol{S}^e\boldsymbol{S}_0$$

⑥形成结构刚度方程,求解出结点位移向量 $\boldsymbol{\Delta}$,再执行 $(\boldsymbol{S}^{e'})^{\mathrm{T}}\boldsymbol{\Delta}\Rightarrow\boldsymbol{\delta}_0^e$,可取得对应于本单元释放自由度后整体坐标系统下的单元杆端位移向量 $\boldsymbol{\delta}_0^e$。

⑦由式 $\boldsymbol{\delta}_1^e=\boldsymbol{K}_{11}^{-1}(\boldsymbol{F}_1-\boldsymbol{K}_{10}\boldsymbol{\delta}_0^e)$,取得被释放自由度的杆端位移。

⑧合并形成单元的完整自由度解

$$\boldsymbol{\delta}^e=S_0\boldsymbol{\delta}_0^e+S_1\boldsymbol{\delta}_1^e$$

单元坐标系统下的杆端力向量可表达为:

$$\overline{F}^e = TF^e = T(K^e\boldsymbol{\delta}^e) = T[K^e(S_0\boldsymbol{\delta}_0^e + S_1\boldsymbol{\delta}_1^e)]$$

$$= T[K^e(S_0(\boldsymbol{S}^{e'})^T\boldsymbol{\Delta} + S_1\boldsymbol{K}_{11}^{-1}(\boldsymbol{F}_1 - \boldsymbol{K}_{10}\boldsymbol{\delta}_0^e))]$$

对应于自由度释放的刚度方程集成部分程序段如下。(未再列写单元杆端内力计算程序段,读者可据前述公式编写)

```
------------------------------------------------------------------------
CALL CUT_MAT(M)  ! 根据释放自由度信息,形成对 M 单元矩阵分块的传送矩阵 S0,S1
I = RELEASE_ELE(0,M)  ! I 存放 M 单元释放自由度的数目
EK_REL = MATMUL(TRANSPOSE(S0),MATMUL(EK,S0)) -                         &
          MATMUL(MATMUL(MATMUL(TRANSPOSE(S0),MATMUL(EK,S1)),          &
            INV_MAT(MATMUL(TRANSPOSE(S1),MATMUL(EK,S1)),I)),           &
              MATMUL(TRANSPOSE(S1),MATMUL(EK,S0)))        ! 处理单刚
S_REL = MATMUL(S,S0)                                        ! 处理传送矩阵
TK = TK + MATMUL(MATMUL(S_REL,EK_REL),TRANSPOSE(S_REL))     ! 集成总刚 SKST
FO_REL = MATMUL(TRANSPOSE(S0),FO) -                                    &
          MATMUL(MATMUL(MATMUL(TRANSPOSE(S0),MATMUL(EK,S1)),          &
            INV_MAT(MATMUL(TRANSPOSE(S1),MATMUL(EK,S1)),I)),           &
              MATMUL(TRANSPOSE(S1),FO))                     ! 处理固端力
F = F + MATMUL(S_REL, -FO_REL)
------------------------------------------------------------------------
```

5.3　带刚域杆单元分析

▶　5.3.1　带刚域杆元

杆系结构建模时一般按轴线关系进行定位。在多向构件交接处(即结点区域),构件的截面沿轴线进入结点区时,截面实际有效高度已经发生变化(如图 5.8 所示),与正常杆件截面相比大了许多,截面特征更近于无穷刚性,故结点区域内杆件的截面变形常可忽略,即定义为“刚域”。

结构分析时,应该对复杂结点区域杆件的变形和内力分布特征进行专门研究。杆系结构数值模型分析时,为了可以继续沿用“杆”的分析方法,可采用两种方法,对刚域的性能进行近似模拟。

方法一:在刚域部分增加无穷刚性杆单元,并以“EI = 大数”模拟无穷刚性(图 5.9)。

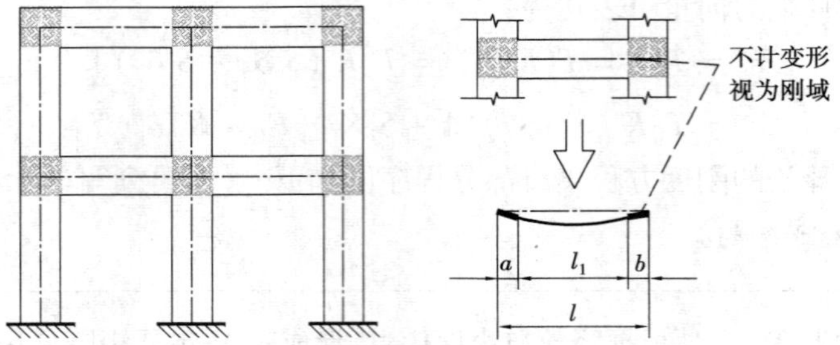

图 5.8　杆系结构结点位置的刚度特征

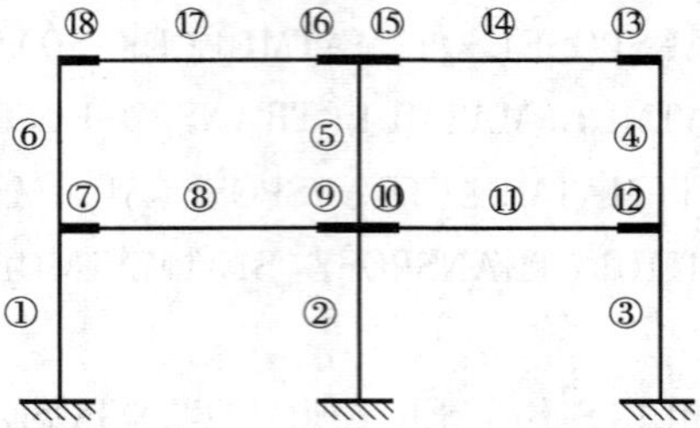

图 5.9　增加刚度最大值的单元(考虑梁端刚域)

本方法只调整单元常数,简单且直接,但增设单元方式,单元数和自由度数均增加,整体分析后计算量较大;同时,前处理还必须对刚域单元特殊处理,工作量大。

方法二:根据刚域部分假定为无穷刚性的变形特征,利用自由度间广义坐标变换方式,将刚域合并至弹性杆单元中,形成带刚域单元的单元刚度矩阵。

方法一在所有分析程序中均可直接应用,下面仅基于方法二进行说明。

▶　5.3.2　杆端刚域自由度的几何变换

考虑结点区域刚域影响时,带刚域单元的结点自由度与弹性端自由度之间,显然不再相互独立。如图 5.10(a)所示,单元总长为 l,其中弹性部分长度为 l_0,始末端刚域长度分别为 a、b。以下分析中,弹性段各物理量均带下标“0”作为标志。

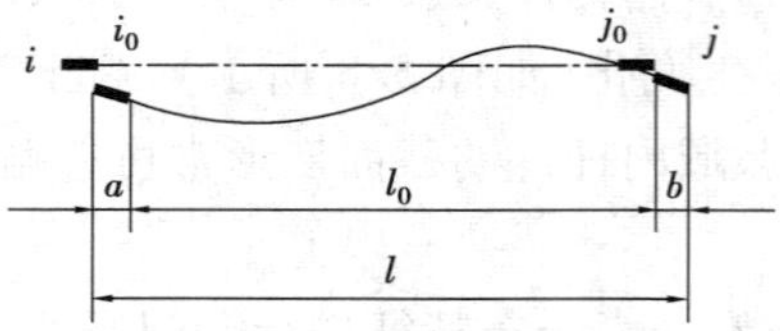

(a)带刚域杆变形图

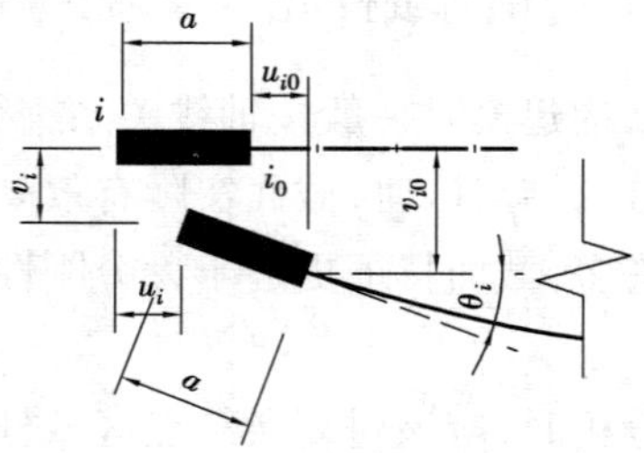

(b)始端i结点放大图

图 5.10　带刚域杆单元的始端结点自由度变换

单元分析首先是建立在弹性段的基础上，而结点自由度与弹性部分端点自由度的关系则根据几何变换确定。

1）始端结点分析

在始端结点分析的位置，自由度的几何变换关系如图 5.10 所示。

根据图 5.10(b)所示的几何关系，i_0 端结点自由度可由 i 端自由度表示如下：

$$\begin{cases} u_{i0} = u_i - a(1 - \cos\theta_i) \\ v_{i0} = v_i + a\sin\theta_i \\ \theta_{i0} = \theta_i \end{cases}$$

小变形时，$\theta \approx \sin\theta$，而 $1 - \cos\theta = 2\sin^2(\theta/2)$，此高阶无穷小在小变形时忽略，故上式简化为：

$$\begin{cases} u_{i0} = u_i \\ v_{i0} = v_i + a\theta_i \\ \theta_{i0} = \theta_i \end{cases}$$

整理成变换矩阵形式，有：

$$\begin{Bmatrix} u_{i0} \\ v_{i0} \\ \theta_{i0} \end{Bmatrix} = \begin{bmatrix} 1 & 0 & 0 \\ 0 & 1 & a \\ 0 & 0 & 1 \end{bmatrix} \begin{Bmatrix} u_i \\ v_i \\ \theta_i \end{Bmatrix} \tag{a}$$

2）末端结点分析

在末端结点的位置，自由度的几何变换关系如图 5.11 所示。

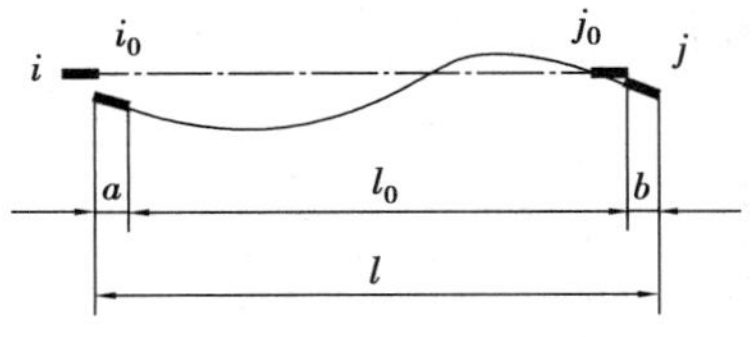

(a)带刚域杆变形图

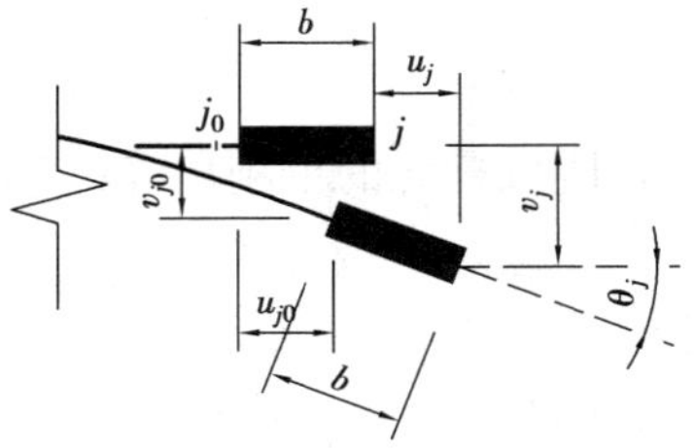

(b)末端结点放大图

图 5.11　带刚域杆单元末端结点自由度变换

根据图 5.11(b)，j_0 端结点自由度可由 j 端自由度表示如下：

$$\begin{cases} u_{j0} = u_j \\ v_{j0} = v_j - b\theta_j \\ \theta_{j0} = \theta_j \end{cases}$$

整理成变换矩阵形式，有：

$$\begin{Bmatrix} u_{j0} \\ v_{j0} \\ \theta_{j0} \end{Bmatrix} = \begin{bmatrix} 1 & 0 & 0 \\ 0 & 1 & -b \\ 0 & 0 & 1 \end{bmatrix} \begin{Bmatrix} u_j \\ v_j \\ \theta_j \end{Bmatrix} \tag{b}$$

3)结点几何变换

合并几何变换矩阵(a)、(b),可在两个广义坐标系统(刚性端自由度-弹性端自由度)之间建立如下几何变换关系:

$$\bar{\boldsymbol{\delta}}_0^{e} = \boldsymbol{T}_a \bar{\boldsymbol{\delta}}^{e} \tag{5.9}$$

其中:

$$\boldsymbol{T}_a = \left[\begin{array}{ccc|ccc} 1 & 0 & 0 & 0 & 0 & 0 \\ 0 & 1 & a & 0 & 0 & 0 \\ 0 & 0 & 1 & 0 & 0 & 0 \\ \hline 0 & 0 & 0 & 1 & 0 & 0 \\ 0 & 0 & 0 & 0 & 1 & -b \\ 0 & 0 & 0 & 0 & 0 & 1 \end{array}\right] \tag{5.10}$$

▶ 5.3.3 单元刚度矩阵

由式(5.9),按逆步变换原理,有:

$$\bar{\boldsymbol{F}}^{e} = \boldsymbol{T}_a^{T} \bar{\boldsymbol{F}}_0^{e} \tag{5.11}$$

若单元弹性部分的单刚为 $\bar{\boldsymbol{K}}_0^{e}$,即:

$$\bar{\boldsymbol{K}}_0^{e} \bar{\boldsymbol{\delta}}_0^{e} = \bar{\boldsymbol{F}}_0^{e}$$

由式(5.9)和式(5.11),有以下变换成立:

$$\bar{\boldsymbol{K}}_0^{e} \boldsymbol{T}_a \bar{\boldsymbol{\delta}}^{e} = \bar{\boldsymbol{F}}_0^{e}$$

$$\boldsymbol{T}_a^{T} \bar{\boldsymbol{K}}_0^{e} \boldsymbol{T}_a \bar{\boldsymbol{\delta}}_0^{e} = \boldsymbol{T}_a^{T} \bar{\boldsymbol{F}}_0^{e}$$

$$(\boldsymbol{T}_a^{T} \bar{\boldsymbol{K}}_0^{e} \boldsymbol{T}_a) \bar{\boldsymbol{\delta}}_0^{e} = \bar{\boldsymbol{F}}^{e}$$

则可表达出带刚域杆元的单刚矩阵:

$$\bar{\boldsymbol{K}}^{e} = \boldsymbol{T}_a^{T} \bar{\boldsymbol{K}}_0^{e} \boldsymbol{T}_a \tag{5.12}$$

【说明】

(1)刚域长度

刚域长度随着单元材料、截面特征、结点构造、梁柱刚柱比等的变化,皆会有所不同,需要依据结点区域的变形和受力特征进行判断。本书未过多地涉及材料和截面构造,故不对刚域长度确定方式作进一步讨论。读者在练习时,可将刚域长度简化设置为结点区域的长度,或依据相关规范的建议选取。

(2)等效荷载

根据带刚域单元的变形特征,截面的位移插值函数应分3段分别描述,即两端刚性段和中间弹性段。等效结点荷载的计算原则上应由弹性段分布荷载等效至弹性段杆端,再等效变换至结点。考虑到刚域长度通常不大,故在荷载等效变换时亦可不计刚域的影响;若刚域尺度影响较大,需要进一步精确计算时,则可根据广义坐标变换进行。

(3)输出杆端力

杆件截面设计时,弹性端的杆端力才有实际的意义,而上述分析中,结点未知量选择在刚性端,故还应对整体分析取得的位移向量进行进行广义坐标变换,以取得弹性端的位移向量,并据弹性端的刚度矩阵计算杆端力。

【程序实现】

(1)根据刚域长度,修正弹性部分杆元长度:$l_0 = l - a - b$,并据此计算出弹性部分单刚 $\overline{\boldsymbol{K}}_0^e$。

(2)确定几何变换矩阵 $\boldsymbol{T}_a$。

(3)根据式(5.12):$\overline{\boldsymbol{K}}^e = \boldsymbol{T}_a^T \overline{\boldsymbol{K}}_0^e \boldsymbol{T}_a$,计算带刚域杆元的单刚矩阵。

除输入语句外,单刚子程序中相应的修改如下:

```
------------------------------------------------------------------------------------------
L0 = L-ab_RZ(1)-ab_RZ(2)   ! 弹性部分杆长为:杆长-始末端刚域长度
...
{此程序段为弹性段单刚,积分域用 L0 替换原 L}
...
Ta =0.0                              ! 在单刚子程序的后部附加以下部分
FORALL (I =1:6) Ta(I,I) =1.0
Ta(2,3) = ab_RZ(1)
Ta(5,6) = -ab_RZ(2)
EK = MATMUL(MATMUL(TRANSPOSE(Ta),EK),Ta)
------------------------------------------------------------------------------------------
```

(4)输出杆端力的程序实现(D_NOD 为结点位移向量,S 为单元传送矩阵)

```
------------------------------------------------------------------------------------------
FO = FO + MATMUL(EK,MATMUL(T,MATMUL(TRANSPOSE(S),D_NOD)))
------------------------------------------------------------------------------------------
FO = FO + MATMUL(EK, MATMUL(Ta, MATMUL(T, MATMUL(TRANSPOSE(S),
D_NOD))))
------------------------------------------------------------------------------------------
```

以上两语句分别为刚性端杆端力和弹性端杆端力计算的程序实现,读者可比较二者的差异。

5.4 弹性支座处理

支座刚度通常远大于上部结构刚度,在大多数结构中,支座约束效应按无限刚性进行简化计算,是可行且有效的。但若支座刚度较结构刚度并不完全占优时,便需要在受力分析时考虑支座变形的影响,此时需要引入弹性支座。

弹性支座对结构分析方式的影响体现在以下两个方面:

(1)未知量数目

先处理法中,刚性支座约束对应的结点位移编码为0,不存在未知结点位移;但弹性支座存在时,在弹性约束方向,显然会产生未知位移。因此,应在此自由度方向上增加位移编码。

后处理法不需要处理结点位移编码，在引入支座约束时，不去修正弹性支座对应自由度即可。

如图 5.12(a)、(b)所示，结构中的结点 3 因不同的约束状态，在结构位移编码上存在差异(对应于先处理法)。

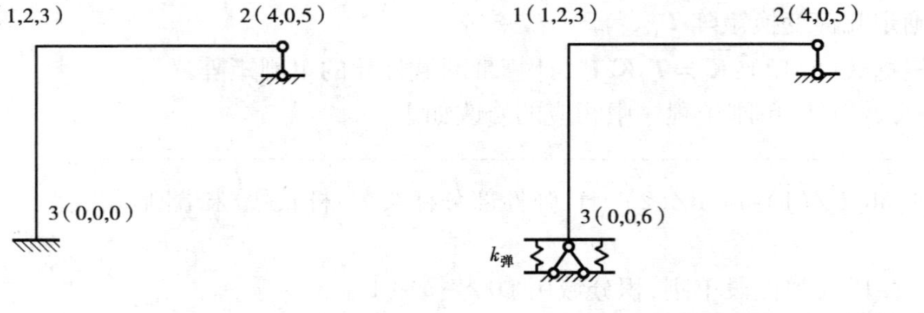

(a)结点3为刚性支座　　(b)结点3转动自由度方向为弹性支座

图 5.12　弹性支座处理

(2)刚度系数

增加弹性支座后的刚度系数，可根据定义直接实现。

弹性支座对应自由度上发生单位位移时，所需要施加力的大小即为此自由度对应的刚度系数。容易知道，修正结构刚度矩阵时，在对应于弹性支座自由度处的刚度系数 k_{ii}，附加上弹性支座的刚度系数 $k_弹$ 即可。

若弹性支座对应的自由度为 i，则有：

$$k_{ii(\text{elastic})} = k_{ii} + k_弹 \tag{5.13}$$

【例 5.4】试以先处理法建立图 5.13 所示结构的结构刚度矩阵。转动弹性支座的刚度系数 $k_弹 = EI/l$。

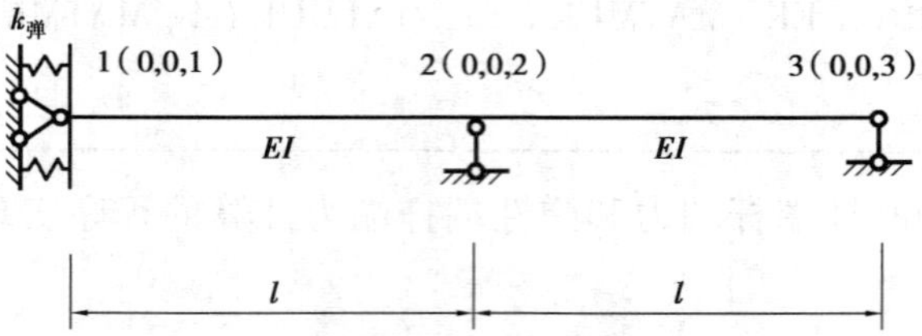

图 5.13　例 5.4 图

【解】(1)弹性支座对应自由度同样进行结点位移编码。按刚度系数定义，直接写出结构坐标系统下的结点刚度矩阵：

$$\boldsymbol{K} = \begin{bmatrix} \dfrac{4EI}{l} & \dfrac{2EI}{l} & 0 \\ \dfrac{2EI}{l} & \dfrac{8EI}{l} & \dfrac{2EI}{l} \\ 0 & \dfrac{2EI}{l} & \dfrac{4EI}{l} \end{bmatrix}$$

(2)根据式(5.13)，在第 1 自由度对应的主元素上，叠加弹性支座刚度系数，有：

$$\boldsymbol{K}=\begin{bmatrix}\frac{4EI}{l}+\frac{EI}{l} & \frac{2EI}{l} & 0\\ \frac{2EI}{l} & \frac{8EI}{l} & \frac{2EI}{l}\\ 0 & \frac{2EI}{l} & \frac{4EI}{l}\end{bmatrix}=\begin{bmatrix}\frac{5EI}{l} & \frac{2EI}{l} & 0\\ \frac{2EI}{l} & \frac{8EI}{l} & \frac{2EI}{l}\\ 0 & \frac{2EI}{l} & \frac{4EI}{l}\end{bmatrix}$$

5.5 特殊内约束处理

因结构的某些相对特定的整体受力及变形特性,可使用自由度之间的几何约束条件,以实现模型设定,如截面刚度无穷大、平面刚度无穷大等刚体运动设定,或自由度间的黏结、滑移等。本章只介绍刚性约束模式,此时自由度之间相互约束(内部束缚)的存在,令自由度出现相互关联,从结点位移效应上可认为自由度等效,并由关联自由度间的几何矩阵变换实现。

▶ 5.5.1 在单元分析阶段模拟自由度等效

忽略轴向变形时,单元分析时可置 EA 为大值,如图 5.14 所示单元④,可实现单元杆端轴向平动自由度近似等效。

忽略弯曲变形时,单元分析时可置 EI 为大值,如图 5.14 所示单元②,可实现单元杆端转动自由度近似等效。

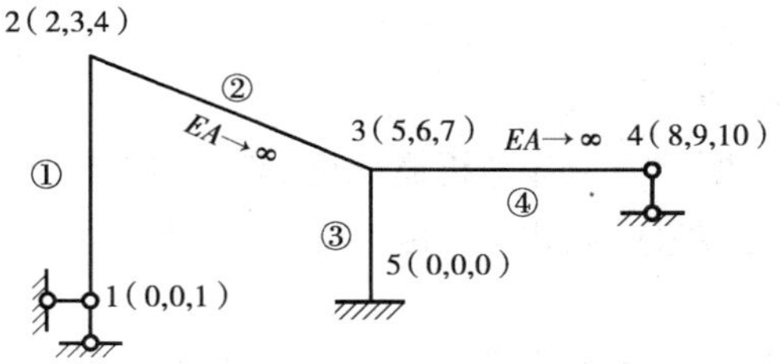

图 5.14 截面刚度置大数模拟无穷刚性

【说明】

截面刚度置大值的分析方法,是使用数值方法进行"无穷大"模拟,而非绝对的刚性,故在第 5.5.1 节标题中,使用了"模拟"字样。如此处理方式,与实际工程情形接近,研究对象为变形体,仍可分析其变形与内力,其概念普适于一切工程结构。

置大值的模拟方式,无法缩减自由度。如图 5.14 所示的自由度 5、8,两个位移值的数值解答将会非常接近,却非相等。由于各关联自由度之间并未实现真正等效,数学表达难以简化,不利于定性认识结构特征。特别是在大型结构的动力、非线性分析时,自由度过多,对机时耗费大,也会影响模型优化和概念设计等内容的具体实施。

▶ 5.5.2 在整体分析阶段实现自由度等效

除置大值方式外,还可采用绝对刚性设定,即通过**关联自由度**间的**几何变换矩阵**实施等效。但需注意:绝对刚性设定下,刚性单元的某些杆端位移分量,必然对应于刚体运动。即意味着不存在相关变形，此单元在相应自由度方向上，将不存在对应于弹性变形的内力解答。

具体处理方式：单元分析时，仍正常形成单元刚度方程，自由度的等效关系在结构刚度方程集成时或集成后再行修正。本方式实现的是相关联自由度间的真正等效，从力学概念上保证绝对刚性，可有效减少分析自由度，更适用于大型结构分析。

1）指定位移编码相同（先处理法）

根据结构整体变形特征，先处理法可直接指定整体分析时某些自由度对应的未知量相同，在结构刚度方程集成时实现一些特定自由度等效。

如图 5.15 所示，因轴向变形忽略，任意荷载作用下，结点 2、3、4 的水平位移值必然相同，在结点位移编码时，设定对应的结点位移自由度为同一编码（2）。整体分析时将不计相应单元（②、④）的轴向刚度特征。

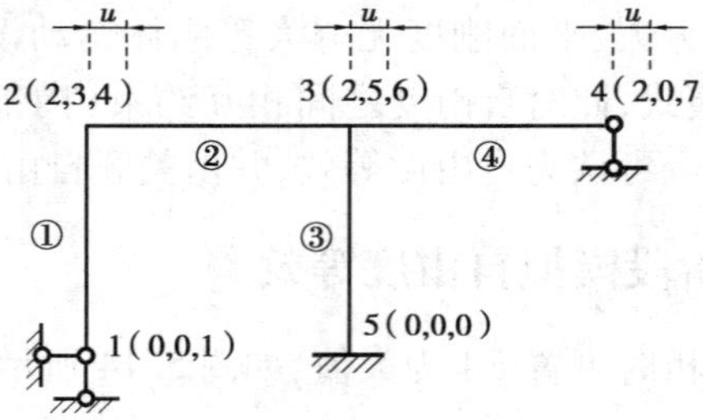

图 5.15　先处理法对自由度等效的处理

先处理法对位移编码的处理有明显的局限，仅能处置对应于整体坐标系统下平动自由度的直接等效关系。

2）几何矩阵变换（主从自由度）

几何矩阵变换方式可令模型中矩阵分析概念更清晰，在结构通用分析时更为实用。

首先，对“先处理法指定位移编码相同”的变换方式（即上面的方法 1），将其解释为矩阵变换形式。

平动等效自由度属于整体坐标系统时，即对应于先处理法设定位移编码相同的适用模式中，结构分析时有刚度方程：

$$\boldsymbol{K\Delta} = \boldsymbol{F}$$

整体分析时，设定约束条件（如某结构分析时，2、3 自由度平动等效）为：

$$\delta_2 = \delta_3$$

现以原始几何空间内位移向量为 $\boldsymbol{\Delta}$，因约束等效变换后的几何空间内位移向量为 $\boldsymbol{\Delta}^{\circ}$。

对刚度方程进行矩阵子块划分。其中，下标 1 对应的子块，为未设置等效要求的其他自由度集合；2、3 自由度则为等效自由度。刚度方程表示为：

$$\boldsymbol{K\Delta} = \boldsymbol{F} = \begin{bmatrix} \boldsymbol{K}_{11} & \boldsymbol{K}_{12} & \boldsymbol{K}_{13} \\ \boldsymbol{K}_{21} & k_{22} & k_{23} \\ \boldsymbol{K}_{31} & k_{32} & k_{33} \end{bmatrix} \begin{bmatrix} \boldsymbol{\Delta}_1 \\ \delta_2 \\ \delta_3 \end{bmatrix} = \begin{bmatrix} \boldsymbol{F}_1 \\ F_2 \\ F_3 \end{bmatrix} \tag{5.14}$$

根据位移向量的等效性，位移向量在两个不同坐标空间的变换可写为 $\boldsymbol{T}_E$，称为**几何等效变换矩阵**，位移向量在两个空间有以下几何变换关系：

$$\boldsymbol{\Delta}=\begin{bmatrix}\boldsymbol{\Delta}_1\\ \delta_2\\ \delta_3(=\delta_2)\end{bmatrix}=\begin{bmatrix}\boldsymbol{I} & 0\\ 0 & 1\\ 0 & 1\end{bmatrix}\begin{bmatrix}\boldsymbol{\Delta}_1\\ \delta_2\end{bmatrix}=\boldsymbol{T}_E\boldsymbol{\Delta}^{\circ} \tag{5.15a}$$

显然,若有多个自由度皆对应等效于 δ_2 时,式(5.15a)可扩展写为:

$$\boldsymbol{\Delta}=\begin{bmatrix}\boldsymbol{\Delta}_1\\ \delta_2\\ \delta_3(=\delta_2)\\ \vdots\\ \delta_i(=\delta_2)\end{bmatrix}=\begin{bmatrix}\boldsymbol{I} & 0\\ 0 & 1\\ \vdots & \vdots\\ 0 & 1\end{bmatrix}\begin{bmatrix}\boldsymbol{\Delta}_1\\ \delta_2\end{bmatrix}=T_E\boldsymbol{\Delta}^{\circ} \tag{5.15b}$$

此时取 δ_2 为主自由度,因约束等效与主自由度相同的位移分量($\delta_3,\cdots,\delta_i$),皆为其从自由度。平动自由度等效时,对应自由度作用结点力的作用效应,可直接叠加(自由度为共线模式,至于不共线且还等效的自由度,模型过于理想化,在此不作描述)。

力向量在两个不同坐标空间的变换写为:

$$\boldsymbol{F}^{\circ}=\boldsymbol{T}_E^{\mathrm{T}}\boldsymbol{F}=\begin{bmatrix}\boldsymbol{I} & 0 & 0\\ 0 & 1 & 1\end{bmatrix}\begin{bmatrix}\boldsymbol{F}_1\\ F_2\\ F_3\end{bmatrix}=\begin{bmatrix}\boldsymbol{F}_1\\ F_2+F_3\end{bmatrix} \tag{5.16}$$

可见,式(5.15)和式(5.16)仍满足逆步变换原理。

根据力变换式(5.16),对式(5.14)左乘变换矩阵 $\boldsymbol{T}_E^{\mathrm{T}}$,将结点力向量变换至主结点向量空间,表达为:

$$\boldsymbol{T}_E^{\mathrm{T}}\boldsymbol{K}\boldsymbol{\Delta}=\boldsymbol{T}_E^{\mathrm{T}}\boldsymbol{F} \tag{a}$$

再将位移向量变换式(5.15)代入式(a),可得:

$$\boldsymbol{T}_E^{\mathrm{T}}\boldsymbol{K}\boldsymbol{\Delta}=\boldsymbol{T}_E^{\mathrm{T}}\boldsymbol{K}\boldsymbol{T}_E\boldsymbol{\Delta}^{\circ}\xrightarrow{\boldsymbol{K}^{\circ}=\boldsymbol{T}_E^{\mathrm{T}}\boldsymbol{K}\boldsymbol{T}_E}\boldsymbol{K}^{\circ}\boldsymbol{\Delta}^{\circ}=\boldsymbol{F}^{\circ} \tag{5.17a}$$

式(5.17a)可展开写为:

$$\begin{bmatrix}\boldsymbol{K}_{11} & \boldsymbol{K}_{12}+\boldsymbol{K}_{13}\\ \boldsymbol{K}_{21}+\boldsymbol{K}_{31} & k_{22}+k_{23}+k_{32}+k_{33}\end{bmatrix}\begin{bmatrix}\boldsymbol{\Delta}_1\\ \delta_2\end{bmatrix}=\begin{bmatrix}\boldsymbol{F}_1\\ F_2+F_3\end{bmatrix} \tag{5.17b}$$

【例 5.5】如图 5.16 所示的平面刚架,若横梁不计轴向变形,试根据自由度几何变换的概念集成结构刚度方程。各杆 E、I、A、l 均为常数。

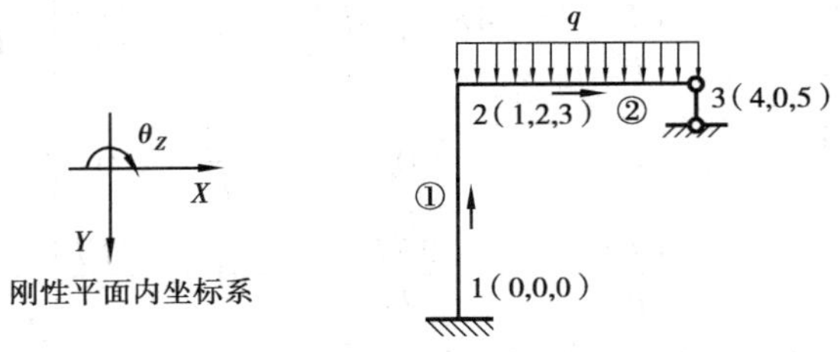

图 5.16 自由度等效示例

【解】(1)单元分析。

单元①：

$$
\boldsymbol{K}^{(1)}=\left[\begin{array}{ccc:ccc}
\frac{12EI}{l^3} & 0 & \frac{-6EI}{l^2} & \frac{-12EI}{l^3} & 0 & \frac{-6EI}{l^2} \\
0 & \frac{EA}{l} & 0 & 0 & \frac{-EA}{l} & 0 \\
\frac{-6EI}{l^2} & 0 & \frac{4EI}{l} & \frac{6EI}{l^2} & 0 & \frac{2EI}{l} \\
\hdashline
\frac{-12EI}{l^3} & 0 & \frac{6EI}{l^2} & \frac{12EI}{l^3} & 0 & \frac{6EI}{l^2} \\
0 & \frac{-EA}{l} & 0 & 0 & \frac{EA}{l} & 0 \\
\frac{-6EI}{l^2} & 0 & \frac{2EI}{l} & \frac{6EI}{l^2} & 0 & \frac{4EI}{l}
\end{array}\right]
$$

单元②：

$$
\boldsymbol{K}^{(2)}=\left[\begin{array}{ccc:ccc}
\frac{EA}{l} & 0 & 0 & \frac{-EA}{l} & 0 & 0 \\
0 & \frac{12EI}{l^3} & \frac{6EI}{l^2} & 0 & \frac{-12EI}{l^3} & \frac{6EI}{l^2} \\
0 & \frac{6EI}{l^2} & \frac{4EI}{l} & 0 & \frac{-6EI}{l^2} & \frac{2EI}{l} \\
\hdashline
\frac{-EA}{l} & 0 & 0 & \frac{EA}{l} & 0 & 0 \\
0 & \frac{-12EI}{l^3} & \frac{-6EI}{l^2} & 0 & \frac{12EI}{l^3} & \frac{-6EI}{l^2} \\
0 & \frac{6EI}{l^2} & \frac{2EI}{l} & 0 & \frac{-6EI}{l^2} & \frac{4EI}{l}
\end{array}\right]
\quad
\boldsymbol{F}_{\mathrm{EQ}}^{(2)}=\begin{bmatrix}
0 \\ -\frac{ql}{2} \\ -\frac{ql^2}{12} \\ 0 \\ -\frac{ql}{2} \\ \frac{ql^2}{12}
\end{bmatrix}
$$

(2)按先处理法集成结构刚度方程：

$$
\boldsymbol{K}=\begin{bmatrix}
\frac{12EI}{l^3}+\frac{EA}{l} & 0 & \frac{6EI}{l^2} & \frac{-EA}{l} & 0 \\
0 & \frac{EA}{l}+\frac{12EI}{l^3} & \frac{6EI}{l^2} & 0 & \frac{6EI}{l^2} \\
\frac{6EI}{l^2} & \frac{6EI}{l^2} & \frac{4EI}{l}+\frac{4EI}{l} & 0 & \frac{2EI}{l} \\
\frac{-EA}{l} & 0 & 0 & \frac{EA}{l} & 0 \\
0 & \frac{6EI}{l^2} & \frac{2EI}{l} & 0 & \frac{4EI}{l}
\end{bmatrix}
\quad
\boldsymbol{F}=\begin{bmatrix}
0 \\ \frac{ql}{2} \\ \frac{ql^2}{12} \\ 0 \\ -\frac{ql^2}{12}
\end{bmatrix}
$$

(3)单元轴向刚度无穷大，对应于结构坐标系下1、4自由度等效。以1为主自由度，4为从自由度，按式(5.17b)对结构刚度矩阵和荷载列阵修正如下：

$$
\boldsymbol{K}=\begin{bmatrix}\frac{12EI}{l^3} & 0 & \frac{6EI}{l^2} & 0\\ 0 & \frac{EA}{l}+\frac{12EI}{l^3} & \frac{6EI}{l^2} & \frac{6EI}{l^2}\\ \frac{6EI}{l^2} & \frac{6EI}{l^2} & \frac{8EI}{l} & \frac{2EI}{l}\\ 0 & \frac{6EI}{l^2} & \frac{2EI}{l} & \frac{4EI}{l}\end{bmatrix}\quad \boldsymbol{F}=\begin{bmatrix}0\\ \frac{ql}{2}\\ \frac{ql^2}{12}\\ -\frac{ql^2}{12}\end{bmatrix}
$$

【说明】

根据变换过程和结果可知:

(1)几何坐标变换方式,与先处理法结点位移编码方式一致,仍是处理整体坐标系统下的等效平动自由度,只是将分析过程解释成为矩阵变换。

(2)几何变换方式,可方便扩展至任意平动方向、或转动方向。

(3)特别注意,主从自由度方向若存在刚性外约束,由于先处理法约束处自由度已经缺失,几何变换中自由度的对应关系可能会现出错。为避免此情况,可尽量使用后处理法。即便使用后处理法,也应注意约束引入,是否与几何变换时的自由度对应关系相冲突,本书不再对此继续讨论。

3)等效平动自由度位于任意指定方向时的几何变换

如图 5.17 所示,若斜杆 ij 轴向变形忽略不计,或在结点间直接指定两点连线方向自由度等效关系时(如刚性支撑 ij)。此时自由度的等效关系不能由结构坐标系统下的自由度进行直接定义,变换方式可作以下修正。

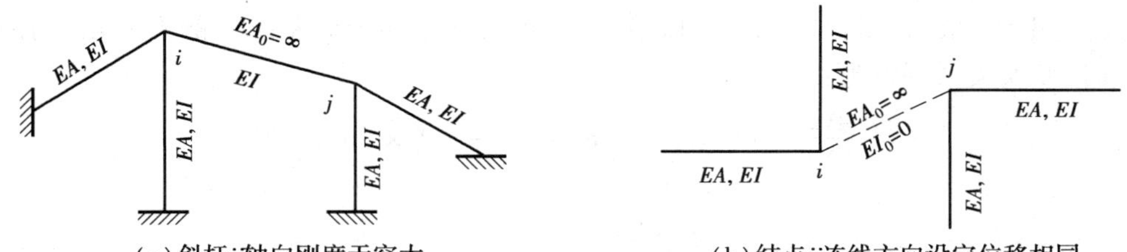

(a)斜杆ij轴向刚度无穷大　　(b)结点ij连线方向设定位移相同

图 5.17　非整体坐标上平动自由度等效

几何变换关系以图 5.17(a)的模型为例,说明如下。

斜杆 ij 轴向刚度无穷大,抗弯刚度为常量,未作等效变换的结构刚度方程仍写为:

$$\boldsymbol{K\Delta}=\boldsymbol{F}$$

小变形平动等效变换时,不涉及转动自由度,且由于轴向变形忽略不计,关联于本单元 ij 的 4 个平动自由度中,仅有 3 个为独立分量,自由度间的几何关系如图 5.18 所示。

如果设定 v_j 非独立,即:

$$
\begin{cases}u_i=u_i\\ v_i=v_i\\ u_j=u_j\end{cases}
$$

根据图 5.18 所示几何关系,显然有:

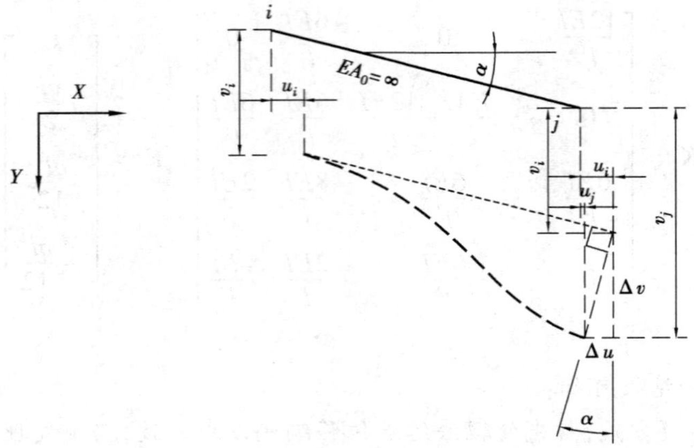

图 5.18　平动自由度等效的几何关系

$$\frac{\Delta v}{\Delta u} = \cot \alpha$$

可表达出:

$$v_j = (u_i - u_j) \times \cot \alpha + v_i$$

几何变换关系可表达为:

$$\begin{bmatrix} u_i \\ v_i \\ u_j \\ v_j \end{bmatrix} = \begin{bmatrix} 1 & 0 & 0 \\ 0 & 1 & 0 \\ 0 & 0 & 1 \\ \cot \alpha & 1 & -\cot \alpha \end{bmatrix} \begin{bmatrix} u_i \\ v_i \\ u_j \end{bmatrix} = \boldsymbol{T}_E^{ij} \begin{bmatrix} u_i \\ v_i \\ u_j \end{bmatrix}$$

为避免正切(余切)函数的无穷大取值,如果单元在整体坐标系统下的方向角 α 接近 0°或 180°时,变换关系调整为:

$$\frac{\Delta u}{\Delta v} = \tan \alpha, u_j = u_i - (v_j - v_i) \times \tan \alpha$$

即

$$\begin{bmatrix} u_i \\ v_i \\ u_j \\ v_j \end{bmatrix} = \begin{bmatrix} 1 & 0 & 0 \\ 0 & 1 & 0 \\ 1 & \tan \alpha & -\tan \alpha \\ 0 & 0 & 1 \end{bmatrix} \begin{bmatrix} u_i \\ v_i \\ v_j \end{bmatrix} = \boldsymbol{T}_E^{ij} \begin{bmatrix} u_i \\ v_i \\ v_j \end{bmatrix}$$

结构整体自由度的几何变换矩阵则可写为:

$$\boldsymbol{T}_E = \begin{bmatrix} \boldsymbol{I} & 0 \\ 0 & \boldsymbol{T}_E^{ij} \end{bmatrix}_{n \times (n-1)} \tag{5.18a}$$

4)完全刚性杆对应的自由度等效

平面杆系结构中,因不计轴向、弯曲变形,刚性杆单元自由度等效的几何变换关系如图 5.19所示。

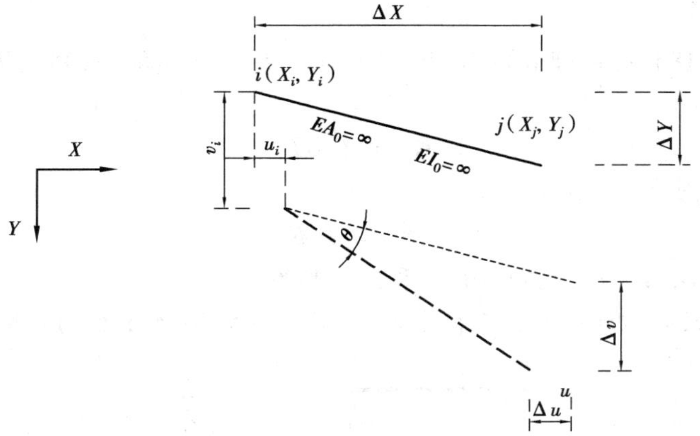

图 5.19 转动时关联自由度间的几何关系

图 5.19 中，结点 i、j 以刚性单元相连，单元只存在 3 个独立自由度，利用始端结点自由度表达末端结点自由度，末端位移增量可用始末端结点间坐标差值(即单元长度的水平、竖向投影)，与单元转角之间的乘积表达。关联自由度间存在以下坐标变换：

$$\begin{bmatrix} u_i \\ v_i \\ \theta_i \\ \hdashline u_j \\ v_j \\ \theta_j \end{bmatrix} = \begin{bmatrix} 1 & 0 & 0 \\ 0 & 1 & 0 \\ 0 & 0 & 1 \\ \hdashline 1 & 0 & -\Delta Y \\ 0 & 1 & \Delta X \\ 0 & 0 & 1 \end{bmatrix} \begin{bmatrix} u_i \\ v_i \\ \theta_i \end{bmatrix} = \boldsymbol{T}_E^{ij} \begin{bmatrix} u_i \\ v_i \\ \theta_i \end{bmatrix}$$

而结构整体自由度的几何变换矩阵则可写为：

$$\boldsymbol{T}_E = \begin{bmatrix} \boldsymbol{I} & 0 \\ 0 & \boldsymbol{T}_E^{ij} \end{bmatrix}_{n\times(n-3)} \tag{5.18b}$$

显然，经 $\boldsymbol{T}_E$ 的几何变换，将从结构刚度方程中消去刚性单元末端对应的 3 个自由度，此几何变换矩阵仍非方阵。

5)整体分析

根据所设置内部束缚条件对应的几何特征，构建几何等效变换矩阵 $\boldsymbol{T}_E$。通过 $\boldsymbol{T}_E$ 联系两个向量空间内的结点位移向量和结点力向量：

$$\boldsymbol{\Delta} = \boldsymbol{T}_E\boldsymbol{\Delta}^{\circ}$$

$$\boldsymbol{F}^{\circ} = \boldsymbol{T}_E^{\mathrm{T}}\boldsymbol{F}$$

如平动、转动、刚体等效等几何变换关系，都可合并至 $\boldsymbol{T}_E$ 矩阵中，集中表达自由度之间的直接几何关系。因变换过程存在必然的自由度缩减，几何等效变换矩阵皆非方阵。自由度等效变换后的结构刚度方程为：

$$\boldsymbol{K}^{\circ}\boldsymbol{\Delta}^{\circ} = \boldsymbol{F}^{\circ}$$

其中

$$\boldsymbol{K}^{\circ} = \boldsymbol{T}_E^{\mathrm{T}}\boldsymbol{K}\boldsymbol{T}_E$$

【程序实现】

(1)依据式(5.18)原理,建立自由度间的几何等效变换矩阵 $\boldsymbol{T}_E$,利用 $\boldsymbol{T}_E$ 变换结构刚度矩阵(或原始刚度矩阵):

$$\boldsymbol{K}_E = \boldsymbol{T}_E^{\mathrm{T}}\boldsymbol{K}\boldsymbol{T}_E$$

(2)利用 $\boldsymbol{T}_E$ 变换力向量:

$$\boldsymbol{F}^{\circ} = \boldsymbol{T}_E^{\mathrm{T}}\boldsymbol{F}$$

(3)解方程,再由 $\boldsymbol{\Delta}=\boldsymbol{T}_E\boldsymbol{\Delta}^{\circ}$,可获得位移的完整解。

【例 5.6】试用后处理法 + 几何变换方式,形成如图 5.20 所示结构的结构刚度矩阵。

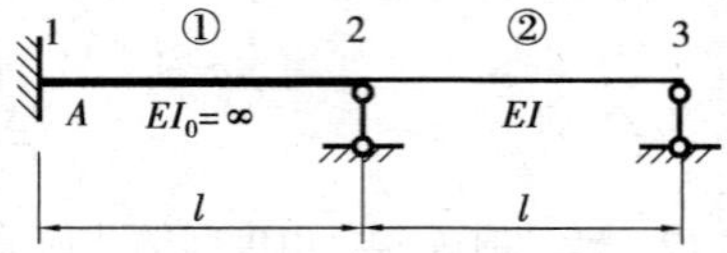

图 5.20　例 5.6 图

【解】(1)采用后处理法,EI_0 取为任一常量。根据刚度系数的物理意义,直接形成结构刚度矩阵,两个模型的结构刚度矩阵皆可表示为一致的形式。

单元①、②单刚写为:

$$\boldsymbol{K}^{(1)} = \begin{bmatrix} \frac{12EI_0}{l^3} & \frac{6EI_0}{l^2} & -\frac{12EI_0}{l^3} & \frac{6EI_0}{l^2} \\ \frac{6EI_0}{l^2} & \frac{4EI_0}{l} & -\frac{6EI_0}{l^2} & \frac{2EI_0}{l} \\ -\frac{12EI_0}{l^3} & -\frac{6EI_0}{l^2} & \frac{12EI_0}{l^3} & -\frac{6EI_0}{l^2} \\ \frac{6EI_0}{l^2} & \frac{2EI_0}{l} & -\frac{6EI_0}{l^2} & \frac{4EI_0}{l} \end{bmatrix},\ \boldsymbol{K}^{(2)} = \begin{bmatrix} \frac{12EI}{l^3} & \frac{6EI}{l^2} & -\frac{12EI}{l^3} & \frac{6EI}{l^2} \\ \frac{6EI}{l^2} & \frac{4EI}{l} & -\frac{6EI}{l^2} & \frac{2EI}{l} \\ -\frac{12EI}{l^3} & -\frac{6EI}{l^2} & \frac{12EI}{l^3} & -\frac{6EI}{l^2} \\ \frac{6EI}{l^2} & \frac{2EI}{l} & -\frac{6EI}{l^2} & \frac{4EI}{l} \end{bmatrix}$$

(2)原始刚度矩阵集成为:

$$\boldsymbol{K} = \begin{bmatrix} \frac{12EI_0}{l^3} & \frac{6EI_0}{l^2} & -\frac{12EI_0}{l^3} & \frac{6EI_0}{l^2} & 0 & 0 \\ \frac{6EI_0}{l^2} & \frac{4EI_0}{l} & -\frac{6EI_0}{l^2} & \frac{2EI_0}{l} & 0 & 0 \\ -\frac{12EI_0}{l^3} & -\frac{6EI_0}{l^2} & \frac{12EI_0}{l^3}+\frac{12EI}{l^3} & -\frac{6EI_0}{l^2}+\frac{6EI}{l^2} & -\frac{12EI}{l^3} & \frac{6EI}{l^2} \\ \frac{6EI_0}{l^2} & \frac{2EI_0}{l} & -\frac{6EI_0}{l^2}+\frac{6EI}{l^2} & \frac{4EI_0}{l}+\frac{4EI}{l} & -\frac{6EI}{l^2} & \frac{2EI}{l} \\ 0 & 0 & -\frac{12EI}{l^3} & -\frac{6EI}{l^2} & \frac{12EI}{l^3} & -\frac{6EI}{l^2} \\ 0 & 0 & \frac{6EI}{l^2} & \frac{2EI}{l} & -\frac{6EI}{l^2} & \frac{4EI}{l} \end{bmatrix}$$

(3)建立几何等效变换矩阵。

以自由度 1、2 为主自由度,3、4 为其从自由度,5、6 为独立自由度,可得:

$$\boldsymbol{T}_E = \begin{bmatrix} 1 & 0 & 0 & 0 \\ 0 & 1 & 0 & 0 \\ 1 & l & 0 & 0 \\ 0 & 1 & 0 & 0 \\ 0 & 0 & 1 & 0 \\ 0 & 0 & 0 & 1 \end{bmatrix}$$

(4)利用几何等效变换矩阵,对原结构刚度矩阵执行变换:

$$\boldsymbol{K}^{\circ} = \boldsymbol{T}_E^{\mathrm{T}} K \boldsymbol{T}_E = \begin{bmatrix} \dfrac{12EI}{l^3} & \dfrac{18EI}{l^2} & -\dfrac{12EI}{l^3} & \dfrac{6EI}{l^2} \\ \dfrac{18EI}{l^2} & \dfrac{28EI}{l} & -\dfrac{18EI}{l^2} & \dfrac{8EI}{l} \\ -\dfrac{12EI}{l^3} & -\dfrac{18EI}{l^2} & \dfrac{12EI}{l^3} & -\dfrac{6EI}{l^2} \\ \dfrac{6EI}{l^2} & \dfrac{8EI}{l} & -\dfrac{6EI}{l^2} & \dfrac{4EI}{l} \end{bmatrix}$$

变换后,所有 EI_0 对应的刚度系数都会从整体刚度矩阵中消除。

(5)主一副 0 形成结构刚度矩阵:

$$\boldsymbol{K}^{\circ} = \begin{bmatrix} 1 & 0 & 0 & 0 \\ 0 & 1 & 0 & 0 \\ 0 & 0 & 1 & 0 \\ 0 & 0 & 0 & \dfrac{4EI}{l} \end{bmatrix}$$

▶ 5.5.3* 空间结构的自由度等效变换

空间结构自由度等效变换的原理和平面结构相同,下面仅对**刚性楼层**的几何变换进行讨论。

刚性楼层是框架结构分析较常使用的工程设定。结构楼面面积通常较大,在考虑结构板在楼面运动自由度间的束缚作用后,各结点楼层平面内的相对位移一般可以忽略不计。分析楼面结点,在该平面内拥有完全相同的 3 个运动自由度(平面外的另 3 个运动自由度仍各自独立),由于平面刚体的转动效应,各结点自由度相同,但位移值却不同,如图 5.21 所示。由此产生了自由度在刚性平面内的空间**旋转变换**问题。

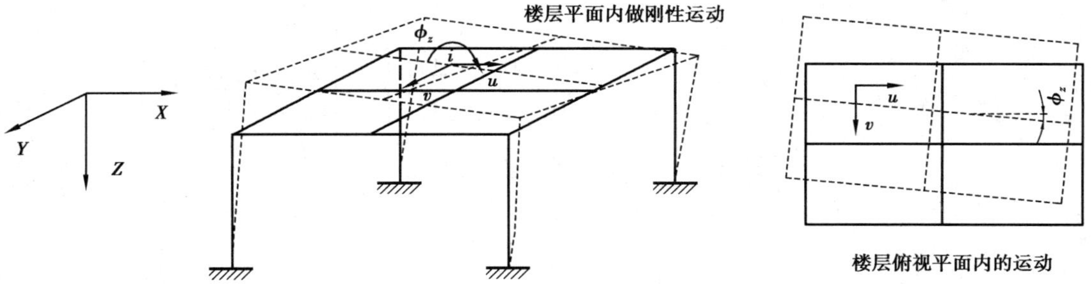

图 5.21　刚性楼面设定

在设定的刚性平面内选取任一结点作为分析楼面运动的**主结点**,以此主结点自由度代表楼面内所有结点“在平面内”的自由度,被代表了自由度的结点皆称为其**从结点**。

以下变换关系中,设定刚性平面位于 XOY 平面,即正交于 Z 轴。对于斜楼面,几何变换矩阵还需要在空间坐标系统下进行二次变换。

刚性平面位于 XOY 平面内时,按本书所采用坐标系统的坐标分量约定,刚性等效变换对应于结点在整体坐标系下第 1、2、6 自由度,即 u,v,ϕ_Z。由于刚性楼面涉及的关联结点数目较多,而先处理法自由度编码无规律可寻,本知识点讲解内容只按后处理法方式作介绍。先处理法也可依照此原理进行,只是编程实现时定位关系会复杂一些。

如图 5.22 所示,以结点 i 为楼层平面内主结点,结点 j(k 等)为其从结点,主从自由度关系可直接根据结点号确定。其中,i 可在不同楼层定义不同的主结点,仍有相应的 j(k 等)可与之关联。i、j 为原始状态,i'、j'为位移发生后状态。

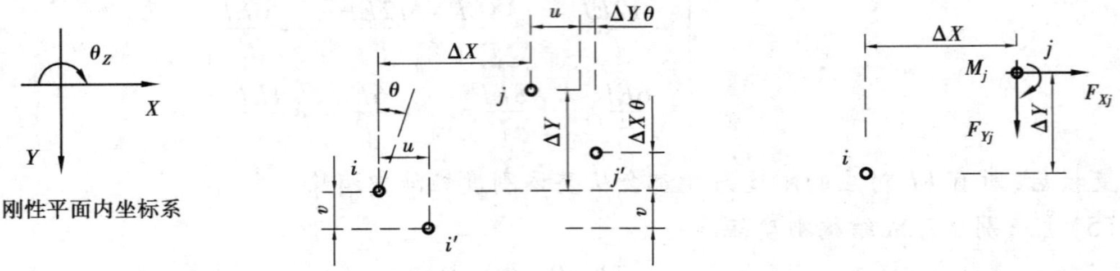

(a) 主从结点间位移变换　　(b) 主从结点间力变换

图 5.22　刚性平面内主、从结点的自由度变换

根据图 5.22(a)所示,主从自由度变换关系可由下式确定:

$$\boldsymbol{\Delta} = \boldsymbol{T}_E\boldsymbol{\Delta}^\circ \Rightarrow \boldsymbol{T}_E = \begin{array}{c} \begin{array}{ccc} 6i-5 & 6i-4 & 6i \end{array} \\ \left[\begin{array}{ccc} 1 & 0 & 0 \\ 0 & 1 & 0 \\ 0 & 0 & 1 \\ \vdots & \vdots & \vdots \\ 1 & 0 & -\Delta Y_j \\ 0 & 1 & \Delta X_j \\ 0 & 0 & 1 \\ \vdots & \vdots & \vdots \\ 1 & 0 & -\Delta Y_k \\ 0 & 1 & \Delta X_k \\ 0 & 0 & 1 \end{array}\right] \end{array} \begin{array}{l} \\ 6i-5 \\ 6i-4 \\ 6i \\ \\ 6j-5 \\ 6j-4 \\ 6j \\ \\ 6k-5 \\ 6k-4 \\ 6k \end{array} \tag{5.19}$$

ΔX 和 ΔY 为主、从结点在整体坐标系统下平面内位置的相对关系，可根据结点整体坐标值计算：

$$\begin{cases}\Delta X = X^{SJ} - X^{MJ} \\ \Delta Y = Y^{SJ} - Y^{MJ}\end{cases} \tag{5.20}$$

式中，上标 MJ，为主结点坐标；上标 SJ，为从结点坐标。

【程序实现】

刚性楼层假定时，矩阵 $\boldsymbol{T}_E$ 的程序实现如下：

(1)根据结点数 m，形成单位阵 $\boldsymbol{I}_{(6m\times6m)}$。

(2)在每一楼层，确定一个主结点 i，并将归属于本楼层的其余结点定为从结点。

(3)根据式(5.19)，对矩阵列 $6i-5$、$6i-4$、$6i$，分别对所有从结点号 j 的对应行 $6j-5$、$6j-4$、$6j$ 进行修正。

(4)所有楼层修正完毕后，划除所有楼层、所有从结点号 j 的对应列 $6j-5$、$6j-4$、$6j$，即可形成 $\boldsymbol{T}_E$。

5.6 程序分析示例

现结合例题和程序，对 MDA_1 计算程序的基本模块和使用方法作相应的说明。

MDA_1 的基本功能包括：

①计算对象为平面杆系结构，单元为考虑轴向、弯曲变形的等截面杆。

②可对结构坐标系统下指定单元进行自由度释放。

③刚度方程的集成方式为后处理法，使用特殊结点信息和主一副 0 法引入支承条件。

④可指定结点间平动的几何等效，或杆件完全刚性的几何等效。

▶ 5.6.1 主程序模块

①前处理数据整理。

②形成结构刚度方程。基本流程如下：

a. 形成单元坐标系统下的单刚。

坐标变换，形成结构整体坐标系统下的单刚：

$$\boldsymbol{T}^{\mathrm{T}}\overline{\boldsymbol{K}}^{\mathrm{e}}\boldsymbol{T}\Rightarrow\boldsymbol{K}^{\mathrm{e}}$$

根据需要，对整体坐标系统下的单元自由度进行释放：

$$\boldsymbol{K}_{00}-\boldsymbol{K}_{01}\boldsymbol{K}_{11}^{-1}\boldsymbol{K}_{10}\Rightarrow\boldsymbol{K}^{\mathrm{e}\bullet}$$

通过传送矩阵，送入原始总刚：

$$\boldsymbol{S}_0\boldsymbol{S}^{\mathrm{eT}}\boldsymbol{K}^{\mathrm{e}\bullet}\boldsymbol{S}^{\mathrm{e}}\boldsymbol{S}_0\Rightarrow K$$

根据输入结点力，形成直接结点荷载列阵。

b. 根据载常数计算固端力向量。

坐标变换，形成结构整体坐标系统下的单元等效结点力向量：

$$-T^{\mathrm{T}}\overline{F}_{\mathrm{P}}^{\mathrm{e}}\Rightarrow F_{\mathrm{EQ}}^{\mathrm{e}}$$

根据需要，对应释放自由度进行坐标变换：

$$(\boldsymbol{F}_0 - \boldsymbol{K}_{01}\boldsymbol{K}_{11}^{-1}F_1)^e \Rightarrow F^{\bullet}$$

传送进入综合结点荷载向量:

$$\boldsymbol{T}^T\boldsymbol{F}^{\bullet} \Rightarrow F$$

根据特殊结点信息数组,主1副0引入支座约束。

③对结构刚度方程使用几何变换引入刚性设定;高斯消去求解方程。

④计算并输出杆端力。

► 5.6.2 输入数据格式

基本数据结构与MDA_1程序相同,并根据自由度“释放”和“等效变换”的需要,在单元和结构信息中补充输入对应信息。

下面将接合示例,对数据输入格式进行相应说明。

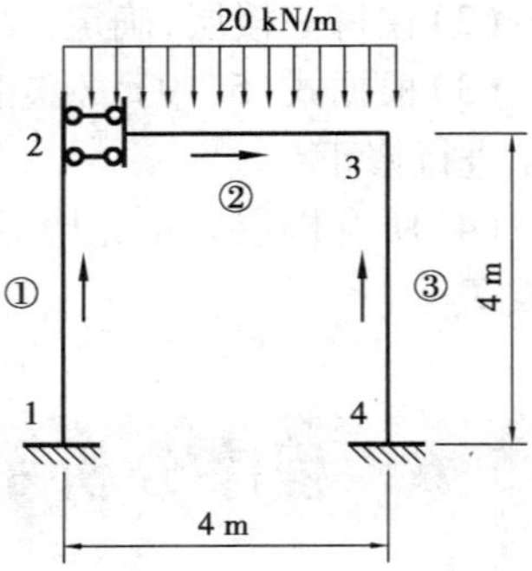

图5.23 单元自由度释放

【例5.7】以MDA_1程序分析图5.23所示结构,对单元2始端竖向自由度释放。取$E=1, A=5, I=1$进行计算,并绘内力图。

【解】(1)单元2被释放自由度在整体坐标系统下,对应于本单元的第2自由度。因此,对应数据格式输入为(与MDA格式有区别的,用加粗字体标示):

3,4,2,0,1,0	支座的数目 NR=2;N_GEO=0(本例无几何等效变换)
0,4	
0,0	
4,0	
4,4	
1,2,1,5,1,0	在MDA的单元信息,第6个数增加释放的单元自由度号
2,3,1,5,1,2	不需释放则输入0
4,3,1,5,1,0	
1,-1,-1,-1	支座约束信息
4,-1,-1,-1	
2,1,20,4	

(2)计算结果输出文件如下:

结点位移

结点	u	v	ceta
1	0.000000E+00	0.000000E+00	0.000000E+00
2	-0.637430E+03	0.000000E+00	-0.301580E+03
3	-0.642570E+03	0.640000E+02	-0.338420E+03
4	0.000000E+00	0.000000E+00	0.000000E+00

杆端力

单元

1	N1 =	0.0000	V1 =	6.4257	M1 =	88.2463
	N2 =	0.0000	V2 =	-6.4257	M2 =	-62.5435
2	N1 =	6.4257	V1 =	-80.0000	M1 =	-97.4565
	N2 =	-6.4257	V2 =	0.0000	M2 =	-62.5435
3	N1 =	80.0000	V1 =	-6.4257	M1 =	71.7537
	N2 =	-80.0000	V2 =	6.4257	M2 =	-97.4565

(3)画内力图。

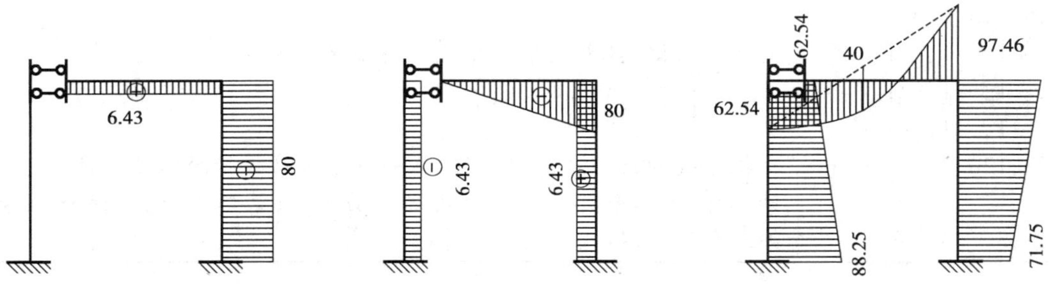

(a)轴力图（单位：kN）　(b)剪力图（单位：kN）　(c)弯矩图（单位：kN·m）

图 5.24　例 5.7 内力图

【例 5.8】以 MDA_1 程序分析如图 5.25(a)所示结构，杆 EF 轴向刚度无穷大。其余单元 E、I、A 为常数，取 $E=1$，$A=5$，$I=1$ 进行计算，并绘内力图。

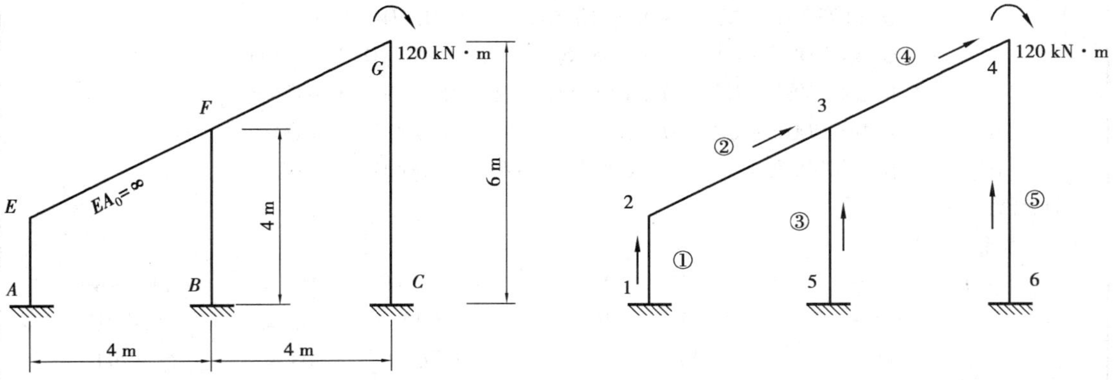

(a)　(b)

图 5.25　例 5.8 图

【解】(1)单元、结点编号如图 5.25(b)所示。以结点 2 为主结点，3 结点为从结点，指定结点 23 在其连线方向平动自由度等效，数据文件如下。

5,6,3,1,0,1 0,6 0,4 4,2 8,0 4,6 8,6	支座数目 NR =3;一组自由度等效变换:N_GEO =1,
1,2,1,5,1,0 2,3,1,5,1,0 5,3,1,5,1,0 3,4,1,5,1,0 6,4,1,5,1,0	同 MDA 单元信息,第 6 个数增加释放的单元自由度号;无须释放输入 0
1, -1, -1, -1 5, -1, -1, -1 6, -1, -1, -1	支座约束信息(无约束输 0,有约束输入 -1):
4,3,120 3 0,2,3	每组等效约束信息需输两行:第一行输入第 2 行的参数数目。 第二行:第一个数 =0,表示共线平动等效;第二个数,主结点编号;第三个数及以后,从结点编号

(2)计算结果输出文件如下:

结点位移

结点	u	v	ceta
1	0.000000E +00	0.000000E +00	0.000000E +00
2	0.117325E +02	-0.204506E +01	0.604987E +01
3	0.431208E +01	-0.168860E +02	-0.109342E +02
4	0.522278E +02	0.314641E +02	0.980061E +02
5	0.000000E +00	0.000000E +00	0.000000E +00
6	0.000000E +00	0.000000E +00	0.000000E +00

杆端力

单元						
1	N1 =	-5.1127	V1 =	-8.5240	M1 =	-11.5489
	N2 =	5.1127	V2 =	8.5240	M2 =	-5.4991
2	N1 =	0.0000	V1 =	0.7609	M1 =	5.4991
	N2 =	0.0000	V2 =	-0.7609	M2 =	-2.0964
3	N1 =	-21.1075	V1 =	-4.9088	M1 =	-7.0841
	N2 =	21.1075	V2 =	4.9088	M2 =	-12.5512
4	N1 =	-23.7407	V1 =	17.4446	M1 =	14.6476
	N2 =	23.7407	V2 =	-17.4446	M2 =	63.3672
5	N1 =	26.2201	V1 =	13.4328	M1 =	23.9641
	N2 =	-26.2201	V2 =	-13.4328	M2 =	56.6328

(3)画内力图,如图 5.26 所示。

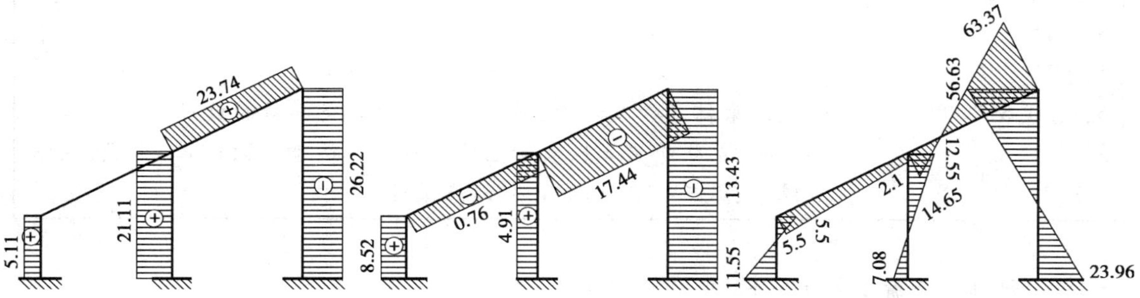

(a)轴力图(单位:kN)　(b)剪力图(单位:kN)　(c)弯矩图(单位:kN)

图 5.26　结果内力图

【例 5.9】以 MDA_1 程序分析图 5.27 所示结构,单元 3 轴向、弯曲刚度均无穷大。其余单元 EIA 为常数,取 $E=1,A=3,I=1$ 进行计算。

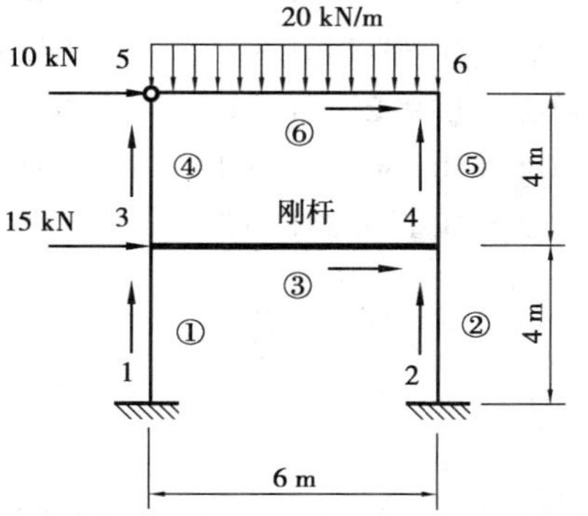

图 5.27　例 5.9 图

【解】(1)释放单元 6 在结构坐标系下的第三自由度(即始端为铰);并以结点 3 为主结点,结点 4 为从结点,进行刚杆几何变换。数据文件如下:

6,6,2,2,1,1	支座数目 NR=3;一组自由度等效变换 N_GEO=1
0,8	
6,8	
0,4	
6,4	
0,0	
6,0	
1,3,1,3,1,0	
2,4,1,3,1,0	单元信息,第 6 个数增加释放的单元自由度号;不需释放则输入 0
3,4,1,3,1,0	本例单元 6 释放第 3 自由度
3,5,1,3,1,0	
4,6,1,3,1,0	
5,6,1,3,1,3	
1,-1,-1,-1	支座约束信息

2, -1, -1, -1 3,1,15 5,1,10 6,1,20,6 3 1,3,4	等效约束信息输入两行:第一行输入第二行参数的数目。 第二行:第一个数=1,表示主从结点刚体运动等效;第二个数,主结点编号;第三个数及以后,从结点编号

(2)计算结果输出文件如下:

结点位移

结点	u	v	ceta
1	0.000000E+00	0.000000E+00	0.000000E+00
2	0.000000E+00	0.000000E+00	0.000000E+00
3	0.795238E+02	0.607143E+02	0.642857E+01
4	0.795238E+02	0.992857E+02	0.642857E+01
5	0.370405E+02	0.130266E+03	-0.191455E+02
6	0.106470E+02	0.189734E+03	-0.760583E+02

杆端力

单元						
1	N1 =	45.5357	V1 =	-12.5000	M1 =	-26.6071
	N2 =	-45.5357	V2 =	12.5000	M2 =	-23.3929
2	N1 =	74.4643	V1 =	-12.5000	M1 =	-26.6071
	N2 =	-74.4643	V2 =	12.5000	M2 =	-23.3929
3	N1 =	0.0000	V1 =	0.0000	M1 =	0.0000
	N2 =	0.0000	V2 =	0.0000	M2 =	0.0000
4	N1 =	52.1641	V1 =	3.1968	M1 =	12.7870
	N2 =	-52.1641	V2 =	-3.1968	M2 =	0.0000
5	N1 =	67.8359	V1 =	-13.1968	M1 =	-5.7718
	N2 =	-67.8359	V2 =	13.1968	M2 =	-47.0152
6	N1 =	13.1968	V1 =	-52.1641	M1 =	0.0000
	N2 =	-13.1968	V2 =	-67.8359	M2 =	47.0152

(3)画内力图,如图 5.28 所示。

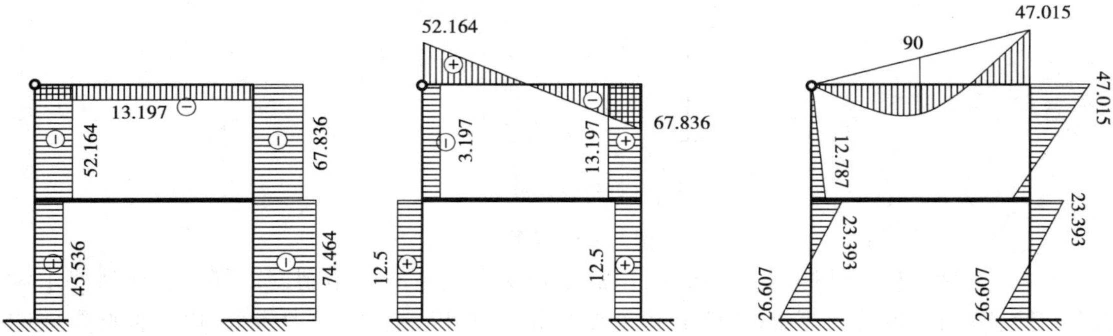

(a)轴力图（单位：kN）　(b)剪力图（单位：kN）　(c)弯矩图（单位：kN）

图 5.28　结果内力图

习　题

5.1　写出如题图 5.1 所示结构各结点的特殊结点信息,并仿照程序思维过程,形成结点位移编码。

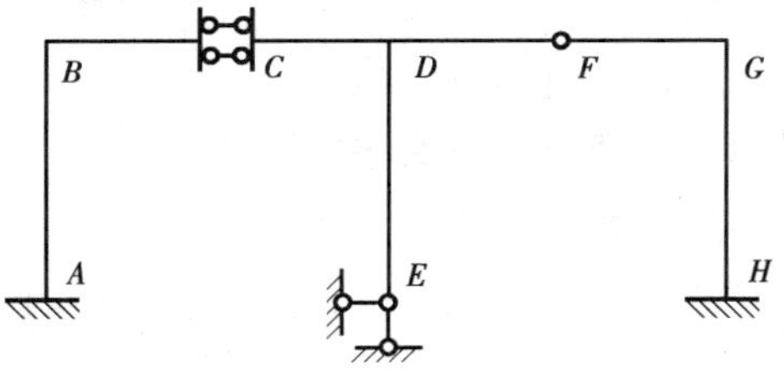

图 5.29　题图 5.1

5.2　如题图 5.2 所示结构,梁截面 $b \times h = 0.25\ \text{m} \times 0.6\ \text{m}$,柱截面 $b \times h = 0.45\ \text{m} \times 0.45\ \text{m}$,材料弹模 $E = 3 \times 10^8\ \text{kN/m}^2$,使用 MDA_1 分析并绘弯矩图。

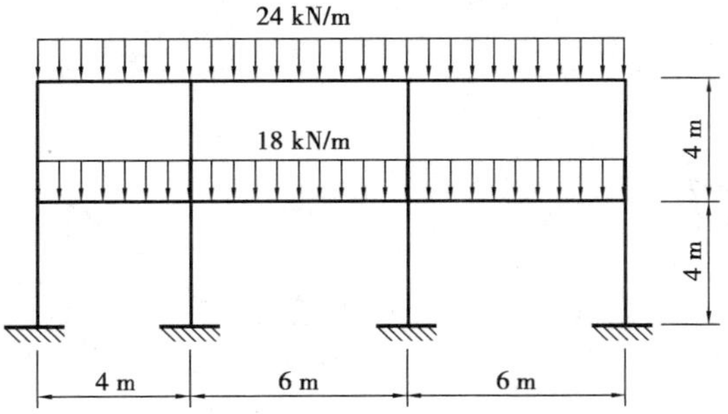

图 5.30　题图 5.2

5.3　试用 MDA 和 MDA_1 同时对如题图 5.2 所示结构(各杆 EI = 常数,$EA = 8EI$)进行分析,其中后处理法对特殊结点使用过渡单元进行模拟,并说明如何尝试将后处理法的计算误差相对减小。

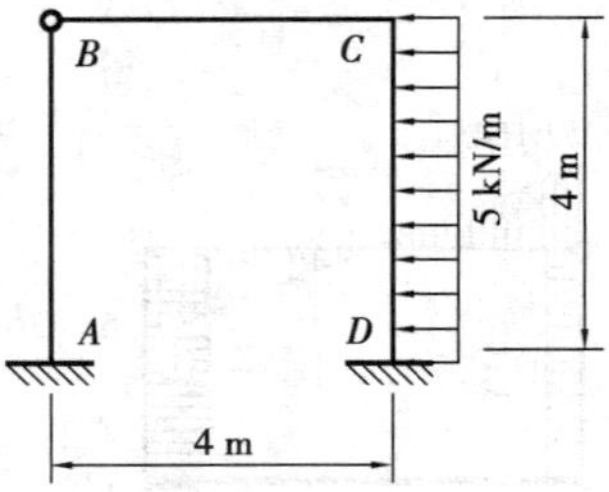

图 5.31　题图 5.3

5.4　某平面杆系结构,结点数 =6,以后处理法方式集成原始刚度矩阵。集成后要求设定 10、13、16 自由度彼此等效,2、11 自由度彼此等效,7、17 自由度彼此等效,以上彼此等效的自由度皆为结构坐标系统下共线的平动自由度。试写出对应的几何等效变换矩阵。

5.5　如题图 5.4 所示的平面结构,某单元 e 为刚性杆,不计所有截面变形,其余单元 EI、EA 为常数,杆长均为 l。试根据先处理形成结点位移编码,并写出几何等效变换矩阵。

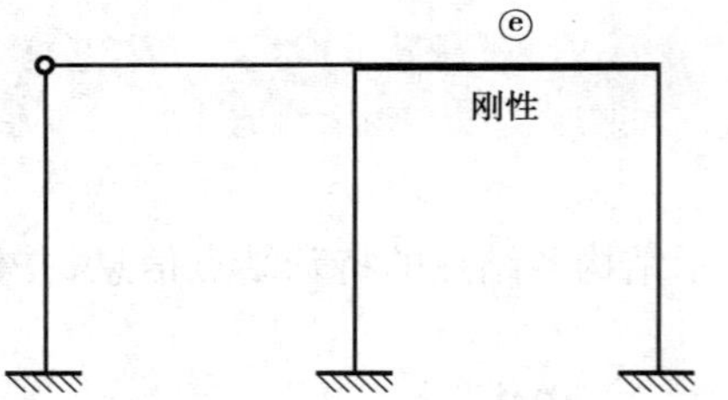

图 5.32　题图 5.4

5.6　使用 MDA_1 分析如题图 5.5 所示结构,并绘内力图。除指定刚性截面外,其余杆件 EIA 为常数,取 $E=1$,$A=3$,$I=1$ 进行计算。

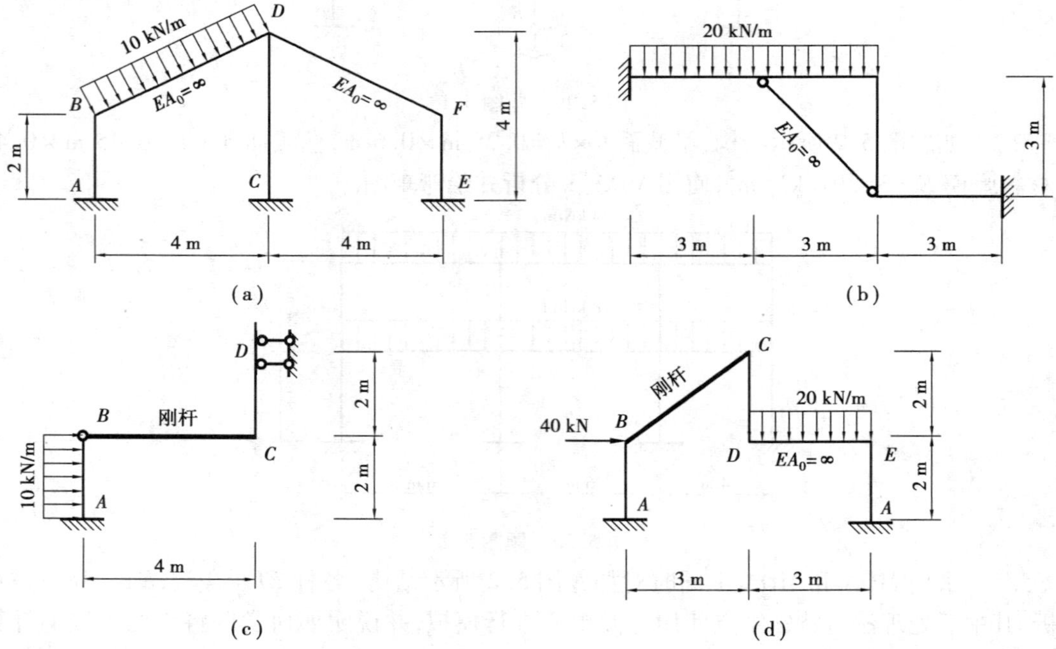

图 5.33　题图 5.5

综合思考题

5.7 刚域对杆系结构影响程度分析。某多层多跨平面刚架结构。考虑竖向荷载和水平荷载两种独立工况,结构简图和截面尺寸请合理选取。柱端无须考虑刚域影响,梁与柱连接位置使用刚域设定。

请以 3 种方法进行结构分析:

(1)忽略刚域的影响;

(2)将刚域部分编为独立杆单元,并置大数分析;

(3)修改 MDA 为可计算带刚域的程序,并进行计算。

根据以上分析结果,从内力分布和结构变形上,比较并认识刚域对平面框架结构的影响程度。

5.8 修改 MDA 为可直接计算弹性支座的程序。

6

杆系结构动力分析

本章知识体系建立在结构动力学基础上，利用矩阵化力学思维，将动力分析中的代数解析计算，转换为矩阵全过程分析。本章对动力学基础知识不作过多讲述，主要讨论在动力分析过程中涉及的力学概念和与之相对应的矩阵变换，并结合有限单元法的基本概念，实现杆系结构自由振动和强迫振动的矩阵分析。

6.1 杆系结构运动方程

6.1.1 运动方程建立

结构动力分析时，运动方程常用以下几种方式建立：

(1)达朗伯(d'Alembert)原理

对于质点体系，在每一动力自由度方向上根据瞬时动平衡，表达出在时刻 t 的所有作用力，建立的平衡方程即为运动方程。即：

$$\boldsymbol{F}-m\ddot{\boldsymbol{y}}(t)=\boldsymbol{0} \tag{6.1}$$

(2)虚位移原理

虚位移原理和结构的真实平衡条件等价，达朗伯原理[式(6.1)]也可表达为虚位移原理的形式，基于虚位移原理建立运动方程：

$$\boldsymbol{F}\boldsymbol{y}^{*\mathrm{T}}-(m\ddot{\boldsymbol{y}}_D)\cdot\boldsymbol{y}_D^{*\mathrm{T}}=\boldsymbol{0} \tag{6.2}$$

式中，$\boldsymbol{y}^*$ 为虚静位移分量，$\boldsymbol{y}_D^*$ 为虚动位移分量，$\ddot{\boldsymbol{y}}_D(t)$ 为加速度分量。

式(6.2)为**动力学普遍方程**。由于虚位移原理中虚功为标量,与坐标体系的选择无关,在最后方程形成时,可对虚功按代数方式进行操作,而不用考虑力的矢量叠加。在复杂体系中直接表达平衡方程有困难时,在广义坐标体系下使用虚位移形式或许会相对容易。

(3)哈密顿(Hamilton)原理

哈密顿原理利用变分形式对稳定体系的能量特征进行描述,使用纯粹的标量计算,避免了虚位移原理中计算虚功时对力向量和位移向量的直接描述。

本章研究对象为线弹性、小变形杆系结构,受力、变形均相对简单,故采用达朗伯原理建立动力平衡方程。

如图6.1(a)所示,利用考虑瞬时动平衡的达朗伯原理,则单自由度体系的运动方程可写为:

$$F_P(t)+F_P(t)+F_P(t)+F_P(t)=0$$

$$\Rightarrow m\ddot{y}(t)+c\dot{y}(t)+ky(t)=F_P(t) \tag{6.3a}$$

多自由度体系[图6.1(b)]的运动方程,只需将单自由度体系方程中的系数和变量,扩展成矩阵与向量,即:

$$\boldsymbol{M}\ddot{\boldsymbol{Y}}(t)+\boldsymbol{C}\dot{\boldsymbol{Y}}(t)+\boldsymbol{K}\boldsymbol{Y}(t)=\boldsymbol{F}_P(t) \tag{6.3b}$$

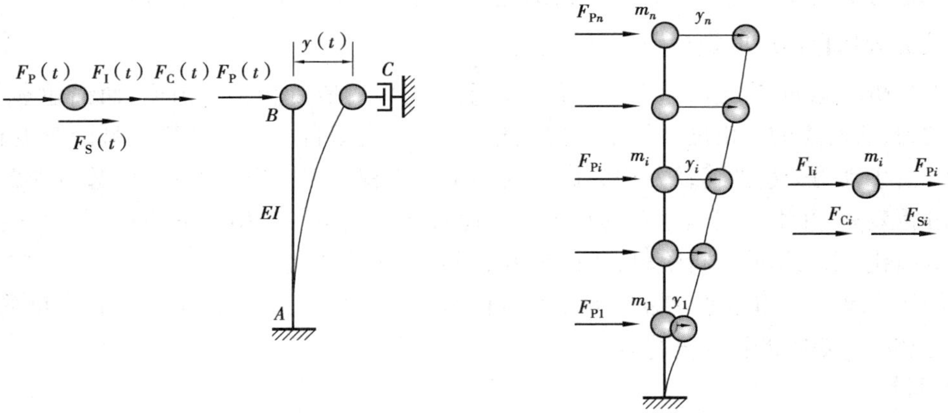

(a)单自由度体系　　(b)多自由度体系

图6.1　根据达朗伯原理建立动平衡方程

其中,质量(质量矩阵 $\boldsymbol{M}$)、阻尼系数(阻尼矩阵 $\boldsymbol{C}$)和刚度系数(刚度矩阵 $\boldsymbol{K}$)是动力分析时,需要确定的基本动力特征。

▶　6.1.2　动力分析自由度

1)动力分析自由度的基本构成

动力分析自由度可根据参与平衡条件的力进行选择。

式(6.3a)所列动平衡方程中,四个力子项的分别为:

(1)惯性力 $\boldsymbol{F}_I(t)$

惯性力 $\boldsymbol{F}_I(t)=-\boldsymbol{M}\ddot{\boldsymbol{Y}}(t)$,取决于质量分布和质量运动。惯性力为动力分析的决定性因

素，故相应自由度的选择，必须保证在当前坐标系统内，可以描述主要质量分布所对应的运动，此即**动力自由度**。

(2)阻尼力 $\boldsymbol{F}_{\mathrm{C}}(t)$

阻尼力采用粘滞阻尼模式时，$\boldsymbol{F}_{\mathrm{C}}(t)=-\boldsymbol{C}\dot{\boldsymbol{Y}}(t)$，取决于阻尼系数和运动速度。根据后述对阻尼的说明可知，阻尼作为能量耗散因素引入，构成复杂，粘滞阻尼本就是一种假定。实用计算时，运动方程对阻尼引入还需根据结构特征和分析需要简化，故动力分析时一般可无须过多关注阻尼力对应的特定自由度。

(3)弹性恢复力 $\boldsymbol{F}_{\mathrm{S}}(t)$

弹性恢复力 $\boldsymbol{F}_{\mathrm{S}}(t)=-\boldsymbol{K}\boldsymbol{Y}(t)$，取决于结构弹性部分的刚度特征，以及对变形的表达方式。描述变形时，既应包括质点位移、有连续分布质量单元的变形，也应包括无质量弹性单元的变形。由于确定弹性恢复力的刚度特征不仅用于确定动平衡，还要以之计算动位移对应的内力分布，故通常由可完整描述结构弹性变形的分析自由度表达。

(4)动荷载

在动荷载方向上存在对应自由度时，可更为直接地引入动力荷载影响。而若接受动荷载在单元上也可等效变换至单元结点，则无须过多关注动荷载对应的特定自由度。

2)动力分析自由度的选择

动力分析时总的自由度，原则上应包括以上4类力的所有相关自由度，而描述参与动平衡的4类力，所对应的自由度显然不会完全相同；不同类型自由度对计算模型的影响程度也不一样。由于动力分析的运动方程为微分或偏微分方程组，计算量对自由度数目非常敏感。为保证分析效率，并不宜引入过多的自由度。通常会在满足一定精度的前提下，对次要自由度作相应简化；或在不同分析阶段，选择使用不同的分析自由度。

4类力中，惯性力和弹性恢复力对动力方程影响程度最为关键，以下结合自由度简化，对质量矩阵和刚度矩阵的构成进行表述。

【说明】

本章中，"动力自由度"和"动力分析自由度"是两个不同的概念。动力自由度用以描述惯性力相关的物理量；而动力分析自由度是动力完整分析所需要的，请注意区分。

▶ 6.1.3 质量矩阵

1)集中质量矩阵

若"有分布质量"杆，其弹性变形对动力效应影响较小时，可将单元质量直接集中至单元结点自由度上，此时使用单元集中质量矩阵。质量集中到结点上时视为质点，并只计其在正交主轴方向上的平动，质点的转动质量此时忽略不计。

对于等截面平面杆元，分布线质量为 $\overline{m}$，杆长为 l，单元坐标系统下集中质量矩阵可表达为(不计转动惯量)：

$$
\boldsymbol{M}^{e}=\frac{\bar{m}l}{2}\begin{bmatrix}1&0&0&0&0&0\\0&1&0&0&0&0\\0&0&0&0&0&0\\0&0&0&1&0&0\\0&0&0&0&1&0\\0&0&0&0&0&0\end{bmatrix} \tag{6.4}
$$

此单元质量矩阵对应于图 6.2 所示的“一个单元”模式。若直接使用用质点简化方式，对分析精度产生较大影响时，可对单元进行细化处理。如图 6.2 所示，单元细化程度越高，质点分布越均匀，对原分布质量的代表性也越好。

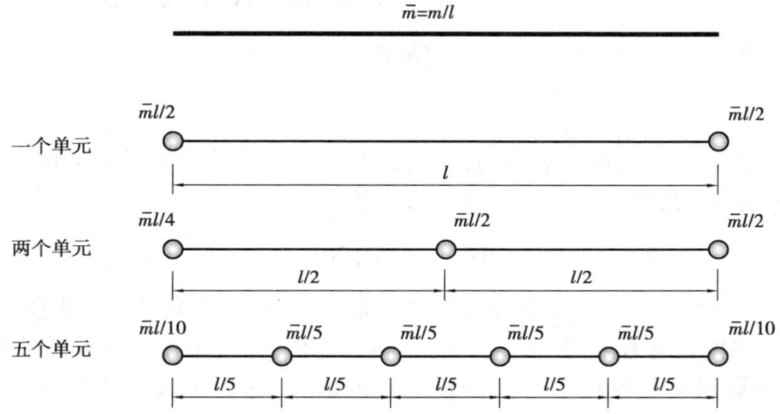

图 6.2　集中质量简化时细化单元

2)一致质量矩阵

杆件的质量分布对动力响应影响较大时，仍采用图 6.2 的处理方式，细化到足够程度即可保证精度。但单元数目的增加，必然导致结构动力分析自由度数目过多，对后续分析非常不利。此时可在单元内部，考虑质量因弹性变形而产生的运动，即使用杆件的**可能运动**去描述分布质量对动力响应的影响(图 6.3)。

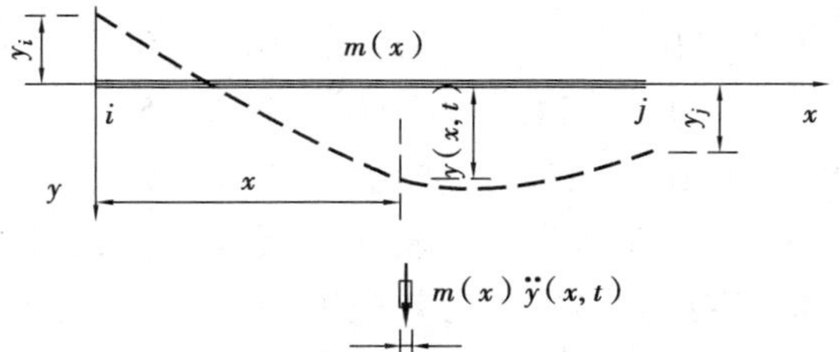

图 6.3　动力效应与质量分布

若单元内部的位移分布和质量运动产生的惯性力皆相对均匀，可利用单元的位移插值函数 $N(x)$，通过结点动位移去表达单元内部的动位移分布。根据虚位移原理，分布惯性力在单元虚位移上所做虚功，应等于等效结点惯性力在单元结点虚位移上所做虚功，即根据“能量等效”原理进行以下推导。

下面是一维杆元的推导[$m(x)$为截面质量沿杆长的分布函数]。

①分布惯性力 $m(x)\ \ddot{\boldsymbol{y}}^*(x,t)$ 在单元内部设定虚位移分布 $y^*(x,t)$ 上做虚功：$\int_L \boldsymbol{y}^{*\mathrm{T}}(x,t)m(x)\ \ddot{\boldsymbol{y}}^*(x,t)\mathrm{d}x$。

②等效结点惯性力 $M^e\ddot{\boldsymbol{\delta}}^{e*}(t)$在结点虚位移$\delta^{e*}(t)$上做虚功：$\delta^{e*\mathrm{T}}(t)M^e\ddot{\boldsymbol{\delta}}^{e*}(t)$。

③根据能量等效，并考虑有 $\boldsymbol{y}^*(x,t)=\boldsymbol{N}(x)\boldsymbol{\delta}^*$，可得：

$$\delta^{e*\mathrm{T}}(t)M^e\ \ddot{\boldsymbol{\delta}}^{e*}(t) = \int_L(\boldsymbol{N}(x)\boldsymbol{\delta}^{e*})^{\mathrm{T}}m(x)\ \ddot{\boldsymbol{y}}^*(x,t)\mathrm{d}x$$

$$= \boldsymbol{\delta}^{e*\mathrm{T}}(t)\int_L \boldsymbol{N}^{\mathrm{T}}(x)m(x)\boldsymbol{N}(x)\mathrm{d}x \times \ddot{\boldsymbol{\delta}}^{e*}(t)$$

从上式中消去与积分无关的结点虚位移和虚加速度向量，即得：

$$\boldsymbol{M}^e = \int_L \boldsymbol{N}^{\mathrm{T}}(x)m(x)\boldsymbol{N}(x)\mathrm{d}x \tag{6.5a}$$

式(6.5a)为杆单元一致质量矩阵的计算公式，应用于其他类型的单元时(如平面或实体单元)，也可写为统一形式(此时 ρ 为密度分布函数)：

$$\boldsymbol{M}^e = \int_V \boldsymbol{N}^{\mathrm{T}}\rho\boldsymbol{N}\mathrm{d}v \tag{6.5b}$$

式(6.5)可将分布质量按设定的可能位移分布，“等效”变换到结点自由度上。

使用可能位移模式与有限元单元静力分析概念类似，详见第3章位移插值函数的相关叙述。位移插值函数通常会选用与静力分析一致的形式，称为**一致质量矩阵**(或**协调质量矩阵**)。由于运动的任意可能性，无法保证如静力分析一般，杆元设定的可能位移函数可由简单函数进行相对准确描述。即，一致质量矩阵通常只能是一种近似分析方法。

位移插值函数轴向位移描述选用式(4.9)(线性位移分布)，切、弯向位移选用式(3.19)(三次多项式)，平面等截面直杆的单元质量矩阵，可据式(6.5a)积分计算为：

$$\boldsymbol{M}^e = \frac{\bar{m}\,l}{420}\left[\begin{array}{ccc|ccc} 210 & 0 & 0 & 210 & 0 & 0 \\ 0 & 156 & -22l & 0 & 54 & 13l \\ 0 & -22l & 4l^2 & 0 & -13L & -3L^2 \\ \hline 210 & 0 & 0 & 210 & 0 & 0 \\ 0 & 54 & -13L & 0 & 156 & 22L \\ 0 & 13l & -3L^2 & 0 & 22L & 4L^2 \end{array}\right] \tag{6.6}$$

普通框架结构动力分析时，由于质量主要集中于楼盖部分，又以水平运动为主(地震荷载、风荷载)，单元内部的弹性变形对结构动力效应影响较小，一致质量矩阵对模型计算精度的提高意义一般不会太大，故常规杆系结构分析时仍会选择集中质量矩阵进行计算。但若分析对象为“空旷、大跨”，没有明显占优的集中质量分布于结点时，杆件弹性变形对结构动力效应影响明显。选择一致质量矩阵，可在一定程度上提高动力分析精度。

【程序实现】

```
----------------------------------------------------------------------------------------------------
EM = 0.0
IF Mode = 0 Then   ! 集中质量矩阵集成，只考虑平动自由度
```

```
        EM(1, 1) = m_pi * L / 2.0
        EM(2, 2) = m_pi * L / 2.0
        EM(4, 4) = m_pi * L / 2.0
        EM(5, 5) = m_pi * L / 2.0
    ElseIf Mode = 1 Then  ! 一致质量矩阵集成
        DO J = 1,5    ! 高斯积分
            X =L / 2.0 * T(J) + L / 2.0
            N_MATRIX( )  ! 调用截面 x 处位移插值函数
            EM = EM + m_pi * R(J) * L/ 2.0 * MATMUL(Transpose(N), N))
        ENDDO
    End If
```

▶ 6.1.4　刚度矩阵

质量对应的自由度决定惯性力,而惯性力是动力分析区别于静力分析最主要的因素。现行的动力学教材中,通常在**动力自由度**方向上使用对应的刚度系数,用以描述结构刚度。如图 6.4 所示,结构刚度特征就在动力自由度方向上进行计算的。

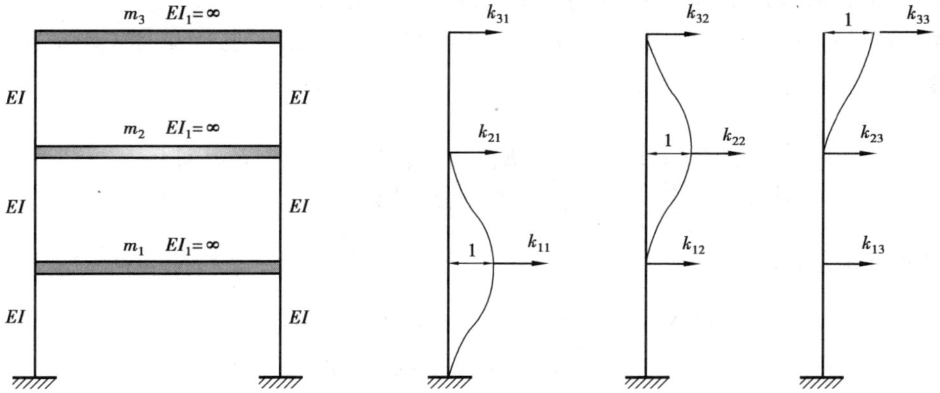

图 6.4　在动力自由度上表达刚度特征

但对于绝大多数结构,描述质量分布的动力自由度,与描述弹性变形需要的自由度,二者并不完全一致。

如图 6.5a 所示的结构(忽略轴向变形),动力自由度只在柱顶水平运动方向存在。此动力自由度方向的结构刚度(即形成如图 6.5b 所示的 k_{11}),需对静力分析对应的刚度矩阵进行变换才能获取(描述弹性变形的自由度如图 6.5c 所示)。

根据结构静力分析中相关概念,以“静”“动”自由度的并集,作为动力分析“总”自由度,既可准确描述结构运动中的惯性力,也可准确描述结构整体运动的变形特征。

具体集成方式仍为先形成单刚,再根据单元与整体自由度对应的关系,集成结构刚度矩阵。

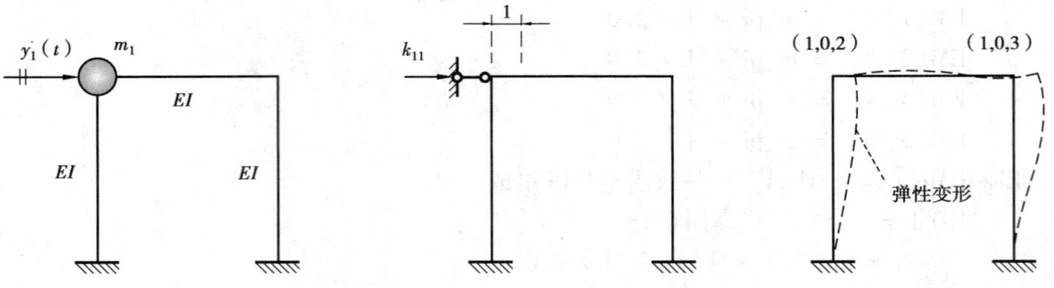

图 6.5　惯性力自由度与结构刚度特征

▶ 6.1.5　矩阵凝聚

由于质量矩阵集成的特点，特别是考虑按集中质量模式集成，或因为质量分布被忽略出现无质量杆件时，质量直接相关的动力自由度，与描述变形特征的刚度矩阵“静力自由度”之间，自由度对应上存在差异：描述刚度特征的自由度数目，或将大于描述质量分布的自由度数目。此时静力刚度矩阵仍为正定矩阵，而质量矩阵则有可能是半正定矩阵（部分主元元素为 0）。

为便于进行后续求解，可根据动力自由度进行矩阵凝聚。

按结构质量矩阵主元的非零和零，对动力方程进行矩阵子块划分（下标 1 对应非零，下标 2 对应零）。

$$\begin{bmatrix} \boldsymbol{M}_{11} & 0 \\ 0 & 0 \end{bmatrix} \begin{bmatrix} \ddot{\boldsymbol{Y}}_1(t) \\ \ddot{\boldsymbol{Y}}_2(t) \end{bmatrix} + \begin{bmatrix} \boldsymbol{K}_{11} & \boldsymbol{K}_{12} \\ \boldsymbol{K}_{21} & \boldsymbol{K}_{22} \end{bmatrix} \begin{bmatrix} \boldsymbol{Y}_1(t) \\ \boldsymbol{Y}_2(t) \end{bmatrix} = \begin{bmatrix} \boldsymbol{F}_{P1}(t) \\ \boldsymbol{F}_{P2}(t) \end{bmatrix} \tag{a}$$

式(a)按子块展开为：

$$\left.\begin{aligned} \boldsymbol{M}_{11}\ddot{\boldsymbol{Y}}_1(t) + \boldsymbol{K}_{11}\boldsymbol{Y}_1(t) + \boldsymbol{K}_{12}\boldsymbol{Y}_2(t) &= \boldsymbol{F}_{P1} \\ \boldsymbol{K}_{21}\boldsymbol{Y}_1(t) + \boldsymbol{K}_{22}\boldsymbol{Y}_2(t) &= \boldsymbol{F}_{P2} \end{aligned}\right\} \tag{b}$$

由式(b)中第二式，表达出与质量无关的位移向量：

$$\boldsymbol{Y}_2(t) = \boldsymbol{K}_{22}^{-1}[\boldsymbol{F}_{P2} - \boldsymbol{K}_{21}\boldsymbol{Y}_1(t)] \tag{6.7}$$

再将式(6.7)回代式(b)中第一式，得：

$$\boldsymbol{M}_{11}\ddot{Y}_1(t) + \boldsymbol{K}_{11}\boldsymbol{Y}_1(t) + \boldsymbol{K}_{12}[\boldsymbol{K}_{22}^{-1}\boldsymbol{F}_{P2} - \boldsymbol{K}_{22}^{-1}\boldsymbol{K}_{21}\boldsymbol{Y}_1(t)] = \boldsymbol{F}_{P1}$$

整理为：

$$\boldsymbol{M}_{11}\ddot{\boldsymbol{Y}}_1(t) + (\boldsymbol{K}_{11} - \boldsymbol{K}_{12}\boldsymbol{K}_{22}^{-1}\boldsymbol{K}_{21})\boldsymbol{Y}_1(t) = \boldsymbol{F}_{P1} - \boldsymbol{K}_{12}\boldsymbol{K}_{22}^{-1}\boldsymbol{F}_{P2} \tag{6.8a}$$

即将原动力方程式(a)，缩减变换为动力自由度下运动方程。进一步整理为：

$$\boldsymbol{M}_D\ddot{\boldsymbol{Y}}_D(t) + \boldsymbol{K}_D\boldsymbol{Y}_D(t) = \boldsymbol{F}_{PD} \tag{6.8b}$$

从以上推导过程可知：

$\boldsymbol{Y}$——为结构动力分析时的（总）位移向量；

$\boldsymbol{Y}_D$——(即 $\boldsymbol{Y}_1$)为动力自由度对应的动位移向量;

$\boldsymbol{M}_D$——(即 $\boldsymbol{M}_{11}$)为动力自由度对应的质量矩阵;

$\boldsymbol{K}_D$——动力自由度对应的刚度矩阵;

$\boldsymbol{F}_{PD}$——与动力自由度对应的荷载向量。

若取荷载向量为零向量,以上推导过程自然适用于自由振动时动力分析。

【程序实现】

(1)筛选零质量主元对应的结点位移自由度;若所有杆元均存在分布质量,并按一致质量方式进行单元质量矩阵集成时,由于转动自由度对应质量主元亦非零,无须动力凝聚。

(2)根据零和非零,进行子块划分。

(3)矩阵变换,获取凝聚后的质量矩阵、刚度矩阵。

```
S_DYN_MATRIX(TM, s1, s2)  ! 根据质量阵中零与非零主元,建立子块传送矩阵
M_D  =MATMUL(s1, MATMUL(TM, Transpose(s1)))   ! 动力质量矩阵
K_D  =MATMUL(s1, MATMUL(TK, Transpose(s1))) -    & ! 动力刚度矩阵
       MATMUL(MATMUL(MATMUL(s1, MATMUL(TK, Transpose(s2))), &
       INV_MAT(MATMUL(s2, MATMUL(TK, Transpose(s2))))), &
         MATMUL(s2, MATMUL(TK, Transpose(s1))))
```

6.2 杆系结构自由振动分析

▶ 6.2.1 杆系结构自由振动的运动方程

自由振动的运动方程为

$$\boldsymbol{M}\ddot{\boldsymbol{Y}}(t)+\boldsymbol{C}\dot{\boldsymbol{Y}}(t)+\boldsymbol{K}\boldsymbol{Y}(t)=0 \tag{6.9}$$

而无阻尼自由扰动的运动方程为:

$$\boldsymbol{M}\ddot{\boldsymbol{Y}}(t)+\boldsymbol{K}\boldsymbol{Y}(t)=0 \tag{6.10}$$

▶ 6.2.2 动力自由度的坐标变换

动力自由度下的运动方程,根据矩阵元素的物理意义可知,质量矩阵可以是对角矩阵(按集中质量模式集成时),但刚度矩阵通常为非对角矩阵。

因此在原始坐标系统下(以下称为**主坐标**),按直接平衡条件所建立的微分方程中,各自由度相互耦合,难以直接分析,需作矩阵变换,执行解耦。

主坐标下位移向量表达为 $\boldsymbol{Y}$,在另一广义坐标空间内,位移向量选择不同的"基",相同的位移量被表达为 $\boldsymbol{Q}$,位移向量在两个几何坐标之间的矩阵变换可表示为

$$\boldsymbol{Y}=\boldsymbol{T}\boldsymbol{Q} \tag{6.11}$$

式中 $\boldsymbol{T}$——坐标变换矩阵。

将此变换代入主坐标系统下自由振动的运动微分方程,即可得

$$\boldsymbol{MT}\ddot{Q}(t) + \boldsymbol{KT}Q(t) = \boldsymbol{0} \tag{6.12}$$

由于质量矩阵与刚度矩阵皆为主坐标系统下所得,显然此式仍为主坐标系统下关于惯性力和弹性恢复力的动平衡方程。

由逆步变换原理,式(6.11)成立时,还应有:

$$\boldsymbol{F}^{Q} = \boldsymbol{T}^{\mathrm{T}}\boldsymbol{F}^{Y} \tag{6.13}$$

式中 $\boldsymbol{F}^{Y}$——主坐标空间内的力向量;

$\boldsymbol{F}^{Q}$——广义坐标空间内的力向量。

利用式(6.13),将平衡方程式(6.12)中,惯性力 $\boldsymbol{MT}\ddot{Q}(t)$ 和弹性恢复力 $\boldsymbol{KT}Q(t)$,变换至广义坐标系统下,形成在广义坐标系统下的平衡方程,即

$$\boldsymbol{T}^{\mathrm{T}}\boldsymbol{MT} \times \ddot{\boldsymbol{Q}}(t) + \boldsymbol{T}^{\mathrm{T}}\boldsymbol{KT} \times \boldsymbol{Q}(t) = \boldsymbol{0} \tag{6.14}$$

此变换显然在任意的几何坐标变换下都应成立。其中:

$\boldsymbol{T}^{\mathrm{T}}\boldsymbol{MT}$:此矩阵最后将与广义加速度 $\ddot{\boldsymbol{Q}}(t)$ 相乘,定义为**广义坐标系统下的广义质量矩阵**,用矩阵 $\boldsymbol{M}^{Q}$ 表示。

$\boldsymbol{T}^{\mathrm{T}}\boldsymbol{KT}$:此矩阵最后将与广义位移 $\boldsymbol{Q}(t)$ 相乘,定义为**广义坐标系统下的广义刚度矩阵**,用矩阵 $\boldsymbol{K}^{Q}$ 表示。

因此,广义坐标系统下的运动方程可写为:

$$\boldsymbol{M}^{Q}\ddot{\boldsymbol{Q}}(t) + \boldsymbol{K}^{Q}\boldsymbol{Q}(t) = \boldsymbol{0} \tag{6.15}$$

► 6.2.3 运动方程解耦

向量空间的坐标系统(基)的选择有无穷多种可能,若只是任意选择广义坐标变换,质量矩阵和刚度矩阵在坐标变换后,仍然有很大的可能维持为非对角方阵。

但若此时的坐标变换矩阵 $\boldsymbol{T}$ 恰好是一个可以解耦的坐标变换矩阵,则在此变换下,广义坐标系下质量矩阵和刚度矩阵,都将形成对角矩阵,所有副元元素将变换为0。

【说明】

动力凝聚后,广义质量矩阵和广义刚度矩阵都是对称正定矩阵。可以证明,对于上述两个矩阵,可同时解耦的坐标变换矩阵 $\boldsymbol{T}$ 一定存在。证明过程本书略过,有兴趣的读者可参阅其他资料。

在自由振动分析时,若解耦成功,运动方程可在特定广义坐标系统中表达为:

$$\begin{bmatrix} m_{11}^{Q} & 0 & \cdots & 0 \\ 0 & m_{22}^{Q} & \cdots & 0 \\ \vdots & \vdots & & \vdots \\ 0 & 0 & \cdots & m_{nn}^{Q} \end{bmatrix} \begin{bmatrix} \ddot{q}_1(t) \\ \ddot{q}_2(t) \\ \vdots \\ \ddot{q}_n(t) \end{bmatrix} + \begin{bmatrix} k_{11}^{Q} & 0 & \cdots & 0 \\ 0 & k_{22}^{Q} & \cdots & 0 \\ \vdots & \vdots & & \vdots \\ 0 & 0 & \cdots & k_{nn}^{Q} \end{bmatrix} \begin{bmatrix} q_1(t) \\ q_2(t) \\ \vdots \\ q_n(t) \end{bmatrix} = \begin{bmatrix} 0 \\ 0 \\ \vdots \\ 0 \end{bmatrix} \tag{6.16}$$

由于各广义自由度的响应皆完全独立,其中任一广义自由度(i)对应下的运动方程可写为:

$$m_{ii}^{Q}\ddot{q}_i(t) + k_{ii}^{Q}q_i(t) = 0 \tag{6.17a}$$

参照单自由度体系自由振动分析,方程进而可写为:

$$\ddot{q}_i(t) + \omega_i^2 q_i(t) = 0 \tag{6.17b}$$

其解为:

$$q_i(t) = a_i \sin(\omega_i t + \alpha_i) \tag{6.18}$$

现将结构在任一广义自由度下单个频率自由振动的解,由式(6.11)变换回主坐标系:

$$\boldsymbol{Y}(t) = \boldsymbol{T}q_i(t) = \boldsymbol{T}\begin{bmatrix} 0 \\ \vdots \\ a_i \sin(\omega_i t + \alpha_i) \\ \vdots \\ 0 \end{bmatrix} = a_i \begin{bmatrix} t_{i1} \\ \vdots \\ t_{ii} \\ \vdots \\ t_{in} \end{bmatrix} \sin(\omega_i t + \alpha_i)$$

$$= a_i \boldsymbol{T}_i \sin(\omega_i t + \alpha_i)$$

式中　$\boldsymbol{T}_i$——可能的坐标变换矩阵 $\boldsymbol{T}$ 中第 i 列向量。

将解 $\boldsymbol{Y}(t)$ 的表达式回代原运动微分方程(6.10),即有:

$$-a_i\omega_i^2 \boldsymbol{M}\boldsymbol{T}_i \sin(\omega_i t + \alpha_i) + a_i \boldsymbol{K}\boldsymbol{T}_i \sin(\omega_i t + \alpha_i) = 0$$

消去公因子,整理为:

$$(\boldsymbol{K} - \omega_i^2 \boldsymbol{M})\boldsymbol{T}_i = 0 \tag{6.19}$$

▶ 6.2.4　特征对计算

式(6.19)是刚度矩阵相对于质量矩阵的**广义特征值**问题,其中 ω_i^2 和 $\boldsymbol{T}_i$ 为**特征对**。

1)代数方程求解方式

由于任一特征向量皆应非零,齐次线性方程式(式6.19),有非零解的前提是系数行列式为0,即:

$$|\boldsymbol{K} - \omega_i^2 \boldsymbol{M}| = 0 \tag{6.20}$$

式(6.20)为关于 ω^2 的一元 n 次方程(n 为动力自由度数目),称为**频率方程**,在质量矩阵和刚度矩阵已知时,可据此方程解出 n 个 ω^2 的数值。

再将某一 ω_i^2 回代,可进行对应 $\boldsymbol{T}_i$ 的求解。注意:回代后,线性方程(式6.20)的系数行列式为零,故无法求解(n 个方程中只有 $n-1$ 个方程线性无关)。但 $\boldsymbol{T}_i$ 仅为坐标变换需要的空间正交基向量,因此,求解时常设此向量第一个分量值为1,即可据此方程解出向量 $\boldsymbol{T}_i$。

$$\boldsymbol{T}_i = [1 \quad t_{2i} \quad t_{3i} \quad \cdots \quad t_{ni}]^{\mathrm{T}} \tag{6.21}$$

从求解过程可知,$c\boldsymbol{T}_i$ 必然也是满足方程的解(c 为任意非零实数)。在前述方程中解出的 n 列 $\boldsymbol{T}_i$,即可确定此时用于坐标变换的 $\boldsymbol{T}$ 矩阵:

$$\boldsymbol{T} = [\boldsymbol{T}_1 \quad \boldsymbol{T}_2 \quad \cdots \quad \boldsymbol{T}_n] = \begin{bmatrix} 1 & 1 & \cdots & 1 \\ t_{21} & t_{22} & \cdots & t_{2n} \\ \vdots & \vdots & & \vdots \\ t_{n1} & t_{n2} & \cdots & t_{nn} \end{bmatrix} \tag{6.22}$$

2)矩阵求解方式

程序计算时采用矩阵算法进行。对于自由振动分析的广义特征值问题,方程改写为:

$$\boldsymbol{K}T = \omega^2 \boldsymbol{M}T \tag{a}$$

动力凝聚后的质量矩阵正定,故可用 $\boldsymbol{M}^{-1}$ 乘上式两边,有:

$$\boldsymbol{M}^{-1}\boldsymbol{K}\boldsymbol{T} = \omega^2 \boldsymbol{T}$$

即将广义特征值问题转化为标准特征值问题。但 $\boldsymbol{M}^{-1}\boldsymbol{K}$ 并不一定对称,考虑到式(a)中质量矩阵 $\boldsymbol{M}$ 为实对称正定,总唯一存在一个可逆的下三角阵 $\boldsymbol{L}$[按式(1.1)进行 Cholesky 分解],即有下式成立:

$$\boldsymbol{M} = \boldsymbol{L}\boldsymbol{L}^{\mathrm{T}} \tag{b}$$

将式(b)代入式(a),有:

$$\boldsymbol{K}T = \omega^2 \boldsymbol{L}\boldsymbol{L}^{\mathrm{T}} T \tag{c}$$

式(c)左右前乘 $\boldsymbol{L}^{-1}$,有:

$$\boldsymbol{L}^{-1}\boldsymbol{K}T = \omega^2 \boldsymbol{L}^{\mathrm{T}} T$$

$$\boldsymbol{L}^{-1}\boldsymbol{K}(\boldsymbol{L}\boldsymbol{L}^{-1})^{\mathrm{T}} T = \omega^2 \boldsymbol{L}^{\mathrm{T}} T \tag{d}$$

令 $\boldsymbol{L}^{\mathrm{T}} T = A$,并展开转置内容,可得:

$$\boldsymbol{L}^{-1}\boldsymbol{K}(\boldsymbol{L}^{-1})^{\mathrm{T}}\boldsymbol{L}^{T} T = \omega^2 \boldsymbol{A} \Rightarrow \boldsymbol{L}^{-1}\boldsymbol{K}(\boldsymbol{L}^{-1})^{\mathrm{T}}\boldsymbol{A} = \omega^2 \boldsymbol{A} \tag{e}$$

再令

$$\boldsymbol{L}^{-1}\boldsymbol{K}(\boldsymbol{L}^{-1})^{\mathrm{T}} = \boldsymbol{P}$$

即对实对称的刚度矩阵 $\boldsymbol{K}$ 执行特定变换,保证变换后矩阵 $\boldsymbol{P}$ 的对称性,式(e)可表达为:

$$\boldsymbol{P}\boldsymbol{A} = \omega^2 \boldsymbol{A} \tag{f}$$

至此,广义特征值问题转化为实对称矩阵的标准特征值问题,可直接使用雅可比法解出矩阵 $\boldsymbol{P}$ 的特征值 ω^2。而特征向量 $\boldsymbol{A}$ 需要再做以下变换:

$$\boldsymbol{T} = (\boldsymbol{L}^{\mathrm{T}})^{-1}\boldsymbol{A}$$

若质量矩阵皆为按集中质量矩阵形式集成时,因为质量矩阵为对角方阵,Cholesky 分解可容易得到(即平方根法):

$$\boldsymbol{L} = \sqrt{\boldsymbol{M}}$$

▶ 6.2.5 频率与主振型

1)自振频率

ω_i 为结构**自振频率**。工程分析时常将自振频率从小到大进行排列。

$$\boldsymbol{\omega} = [\omega_1 \quad \omega_2 \quad \cdots \quad \omega_n]^{\mathrm{T}};\ \omega_1 < \omega_2 < \cdots < \omega_n$$

自振频率为标量,与坐标系统选择无关,在主坐标空间和任意广义坐标空间下都一致。

在可解耦的广义坐标空间下,各自由度的运动是非耦合的,便于独立进行讨论。对应此广义坐标空间,有:

$$\ddot{q}_i(t) + \frac{k_{ii}^Q}{m_{ii}^Q} q_i(t) = \ddot{q}_i(t) + \omega_i^2 q_i(t) = 0$$

由上式可知:可解耦的广义坐标系统下,广义质量 m_{ii}^Q 越大,广义刚度 k_{ii}^Q 越小,则对应阶的自振频率越小。而质量大，则惯性力越大；刚度小，则运动响应也更大。因此，若广义荷载的各阶量级相近，则对应于低阶频率，结构的动力响应一般也会更大一些。而随着进入高阶，即意味着广义质量开始减小，而广义刚度有所增加，同时据相关研究结果，高阶响应时，阻尼会明显增强，则动力响应自然会相应减小。

故在结构动力分析时，可只考虑低阶响应，而对于高阶分量的贡献则截断不作分析（从小到大排列自振频率的原因即在于此），对结构计算误差影响不大。

但应注意，这是以自由振动的分析结果作出的定性判断。当激励荷载直接作用于结构时，如果动力荷载恰好对应于高阶广义自由度，仍在低阶作截断或会引起较大误差。

2）主振型

特征向量 $\boldsymbol{T}_i$，也称为**主振型**，对应于各阶自振频率 ω_i。

各阶振型按列方式进行排列，得到的矩阵即坐标变换矩阵 $\boldsymbol{T}$，也称为**主振型矩阵**。从前面的分析可知，主振型矩阵实质上为一坐标变换矩阵。根据求解过程（式 6.21）可知，某阶振动形式以列向量 $\boldsymbol{T}_i$ 或 $c\boldsymbol{T}_i$ 表达。

为便于特征分析，可根据质量矩阵对主振型矩阵进行归一化处理，即要求在广义坐标空间下，对 $c\boldsymbol{T}_i$ 中的 c 进行调整。令广义质量矩阵为单位阵，有：

$$\boldsymbol{T}^{\mathrm{T}}\boldsymbol{M}\boldsymbol{T} = \boldsymbol{M}^{Q} \Rightarrow \boldsymbol{I}$$

归一处理后，主振型坐标系统下的动力方程可化为：

$$\boldsymbol{M}^{Q}\ddot{\boldsymbol{Q}}(t) + \boldsymbol{K}^{Q}\boldsymbol{Q}(t) = \ddot{\boldsymbol{Q}}_0(t) + \begin{bmatrix} \omega_1^2 & 0 & \cdots & 0 \\ 0 & \omega_2^2 & \cdots & 0 \\ \vdots & \vdots & & \vdots \\ 0 & 0 & \cdots & \omega_n^2 \end{bmatrix} \boldsymbol{Q}_0(t) = 0$$

【程序实现】

（1）按静力分析模式，选择分析自由度，并形成结构刚度矩阵。

（2）按静力分析的单元形成单元质量矩阵；按单元定位向量集成结构质量矩阵。

（3）按质量矩阵进行矩阵凝聚。

（4）根据凝聚后的自由度计算特征对。

（5）变换回原始坐标系统。

▶ 6.2.6 杆系结构自振分析示例

【例 6.1】使用程序 SMIA 对图 6.6 所示匀质梁（不计轴向变形，取 $EI=1$、$\overline{m}=1$、$l=1$）的自振频率进行分析。

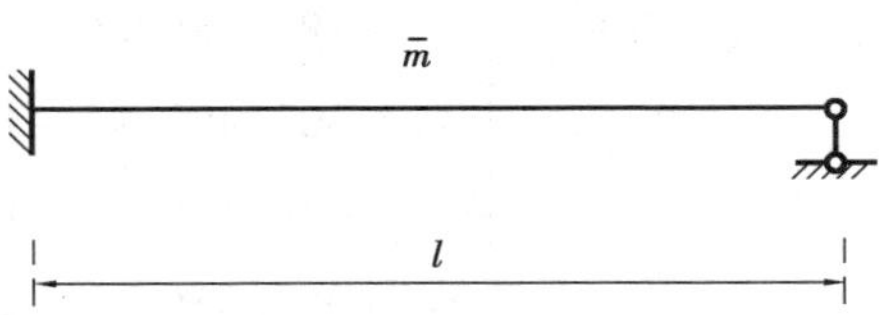

图 6.6　自由振动分析

【分析】单元质量矩阵按集中质量模式形成时，不存在转动质量，动力自由度与体系分析总自由度不相等，矩阵经动力凝聚后，动力刚度方程阶数较少。

单元质量矩阵按一致质量模式形成时，集成的结构质量矩阵不存在0主元，动力自由度与体系分析总自由度相同。

【解】(1)取一个单元计算，如图6.7所示。

质量矩阵分别按集中质量模式和一致质量模式进行计算。集中质量模型中，未考虑转动质量的集成，而唯一影响结构刚度特征的自由度又为转动自由度，因此一个单元无法进行动力分析。

一致质量模型可顺利分析，计算可得频率 $\omega = 20.493\,9$。计算结果与精确解相比，误差为 +32.95%。

(2)取两个单元进行计算，如图6.8所示。集中质量模式下为单自由体系(无转动自由度)；而一致质量模式下，动力自由度为3，仍等于结构分析的总自由度。

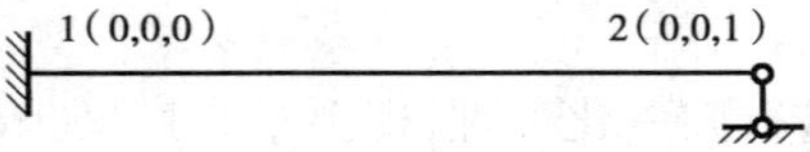

图6.7

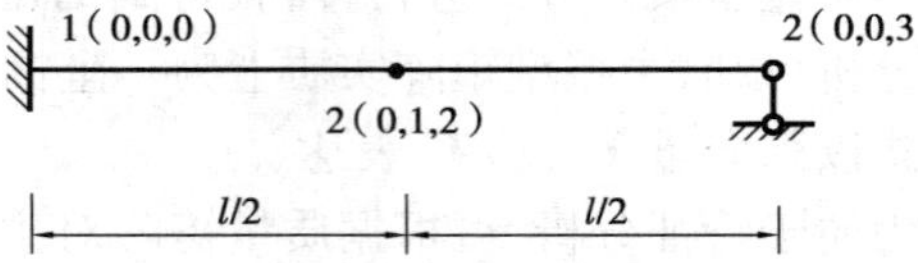

图6.8

两种方式下所得各阶频率，及与解析解间误差如下所示：

$\omega_1 = 14.813\,1$(+2.54%)	$\omega_1 = 15.560\,8$(+0.90%)
	$\omega_2 = 58.406$(+16.89%)
	$\omega_3 = 155.638\,4$(+49.30%)

(3)取5个单元进行计算。如图6.9所示。此时集中质量模式动力自由度数目为4(无转动自由度)，而一致质量模式下动力自由度数目则为9。

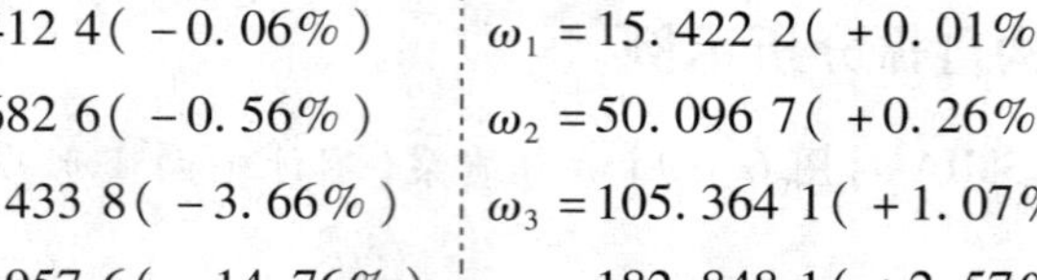

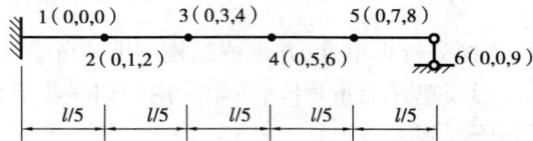

图6.9

两种方式下所得各阶频率，及与解析解间误差如下所示：

$\omega_1 = 15.412\,4$(−0.06%)	$\omega_1 = 15.422\,2$(+0.01%)
$\omega_2 = 49.682\,6$(−0.56%)	$\omega_2 = 50.096\,7$(+0.26%)
$\omega_3 = 100.433\,8$(−3.66%)	$\omega_3 = 105.364\,1$(+1.07%)
$\omega_4 = 151.957\,6$(−14.76%)	$\omega_4 = 182.848\,1$(+2.57%)
	$\omega_5 = 303.493\,4$(+11.57%)
	$\omega_6 = 448.190\,5$(+16.25%)
	$\omega_7 = 655.586\,7$(+26.37%)
	$\omega_8 = 933.667\,3$(+38.99%)
	$\omega_9 = 1\,206.250\,6$(+42.84%)

【说明】

(1)一致质量矩阵在一定程度上考虑了单元质量分布的影响,相同单元数下,同阶频率的计算精度,相较于集中质量模式有明显改善。

(2)一致质量矩阵模式下,可以考虑转动自由度,动力自由度数目更多。但根据最后的精度比对,一致质量模式对转动质量的描述并不太好,所对应高阶频率精度都较差。

(3)两种方式都可以使用增加单元数目的方法,提高低阶频率的计算精度。

对于等截面匀质杆元,一致质量矩阵尽管有更多动力自由度和更良好的精度,但单元数选定后,高阶振型误差仍无法让人满意。

其原因主要在于,根据等截面匀质杆的解析计算,精确的振型曲线应是双曲函数与三角函数的线性叠加,即如式(a)所示:

$$y(x) = C_1 \sinh \lambda x + C_2 \cosh \lambda x + C_3 \cos \lambda x + C_4 \sin \lambda x \tag{a}$$

而一致质量矩中使用的位移插值函数,是三次多项式,显然无法精确描述单元真实振型曲线下的变形。

6.3 杆系结构强迫振动分析

▶ 6.3.1 杆系结构强迫振动的运动方程

强迫振动的运动方程为:

$$\boldsymbol{M}\ddot{\boldsymbol{Y}}(t) + \boldsymbol{C}\dot{\boldsymbol{Y}}(t) + \boldsymbol{K}\boldsymbol{Y}(t) = \boldsymbol{F}_{\mathrm{P}}(t)$$

在自由振动分析中已经确定了质量矩阵和刚度矩阵。强迫振动时,阻尼对运动响应的影响一般不能忽略,而动荷载的形式也将影响动力分析的计算方法。

以下将对线弹性体系的阻尼矩阵和动荷载向量进行分析。

▶ 6.3.2 强迫振动中阻尼矩阵

阻尼反映了结构运动过程中的能量耗散,与许多因素有关,如与周边介质的摩擦、材料内部的内摩擦等。产生阻尼的原因不一,很难使用具体的函数进行定义。一般是构造出一个足够简洁的函数去描述结构运动中大致的能量耗散。

单自由体系分析时,对于低速运动,一般简化为粘滞阻尼,并构造出粘滞阻尼模型,设定能量耗散与体系运动速度成正比,再通过试验去测定阻尼系数、阻尼比等参数。

多自由度体系分析也可以采用类似的方法。

1)在广义坐标下设定对角阻尼

若可以认为在主振型空间对质量矩阵和刚度矩阵都进行对角化后,体系在此主振型线性空间内的阻尼特征还是可以满足各广义自由度各自耗散能量,而不互相耦合,便能仿照单自由度体系中阻尼系数和阻尼比的概念,对主振型空间内阻尼进行定义。

对各广义自由度设定出各自的阻尼比 ξ_i 后,广义坐标系统下的对角阻尼矩阵即可表达为：

$$\boldsymbol{C}^{Q}=\begin{bmatrix}2m_1^Q\xi_1\omega_1 & 0 & \cdots & 0\\ 0 & 2m_2^Q\xi_2\omega_2 & \cdots & 0\\ \vdots & \vdots & & \vdots\\ 0 & 0 & \cdots & 2m_n^Q\xi_n\omega_n\end{bmatrix} \tag{6.23}$$

对于钢筋混凝土结构，各阶阻尼比在工程分析时仍可按经验取为0.05。当然，各阶阻尼比并不一定相等，通常越高阶，由于对应振型下可能变形模式的复杂程度增加，速度加速度量值的变化等，阻尼比也会随之提高。但由于低阶振型对动力响应的贡献通常占据绝对优势，故高阶阻尼比的变化也可以忽略，不致带来较大误差。

在任一广义自由度下，皆有：

$$\ddot{q}_i(t)+2\xi_i\omega_i\dot{q}_i(t)+\omega_i^2q_i(t)=\frac{F_{\mathrm{P}i}^Q(t)}{m_i^Q} \tag{6.24}$$

广义对角阻尼方法显然适用于振型分解法。

2）瑞利阻尼

也可直接定义一个可以通过主振型变换为对角方阵的阻尼矩阵。由于刚度矩阵和质量矩阵均可由主振型矩阵实现对角化，故两个矩阵的任意线性组合皆可在相同的广义坐标变换下，形成对角的广义阻尼矩阵，以确保主振型空间内阻尼力仍在各自由度间不相耦合。

可定义：

$$\boldsymbol{C}=\alpha_0\boldsymbol{M}+\alpha_1\boldsymbol{K} \tag{6.25}$$

即为瑞利（Rayleigh）阻尼矩阵，待定系数 α_0、α_1 可以据式（6.23）的构造原则进行计算。

3）特定阻尼设定

如果对单元的阻尼特征进行了深入的研究；或在减、隔振技术使用时，在结构单元或特定自由度直接加设阻尼器，其阻尼特征明确；也可以直接定义自由度的阻尼函数；或在有足够实验数据支持下，定义出特定单元的阻尼系数函数 $c(x)$，再利用位移插值函数 $\boldsymbol{N}$ 变换至结点自由度，即：

$$\boldsymbol{C}^{e}=\int_l\boldsymbol{N}^{\mathrm{T}}c(x)\boldsymbol{N}\mathrm{d}x \tag{6.26}$$

此时阻尼矩阵无法在主振型空间完成解耦，方程只能采用直接积分的方法进行求解。

▶ 6.3.3　动力荷载

结构动力分析时，动力荷载通常包括风荷载、地震荷载及动力设备的激励等。其中，动力设备的激励通常可表达为动荷载函数 $\boldsymbol{F}_{\mathrm{P}}(t)$。荷载函数明确时，强迫振动的动力分析可利用主振型矩阵进行坐标变换，解耦后计算。

根据强迫振动的运动方程：

$$\boldsymbol{M}\ddot{\boldsymbol{Y}}(t)+\boldsymbol{C}\dot{\boldsymbol{Y}}(t)+\boldsymbol{K}\boldsymbol{Y}(t)=\boldsymbol{F}_{\mathrm{P}}(t) \tag{a}$$

将式（a）方程中的系数矩阵和向量均变换至主振型空间，有：

$$\boldsymbol{T}^{\mathrm{T}}\boldsymbol{M}\boldsymbol{T}\ddot{\boldsymbol{Q}}(t)+\boldsymbol{T}^{\mathrm{T}}\boldsymbol{C}\boldsymbol{T}\ddot{\boldsymbol{Q}}(t)+\boldsymbol{T}^{\mathrm{T}}\boldsymbol{K}\boldsymbol{T}\boldsymbol{Q}(t)=\boldsymbol{T}^{\mathrm{T}}\boldsymbol{F}_{\mathrm{P}}(t) \tag{b}$$

即表达为：

$$\boldsymbol{M}^Q\ddot{\boldsymbol{Q}}(t)+\boldsymbol{C}^Q\dot{\boldsymbol{Q}}(t)+\boldsymbol{K}^Q\boldsymbol{Q}(t)=\boldsymbol{F}_{\mathrm{P}}^Q(t) \tag{c}$$

若此时阻尼矩阵按6.3.1节中方式一和方式二进行设定，所有系数矩阵均可在主振型空间中对角化，写为一系列的独立方程：

$$\ddot{q}_i(t)+2\xi_i\omega_i\dot{q}_i(t)+\omega_i^2q_i(t)=\frac{F_{\mathrm{P}}^Q(t)}{m_i^Q} \tag{d}$$

广义荷载模式为简单函数时，可直接解析求解；荷载函数模式较为复杂时，可使用杜哈梅数值积分求解，即如式(6.27)所示。

$$q_i(t)=\int_0^t\frac{F_{\mathrm{P}i}^Q(\tau)}{m_i^Q\omega_{\mathrm{r}i}}\mathrm{e}^{-\xi_i\omega_i(t-\tau)}\sin\omega_{\mathrm{r}i}(t-\tau)\,\mathrm{d}\tau \tag{6.27}$$

再将广义坐标下各单个频率解变换回原始坐标空间，对各振型响应进行线性叠加，即可取得动力响应解答。

振型叠加时，若认定高阶响应($m+1\sim n$ 阶)贡献较小，便可忽略高阶振型的贡献，仅对低阶响应($1\sim m$ 阶)进行叠加，以减少体系分析的工作量。

$$\boldsymbol{Y}(t)=\sum_{i=1}^{m}\boldsymbol{TQ}(t) \tag{6.28}$$

“叠加”只能在线性体系中适用。若在运动过程中，质量、刚度和阻尼等有非线性特征，频率、主振型可随时间或变形产生而发生变化，振型叠加法将无法适用。

6.4 时程分析法

积分计算时，即便荷载函数明确，其解析计算也并不方便。积分问题在计算机系统求解时，可采用数值积分方式进行。

▶ 6.4.1 基于振型分解的杜哈梅积分(卷积)数值积分

对单自由度体系，或在多自由度体系的某振型下，有阻尼强迫振动的杜哈梅积分由式(6.27)所示，即如式(a)形式：

$$q_i(t)=\int_0^t\frac{F_{\mathrm{P}i}^Q(\tau)}{m_i^Q\omega_{\mathrm{r}}}\mathrm{e}^{-\xi_i\omega_i(t-\tau)}\sin\omega_{\mathrm{r}i}(t-\tau)\,\mathrm{d}\tau \tag{a}$$

卷积中最后一项因式，根据三角函数性质展开：

$$\sin\omega_{\mathrm{r}i}(t-\tau)=\sin\omega_{\mathrm{r}i}t\cos\omega_{\mathrm{r}i}\tau-\cos\omega_{\mathrm{r}i}t\sin\omega_{\mathrm{r}i}\tau$$

式(a)整理为：

$$q_i(t)=A(t)\sin\omega_{\mathrm{r}}t-B(t)\cos\omega_{\mathrm{r}}t \tag{b}$$

其中：

$$\begin{cases}A(t)=\displaystyle\int_0^t\frac{F_{\mathrm{P}i}^Q(\tau)}{m_i^Q\omega_{\mathrm{r}}}\frac{\mathrm{e}^{\xi_i\omega_i\tau}}{\mathrm{e}^{\xi_i\omega_it}}\cos(\omega_{\mathrm{r}i}\tau)\,\mathrm{d}\tau\\ B(t)=\displaystyle\int_0^t\frac{F_{Pi}^Q(\tau)}{m_i^Q\omega_{\mathrm{r}}}\frac{\mathrm{e}^{\xi_i\omega_i\tau}}{\mathrm{e}^{\xi_i\omega_it}}\sin(\omega_{\mathrm{r}i}\tau)\,\mathrm{d}\tau\end{cases}$$

式(b)可进行数值积分计算。此处的数值积分方法可按矩形法、梯形法或抛物线法进行。以矩形法为例,若分为 k 步进行积分运算,此时 $\Delta\tau = t/k$,积分参数可写为:

$$A(t) = \frac{\Delta\tau}{m_i^Q \omega_r}[A_k(t)]e^{-\xi_i\omega_i\Delta\tau}$$

$$= \frac{\Delta\tau}{m_i^Q \omega_r}[A_{k-1} + F_{Pi}^Q(t-\Delta\tau)\cos\omega_{ri}(t-\tau)]e^{-\xi_i\omega_i\Delta\tau}$$

$$B(t) = \frac{\Delta\tau}{m_i^Q \omega_r}[B_k(t)]e^{-\xi_i\omega_i\Delta\tau}$$

$$= \frac{\Delta\tau}{m_i^Q \omega_r}[B_{k-1} + F_{Pi}^Q(t-\Delta\tau)\sin\omega_{ri}(t-\tau)]e^{-\xi_i\omega_i\Delta\tau}$$

$A_k(t)$、$A_{k-1}(t)$、$B_k(t)$、$B_{k-1}(t)$写为增量形式,可容易在程序中实现。通常积分步长 $\Delta\tau/T_i < 0.1$ 时,即可取得满意的结果。

【程序实现】

输入参数包括:当前阶频率:omega;当前阶考虑阻尼的频率:omega_r;当前阶阻尼比:kesan;当前阶广义荷载幅值:F;当前时点:t;时间步数目:N_point;P_t( ):荷载函数。

输出参数:当前阶动位移 y。

```
dT = t / N_point
DO k = 1, N_point
    Tx = (k - 1) * dT
    P_tao = F * P_t(Tx)
    Ax = (Ax + P_tao * Cos(Omega_r * (Tx))) * Exp( - kesan * Omega * dT)
    Bx = (Bx + P_tao * Sin(Omega_r * (Tx))) * Exp( - kesan * Omega * dT)
ENDDO
Ax = Ax * Ts / M / Omega_r
Bx = Bx * Ts / M / Omega_r
y = Ax * Sin(Omega_r * t) - Bx * Cos(Omega_r * t)
```

▶ 6.4.2 直接积分法

基于振型分解的数值积分法简单易操作,但只适用于可以解耦的多自由度体系。下面介绍一种无须振型分解,对主坐标系统下耦合运动方程直接积分求解的方法——**直接积分法**。

①动力凝聚后,运动方程为:

$$\boldsymbol{M}\ddot{\boldsymbol{Y}}(t) + \boldsymbol{C}\dot{\boldsymbol{Y}}(t) + \boldsymbol{K}\boldsymbol{Y}(t) = \boldsymbol{F}_P(t) \tag{a}$$

若已经取得了 t 时刻结构响应的所有状态。选定时间步长 Δt,并要求结构在计算起点保持平衡,即式(a)成立。而在 $t+\Delta t$ 时刻,结构也应满足动平衡,即式(b)也应成立。

$$\boldsymbol{M}\ddot{\boldsymbol{Y}}(t+\Delta t) + \boldsymbol{C}\dot{\boldsymbol{Y}}(t+\Delta t) + \boldsymbol{K}\boldsymbol{Y}(t+\Delta t) = \boldsymbol{F}_P(t+\Delta t) \tag{b}$$

二式相减,即式(b) - 式(a),有增量平衡方程成立:

$$\boldsymbol{M}\Delta\ddot{\boldsymbol{Y}}(t)+\boldsymbol{C}\Delta\dot{\boldsymbol{Y}}(t)+\boldsymbol{K}\Delta\boldsymbol{Y}(t)=\Delta\boldsymbol{F}_{\mathrm{P}}(t) \tag{c}$$

对增量平衡方程式(c)求解的基本方法是**线性加速度法**。

②假定在每个 Δt 增量内(τ为此时的时间变量,变化范围为从 $t\sim t+\Delta t$),时间增量足够小时,可认为加速度的变化量为线性变化,即加速度的线性变化函数写为:

$$\ddot{\boldsymbol{Y}}(\tau)=\ddot{\boldsymbol{Y}}(t)+\frac{\Delta\ddot{\boldsymbol{Y}}(t)}{\Delta t}\tau \tag{d}$$

本增量区段内,速度变化为二次函数:

$$\dot{\boldsymbol{Y}}(\tau)=\dot{\boldsymbol{Y}}(t)+\ddot{\boldsymbol{Y}}(t)\tau+\frac{\Delta\ddot{Y}(t)}{\Delta t}\cdot\frac{\tau^2}{2} \tag{e}$$

本增量区段内,位移变化为三次函数:

$$\boldsymbol{Y}(\tau)=\boldsymbol{Y}(t)+\dot{\boldsymbol{Y}}(t)\tau+\frac{\ddot{\boldsymbol{Y}}(t)\tau^2}{2}+\frac{\Delta\ddot{\boldsymbol{Y}}(t)}{\Delta t}\cdot\frac{\tau^3}{6} \tag{f}$$

③由速度变化在本增量内的函数式(e),速度增量可表达为:

$$\Delta\dot{\boldsymbol{Y}}(t)=\ddot{\boldsymbol{Y}}(t)\Delta t+\Delta\ddot{\boldsymbol{Y}}(t)\frac{\Delta t}{2} \tag{g}$$

由位移变化在本增量内的函数式(f),位移增量可表达为:

$$\Delta\boldsymbol{Y}(t)=\dot{\boldsymbol{Y}}(t)\Delta t+\frac{\ddot{\boldsymbol{Y}}(t)\Delta t^2}{2}+\Delta\ddot{\boldsymbol{Y}}(t)\frac{\Delta t^2}{6} \tag{h}$$

可将速度增量和加速度增量都表示为位移增量的函数:

$$\Delta\ddot{\boldsymbol{Y}}(t)=\frac{6}{\Delta t^2}\Delta\boldsymbol{Y}(t)-\frac{6}{\Delta t}\dot{\boldsymbol{Y}}(t)-3\ddot{\boldsymbol{Y}}(t) \tag{i}$$

$$\Delta\dot{\boldsymbol{Y}}(t)=\frac{3}{\Delta t}\Delta\boldsymbol{Y}(t)-3\dot{\boldsymbol{Y}}(t)-\frac{2}{\Delta t}\ddot{\boldsymbol{Y}}(t) \tag{j}$$

④将式(i)、式(j)代回增量平衡方程式(c),此时变量关系将形成**位移增量**与**力增量**之间的变换式,整理后将可得:

$$\tilde{\boldsymbol{K}}\Delta\boldsymbol{Y}(t)=\Delta\tilde{\boldsymbol{F}}_{\mathrm{P}}(t) \tag{6.29}$$

式中:

$$\tilde{\boldsymbol{K}}=\boldsymbol{K}+\frac{6}{\Delta t^2}\boldsymbol{M}+\frac{3}{\Delta t}\boldsymbol{C}$$

$$\Delta\tilde{\boldsymbol{F}}_{\mathrm{P}}(t)=\Delta\boldsymbol{F}_{\mathrm{P}}(t)+\boldsymbol{M}\left(\frac{6}{\Delta t}\dot{\boldsymbol{Y}}(t)+3\ddot{\boldsymbol{Y}}(t)\right)+\boldsymbol{C}\left(3\dot{\boldsymbol{Y}}(t)+\frac{\Delta t}{2}\ddot{\boldsymbol{Y}}(t)\right)$$

根据式(6.29)可知,原增量平衡方程式(c)为二阶线性微分方程,当所取时间增量足够小,便可简化为线性方程。

⑤计算出位移增量,可以表达出速度和加速度增量。利用增量对初始位移、速度更新,便可取得本增量步的最终动力响应。

⑥初始加速度根据下式计算:

$$\ddot{\boldsymbol{Y}}(t) = \boldsymbol{M}^{-1}(\boldsymbol{F}(t) - \boldsymbol{F}_C(t) - \boldsymbol{F}_S(t))$$

以上计算均利用**线性加速度的假定**进行推导,称为**线性加速度法**。其算法为**有条件稳定**,要求时间增量足够短。从精确度出发,工程经验要求振动周期应比积分步长至少大 5 ~ 10 倍,即满足:

$$\frac{\Delta t}{T} \leqslant \frac{1}{5 \sim 10}$$

工程分析常用的计算方法一般是使用线性加速度法的改进法,如 wilson-θ 法、Newmark-β 法等。改进算法基本原理仍与线性加速度法相同,只是在利用位移增量构造速度和加速度增量时优化了表达式,使得直接积分算法从有条件稳定变为无条件稳定。此时时间步长只影响积分精度,而不至于产生计算结果发散现象。

【程序实现】

式(6.29)对应的程序算法实现如下:

(1)t_0 时刻:已存储的解答包括 $\boldsymbol{Y}(t_0)$,$\dot{\boldsymbol{Y}}(t_0)$,$\ddot{\boldsymbol{Y}}(t_0)$。

(2)t_1时刻:计算 $\Delta\tilde{\boldsymbol{F}}_{\mathrm{P}}(t)$;对线性问题,步长不变时,$\tilde{\boldsymbol{K}}$ 为常量,不用随时计算。

(3)求解:$\Delta\boldsymbol{Y}$。

(4)更新:$\boldsymbol{Y}(t_1)$,$\dot{\boldsymbol{Y}}(t_1)$,$\ddot{\boldsymbol{Y}}(t_1)$。

▶ 6.4.3 工程实用分析方法

1)反应谱法

底部剪力法和振型分解反应谱法都是使用反应谱法处理地震效应。

对于线弹性结构,一般不过多研究结构动力反应过程中的时程响应,主要关注整体响应中位移幅值,以确定结构的动内力幅值和速度、加速度等幅值。对于单自由度体系,位移响应幅值可利用动力系数进行确定。若荷载函数明确,可以解析计算动力系数,如曾在突加荷载作用下计算得到的 $\beta = 2$,简谐荷载作用下计算得到的 $\beta = 1 - \theta^2/\omega^2$ 等。动力系数确定后,便可利用动荷载幅值、刚度,共同确定结构的动响应幅值。

地震作用是随机荷载,动力系数显然无法通过解析计算确定。

反应谱法是建立在大量典型地震作用研究的基础上,根据烈度、场地特征、结构特征等参数,归纳总结出的单自由度体系在地震荷载作用下的动力系数计算公式(反应谱),依据反应谱确定地震作用下动力响应幅值计算。

有时不可避免会对多振型效应叠加。由于动力响应在不同振型下不可能同频同相位,故不能对各阶幅值直接相加,工程上常用的叠加方式是 CQC 或 SRSS。

2)底部剪力法

底部剪力法是对水平地震荷载作用下,多层框架手算适用的一种近似法。底部剪力法是根据剪力分配法的基本概念,综合考虑反应谱法(确定动力系数)和基本振型影响效应为主的实用近似计算方法。因此,底部剪力法的计算精度取决于以下两点:

①模型适用剪力分配法的程度;

②基本振型对动力响应的代表程度。

通常在梁柱线刚度比较大且层刚度和层质量沿竖向分布较均匀时，精度有所保证。

底部剪力法主要用于手算，显然不会对结构进行振型分析，故基本振型下的广义荷载、广义质量、广义刚度等特征，皆不能通过精确的坐标变换来获取，而需要根据结构特征进行人为地近似设定。

底部剪力法用于多层、规则框架体系在单向地震荷载作用下的计算。

对以上体系，地震荷载作用时接受以下假定：

①平面规则，平面内的扭转不计，空间结构简化为平面结构计算。

②模型中梁线刚度相较于柱占有明显优势，梁弯曲变形忽略不计。

③动力响应以基本振型为主，二阶以上的高阶振型均可忽略，基本振型的地震动力效应以响应谱描述。

④基本振型接近线性。

基于以上设定，可将体系简化为单自由度体系进行计算。

3）振型叠加反应谱法

弹性设计时，空间杆系结构一般采用振型分解反应谱法。

①在主振型空间，选择一定数目的振型进行计算。

②而对于各振型下的广义地震力荷载，利用地震影响系数（与场地特征周期、阻尼、结构自振频率相关，即单自由度体系中的动力系数）和地震重力荷载代表值，计算出广义荷载向量，将此向量对应振型进行施加，按静力荷载计算。

③由于各振型的解并非同频同相位，无法直接叠加幅值，各振型的计算结果按地震效应组合。

综合思考题

6.1 使用SMIA程序分析如题图6.1所示均质简支梁的自振频率，分别考虑细化单元、集中质量矩阵与一致质量矩阵，思考不同分析参数下计算结果的改变。

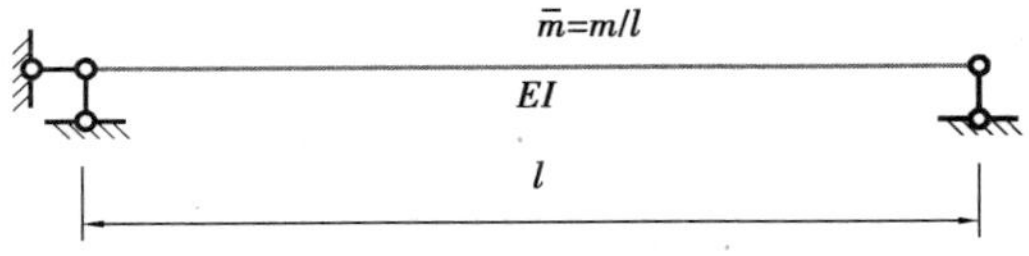

图6.9 题图6.1

6.2 使用SMIA程序分析如题图6.2所示结构。

(1)动荷载分别按突加长期荷载、突加短期荷载、简谐荷载等模式施加，观察结构的动响应；

(2)在简谐荷载模式下，调整扰频（$0 \sim \infty$）和相位角（$0 \sim \pi$），观察动响应的变化；

(3)调整阻尼比 ξ，观察动响应的变化。

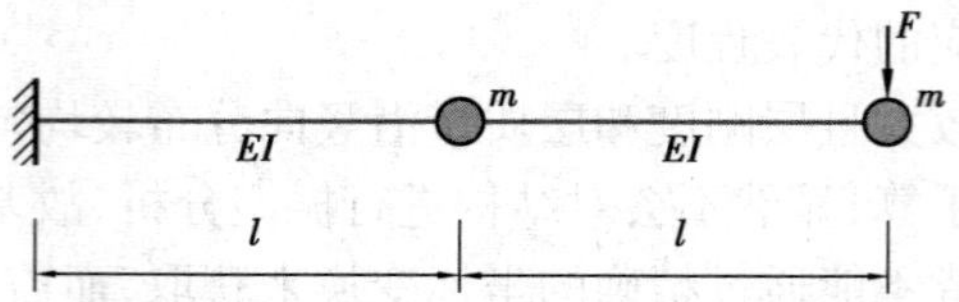

图6.10　题图6.2

6.3　使用SMIA程序分析如题图6.3所示结构,横梁无限刚性。取 $EI=1$,$m=1$。

(1)动荷载均取为简谐荷载模式($\sin\theta t$)变化,$\theta=0.5$,观察此时各结点各自由度上的位移动响应;

(2)观察各阶动响应和高阶响应的影响程度;

(3)调整 EI、m 等参数,观察结构响应的变化。

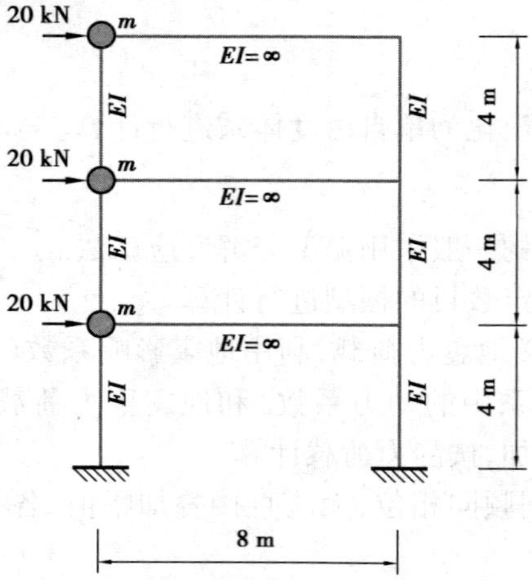

图6.11　题图6.3

附　录

MDA 源程序

```
MODULE GLOBAL_VAL
IMPLICIT NONE
    INTEGER::N_ELE,N_NOD,NN,N_P_NOD,N_P_ELE
END MODULE GLOBAL_VAL

PROGRAM MDA
    USE GLOBAL_VAL
    IMPLICIT NONE
    INTEGER::M
    REAL*8::BL,SI,CO,EK(6,6),T(6,6),FO(6)
    REAL*8, ALLOCATABLE::XYZ_NOD(:,:),E(:),A(:),ZI(:),PJ(:,:),PF(:,:),
TK(:,:),F(:),DISP_NOD(:)
    INTEGER,ALLOCATABLE::IJ(:,:),CODE_DISP_NOD(:,:),S(:,:)
    CHARACTER*12 INDAT,OUTDAT
    WRITE(*,*)'输入数据文件名,格式要求为文本文件!'
    READ(*,'(A12)') INDAT
    WRITE(*,*)'输入结果文件名!'
    READ(*,'(A12)') OUTDAT
    OPEN(11,FILE=INDAT,STATUS='OLD')
    OPEN(12,FILE=OUTDAT,STATUS='NEW')
    READ(11,*) N_ELE,N_NOD,NN,N_P_NOD,N_P_ELE
```

```
ALLOCATE(XYZ_NOD(2,N_NOD),E(N_ELE),A(N_ELE),ZI(N_ELE),PJ(3,N_P_NOD),
PF(4,N_P_ELE),TK(NN,NN),F(NN),DISP_NOD(NN),IJ(2,N_ELE),CODE_DISP_NOD
(3,N_NOD),S(NN,6))
    WRITE(12,10) N_ELE,N_NOD,NN,N_P_NOD,N_P_ELE
10        FORMAT(2X,'平面框架分析－矩阵位移法',/,12X,'先处理法－结点位移编码输入
模式'//,2X,'结构总信息',/, 5X, '单元数:',I2,4X,'结点数:',I2,4X,'未知量数:',I2,4X,'结点
荷载数:',I2,4X,'单元荷载数:',I2)
    CALL INPUT(XYZ_NOD,IJ,E,A,ZI,CODE_DISP_NOD,PJ,PF)   ！数据前处理
    TK =0.0                                              ！总刚矩阵清零
    F =0.0                                               ！荷载向量清零
    CALL NODE_Load(F,PJ,CODE_DISP_NOD)                   ！形成直接结点力向量
    DO M =1,N_Ele
        CALL LSC(M,XYZ_NOD,IJ,BL,SI,CO,T,CODE_DISP_NOD,S)！形成单元常数
        CALL ESM(E(M),A(M),ZI(M),BL,EK)         ！形成单元坐标系下单刚
        EK = MATMUL(TRANSPOSE(T),MATMUL(EK,T))  ！形成结构坐标系下单刚
        TK = TK + MATMUL(MATMUL(S,EK),TRANSPOSE(S))  ！集成总刚:SKST
        CALL EFF(M,PF,BL,FO)                         ！形成单元固端力
        FO = -MATMUL(TRANSPOSE(T),FO)       ！单元等效力变换至整体坐标
        F = F + MATMUL(S,FO)                ！集成综合荷载向量
    ENDDO
    CALL GAUSS(TK,F,NN,DISP_NOD)           ！高斯消去法计算结点位移

    CALL DISP_OUTPUT(DISP_NOD,CODE_DISP_NOD)！输出结点位移
！准备输出单元杆端力-----------------------------------------------------------------------------
    DO M =1,N_Ele
        CALL LSC(M,XYZ_NOD,IJ,BL,SI,CO,T,CODE_DISP_NOD,S)！形成单元常数
        CALL ESM(E(M),A(M),ZI(M),BL,EK)              ！形成单元坐标系下单刚
        CALL EFF(M,PF,BL,FO)                         ！形成单元固端力
        FO = FO + MATMUL(EK,MATMUL(T,MATMUL(TRANSPOSE(S),DISP_NOD)))！
计算杆端内力
        CALL MVN_OUTPUT(M,FO)                         ！输出单元杆端力
    ENDDO
    CLOSE(1)
    CLOSE(2)
END PROGRAM MDA

SUBROUTINE INPUT(XYZ_NOD,IJ,E,A,ZI,CODE_DISP_NOD,PJ,PF)
    USE GLOBAL_VAL
```

```
    IMPLICIT NONE

REAL*8::XYZ_NOD(2,N_NOD),E(N_ELE),A(N_ELE),ZI(N_ELE),PJ(3,N_P_NOD),
PF(4,N_P_ELE)
    INTEGER::IJ(2,N_ELE),CODE_DISP_NOD(3,N_NOD)
    INTEGER::I,J
    READ(11,*)((XYZ_NOD(I,J),I=1,2),J=1,N_NOD)
    READ(11,*)(IJ(1,I),IJ(2,I),E(I),A(I),ZI(I),I=1,N_ELE)
    READ(11,*)((CODE_DISP_NOD(I,J),I=1,3),J=1,N_NOD)
    IF(N_P_NOD.GT.0) READ(11,*)((PJ(I,J),I=1,3),J=1,N_P_NOD)
    IF(N_P_ELE.GT.0) READ(11,*)((PF(I,J),I=1,4),J=1,N_P_ELE)
    WRITE(12,10)(I,XYZ_NOD(1,I),XYZ_NOD(2,I),I=1,N_NOD)
    WRITE(12,20)(I,IJ(1,I),IJ(2,I),E(I),A(I),ZI(I),I=1,N_ELE)
    WRITE(12,30)(I,(CODE_DISP_NOD(I,J),I=1,3),J=1,N_NOD)
    IF(N_P_NOD.GT.0) WRITE(12,40)((PJ(I,J),I=1,3),J=1,N_P_NOD)
    IF(N_P_ELE.GT.0) WRITE(12,50)((PF(I,J),I=1,4),J=1,N_P_ELE)
10      FORMAT(/2X,'结点坐标'/4X,'结点号',6X,'X',12X,'Y'/(6X,I4,2X,2F12.4))
20      FORMAT(/2X,'单元参数'/4X,'单元号',6X,'始端结点',3X,'末端结点',3X,'弹性模量
',6X,'截面面积',6X,'惯性矩'/(2X,I8,3X,I8,3X,I8,5X,3(E8.3,6X)))
30      FORMAT(/2X,'结点位移编码'/4X,'结点号',9X,'u',7X,'v',6X,'ceta'/(4X,4I8))
40      FORMAT(/2X,'结点荷载'/4X,'对应结点号'8X,'方向码',12X,'荷载值'/(6X,F5.0,
10X,F5.0,6X,F12.4))
50      FORMAT(/2X,'单元荷载'/4X,'对应单元号',8X,'类型码',8X,'荷载值',12X,'参数'/
(6X,F6.0,8X,F6.0,6X,2F12.4))
    END

    SUBROUTINE DISP_OUTPUT(DISP_NOD,CODE_DISP_NOD)
        USE GLOBAL_VAL
        IMPLICIT NONE
        INTEGER::I,J
        REAL*8::DISP_NOD(NN),D(3)
        INTEGER::CODE_DISP_NOD(3,N_NOD)
    WRITE(12,10)
10      FORMAT(//2x,'结点位移'/5x,'结点',13X,'u',14X,'v',14X,'ceta')
        DO J=1,N_NOD
            D=0.0
            FORALL(I=1:3,CODE_DISP_NOD(I,J)/=0)D(I)=DISP_NOD(CODE_DISP
_NOD(I,J))
```

```
          WRITE(12,25),J,D(1),D(2),D(3)
25        FORMAT(2X,I6,4X,3E15.6)
       ENDDO
       WRITE(12,101)
101    FORMAT(//2x,'杆端力'/5x,'单元')
    END

    SUBROUTINE MVN_OUTPUT(M,FO)
       IMPLICIT NONE
       INTEGER::M,I
       REAL*8::FO(6)
       WRITE(12,90) M,(FO(I),I=1,6)
90
FORMAT(2x,I8,4X,'N1=',E15.4,3X,'V1=',E15.4,3X,'M1=',E15.4/14X,'N2=',E15.4,
3X,'V2=',E15.4,3X,'M2=',E15.4)
    END
```

参考文献

［1］萧允徽，张来仪. 结构力学 Ⅰ［M］. 3 版. 北京：机械工业出版社，2018.

［2］萧允徽，张来仪. 结构力学 Ⅱ［M］. 3 版. 北京：机械工业出版社，2018.

［3］R. 克拉夫，J. 彭津. 结构动力学［M］. 北京：科学出版社，1981.

［4］朱伯芳. 有限单元法原理与应用［M］. 3 版. 北京：中国水利水电出版社，2009.

［5］老大中. 变分法基础［M］. 2 版. 北京：国防工业出版社，2007.

［6］同济大学数学系. 线性代数［M］. 6 版. 北京：高等教育出版社，2014.

［7］文国治，李正良. 结构分析中的有限元法［M］. 武汉：武汉理工大学出版社，2010.

［8］赵更新. 土木工程结构分析程序设计［M］. 北京：中国水利水电出版社，2002.